"十二五"旅游专业应用型规划教材

主要客源国概况

ZHUYAO
KEYUANGUO GAIKUANG

主编◎张志孝　孙宝鼎　张百菊

东北师范大学出版社　长　春
Northeast Normal University Press

图书在版编目（CIP）数据

主要客源国概况/张志孝，孙宝鼎，张百菊主编.
—长春：东北师范大学出版社，2015.1
ISBN 978 - 7 - 5681 - 0628 - 3

Ⅰ.①主…　Ⅱ.①张…②孙…③张…　Ⅲ.①旅游客
源—概况—世界—高等学校—教材　Ⅳ.①F591

中国版本图书馆 CIP 数据核字（2015）第 013022 号

□责任编辑：黄玉波　　□封面设计：董志刚
□责任校对：孔垂杨　　□责任印制：刘兆辉

东北师范大学出版社出版发行
长春净月经济开发区金宝街 118 号（邮政编码：130117）
电话：0431—85687213
传真：0431—85691969
网址：http：//www.nenup.com
电子函件：sdcbs@mail.jl.cn
东北师范大学出版社激光照排中心制版
吉林省金山印务有限公司印装
长春市绿园区西新工业集中区（130062）
2015 年 1 月第 1 版　2015 年 3 月第 1 次印刷
幅面尺寸：185 mm×260 mm　印张：12　字数：266 千

定价：24.00 元

《主要客源国概况》是一本既可供旅游专业学生使用的基础课教材，又是旅游爱好者了解世界主要国家历史文化、民族风情、旅游资源的普通读物。它系统、全面、精练地介绍了世界上30多个主要国家和民族的基本国情、文化习俗和旅游资源（旅游名城、旅游名胜、旅游名区），上下几千年，纵横东西方。

《主要客源国概况》一书最大的特点是针对性、实用性、综合性、求源性。各位编者均多年从事旅游教学工作。为此，本教材从学生实际的知识水平、接受能力和兴趣特点入手，最大限度地突出了教材的实用性，去掉了以往教材中诸多不大实用、不大实际、面面俱到的编写方法。此外，与其他版本教材不同的是，本教材力求对世界主要国家、民族所普遍奉行的常识性知识作高度的归纳综合、整理提炼，如对人们赋予数字、花卉、颜色等的感情色彩及社会属性，以及那些具有世界性、洲际性的节日风情、宗教崇忌、肢体语言等均作了全面介绍。所谓求源性，是指书中所涉猎的知识点尽量寻根溯源，因而更具有可读性和趣味性。

《主要客源国概况》的编写分工：第一章和第二章由张志孝编写，第三和第四章由孙宝鼎编写，全书由张百菊负责统稿。

《主要客源国概况》的成书，首先要感谢旅游学院领导及同事们的大力支持与帮助，其次也要感谢前人为我们所铺就的成书之路，其中参阅了大量的论著、书刊、文献、资料等，对所有同行们致以诚挚的谢意。

任何一本教材都必须经历不断完善、不断修订的过程，本教材中错误、纰漏在所难免，诚望同行们及使用者积极反馈，以便修正。

编　者

2014 年 6 月

目 录

MULU

第一章

绪　论

一、我国客源市场现状

（一）两大部分

1. 港澳台市场

我国客源市场是由两个部分构成的，其主体部分是来自港、澳、台地区同胞及海外华侨，另外一部分则是外国游客。其中港、澳、台同胞及海外华侨约占入境客源总数的80%左右。

以 2010 年为例，入境的外国游客为 2 193.75 万人次，占市场份额的 17.3%，而华侨和港澳台同胞来内地旅游人次高达 10 453.84 万人次，占市场份额的 82.7%。

由于现阶段内地与台湾省尚未统一，香港和澳门现行的社会制度与内地不同，三个地区的游客来内地旅游均需办理出入境手续，为此，有人把港澳台地区称为我国特殊的客源市场，而且这三个地区占据内地入境旅游市场主体地位的格局短时间内也不会被打破。

港澳台三地与内地同祖同根，一脉相承，民风习俗大体相同，且没有语言障碍。多年来，三地同胞来内地旅游、访学、寻根、祭祖的热情持续不减。

同时，港澳台地区也是我国海外客源市场的重要中转站，因此积极稳妥地开发港澳台客源市场，不仅有利于两区一省之间的文化交流，而且对促进祖国统一大业具有重大的经济、政治意义。

2. 外国客源市场

尽管外国游客仅占我国全部客源市场的 20% 上下，但这是一块不可或缺的重要客源市场。

作为具有五千年历史文明的古国，中国地域辽阔，山川秀丽，古迹众多，历史上曾有万方使臣、客商、高僧、名士云集，东方旅游中心之说。

国家旅游局抽样调查资料表明，入境客源最感兴趣的旅游资源仍集中在山水风光和文物古迹两个方面，其中对山水风光感兴趣的游客占 52.5%，对文物古迹感兴趣的占 43.9%。此外，外国游客对民俗风情和饮食烹调也有着浓厚的兴趣，分别占 37.7% 和 34.8%。

新中国成立后，特别是党的十一届三中全会以后，中国的旅游业发生了历史性的转变，在旅游产业规模、旅游设施设备、接待服务质量、旅游外汇收入以及所处国际地位等方面都发生了翻天覆地的变化。1979 年，外国人来华旅游人数仅为 36.24 万，2010 年高达 2 193.75 万人次，30 多年来增长了 60 倍之多。

（二）四大市场

1. 举足轻重的亚洲市场

亚洲历来就是中国举足轻重的海外客源市场，入境旅游人数除了 1997—1998 年亚洲经济危机的冲击外，其增长速度在 20% 以上，并且形成了东亚的韩国、日本、蒙古及东南亚五国等比较稳定的主要客源国家，尤其是韩国和日本，连续多年稳居我国客源国的前两位。

东南亚的越南、泰国、缅甸、老挝、柬埔寨五国，作为我国的近邻，与我国有着久远的交往历史，以及经济、文化交流等渊源，一直是我国传统上稳定的客源国家。其中，马来群岛中的新加坡、马来西亚、印尼、菲律宾等国家，同样因为历史、经济、文化、习俗等方面的因素，成为我国不可或缺的重要客源地。

南亚地区，主要的客源国家是印度、巴基斯坦、尼泊尔等，尤其是拥有十几亿人口的印度，是个具有很大潜力的客源市场，近年来印度的中产阶级正在迅速崛起，出境旅游也一直稳步增长。作为印度的邻国，印度市场也有望成为我国入境市场的一大潜在客源地。

中亚的哈萨克斯坦、吉尔吉斯斯坦、乌兹别克斯坦、塔吉克斯坦等国家，尤其是哈萨克斯坦共和国，工农业比较发达，总体经济实力在独联体国家中位居第三位，仅次于俄罗斯和乌克兰，也是我国第二梯队的客源国家。

亚洲市场占据我国客源市场的 60% 以上，我国前 10 位的客源国中，2005 年亚洲国家占据 7 个席位，2010 年亚洲国家占有 6 个席位。

2. 稳中有升的欧洲市场

欧洲是我国仅次于亚洲的洲际客源市场，来华旅游的人数一直处于平稳增长状态，增幅约在 20% 左右。多年来一直占据我国客源市场份额的 20% 以上，2000 年为 249.05 万，2005 年为 478.49 万，2010 年达到 568.87 万人次之多。

特别是俄罗斯、英国、法国、德国，一直稳居我国 20 大客源国之列，尤其是俄罗斯，多年来一直是我国四大客源国之一，欧洲第一客源国，尤以远东地区游客为多，边境游占有较大比重，且以购物为主。

3. 持续增长的美洲市场

美洲属于我国第三位的洲际客源市场，尤其是北美洲的加拿大、美国，它们占据了美洲市场份额的 90% 以上，特别是美国，连续多年位列我国四大客源国之一，而加拿大在 2010 年也一举跨入了我国十大客源国之列。

南美洲市场是我国国际客源市场中有待开发的地区市场，随着经贸文化交流的开展以及新航线的开通，南美有望成为我国一个新兴的客源地区。

4. 潜力巨大的澳洲市场

澳洲市场主要是指澳大利亚和新西兰两个国家，由于这两个国家的国民经济稳步增长，商务旅游和观光度假等出境旅游快速发展，中国与澳大利亚旅游交往进一步增强，中国和澳大利亚航班的开通和增加，使这一市场发展前景更加广阔。

5. 不痛不痒的非洲市场

非洲历来是中国洲际客源市场中的薄弱环节，属于发展中的客源市场。2000 年来华旅游人数 6.57 万人次，2005 年为 23.8 万，2010 年达到 46.36 万，也可以说是缓慢增长的洲际客源地。尤其是南非共和国，国民经济持续发展，出境旅游发展势头强劲，随着两国外交和经贸关系的进一步发展，有望成为我国又一新兴客源市场。

二、我国旅游市场发展前景展望

（一）旅游业市场战略目标

我国旅游业总的指导方针为：大力发展入境旅游，积极发展国内旅游，适度发展出境旅游。在这一总体方针的指导下，2000 年全国旅游工作会议上提出了我国今后旅游业 20 年发展的战略目标，即到 2020 年，把我国由亚洲旅游大国建设成为世界旅游强国，把我国旅游业真正发展成为国民经济的支柱产业。

具体目标为：到 2020 年，我国入境旅游人数达到 1.35 亿—1.45 亿人次，其中外国游客达到 2 750 万—3 350 万人次，国际旅游外汇收入 520 亿—750 亿美元，国内旅游收入 1.9 万亿—2.7 万亿元人民币。

（二）我国旅游市场未来地位

1. 世界十大旅游目的地

世界旅游组织 1997 年 10 月发布的报告预测，到 2020 年世界国际旅游人数将达 16 亿人次，全球旅游外汇收入将达 2 万亿美元。届时，中国将超过美国、法国、西班牙、意大利、英国，成为世界十大旅游目的地之首，年接待入境游客达到 1.37 亿人次，占据世界市场份额的 8.6%。

世界十大旅游目的地分别为：中国、美国、法国、西班牙、香港、意大利、英国、墨西哥、俄国、捷克。

2. 世界十大客源输出国

依据预测，到 2020 年世界十大旅游输出国依次为：德国、日本、美国、中国、英国、法国、荷兰、加拿大、俄罗斯、意大利。

根据此预测，到 2020 年，我国将成为世界第四大旅游客源输出国，每年输出客源达上亿人次，占世界市场份额的 6.2%。

3. 世界最佳十大旅游城市

佛罗伦萨（意大利）、布宜诺斯艾利斯（阿根廷）、曼谷（泰国）、罗马（意大利）、悉尼（澳大利亚）、纽约（美国）、乌代普尔（印度）、伊斯坦布尔（土耳其）、旧金山（美国）、开普敦（南非）。

佛罗伦萨：意大利文艺复兴发源地，保存着世界最丰富的文艺复兴时期的文艺作品，文学三杰以及晚期艺术三杰的许多作品。

布宜诺斯艾利斯：阿根廷首都，以绵延的山峰、碧绿的湖水、整洁的城市、诱人的葡萄、醉人的探戈而入围十佳城市。

曼谷：泰国首都，有"佛庙之都"、"天使之城"、"东方威尼斯"的称誉。

罗马：意大利首都，是集上千年名胜古迹于一身的古城，号称永恒之城、雕塑之城、喷泉之城、狼育之城、宗教之城、七丘之城。

悉尼：澳大利亚最大的城市，著名的海港城市，曾入选为世界最适宜人居的城市。

纽约：美国最大的城市，最大海港，金融、商业、贸易、文化、服装、化妆品中心，联合国总部所在地。

乌代普尔：印度的多湖之城，被誉为印度境内最浪漫、最具风情的城市。

伊斯坦布尔：土耳其最大城市，同时拥抱两个大洲的城市，历史上三大帝国的首都，拥有众多的教堂、王宫、清真寺以及美丽的自然风光。

旧金山：坐落于美国西海岸，号称美国西部最热闹的城市，尽管城市规模不大，但是秩序井然，治安良好，四季如春。旅游业发达，金门大桥为城市标志。

开普敦：南非的立法首都，位于好望角半岛上，是生态旅游、回归大自然最理想的游览地，也是非洲企鹅、海鸟、鲸鱼的栖息地。

4. 亚洲最佳十大旅游城市

清迈、琅勃拉邦、京都、暹粒、斋普尔、加德满都、曼谷、乌代普尔、中国的香港及北京。

琅勃拉邦：老挝最古老的城市，湄公河穿城而过，古城以和尚、寺庙为最大特色。

暹粒：柬埔寨通往吴哥古城的门户，吴哥古迹和号称东南亚最大的淡水湖泊洞里萨湖是旅游最大的亮点。

加德满都：尼泊尔首都，号称"山中天堂"、"寺庙之都"，人们形容这座城市"寺庙多于住宅，偶像多于人口"。其余国外五大城市后续。

5. 世界新七大自然奇观

总部设在瑞士的"世界新七大奇迹基金会"，2009 年公布了备选的 440 多个自然景观，经过了两年的酝酿评选，最终于 2011 年 12 月 12 日尘埃落地，确定了"世界新七大自然奇观"。由于许多国家没有参与申报和评定工作，其评选结果不一定客观、公正、全面，仅供了解、参考。

亚马孙：南美洲的亚马孙河是世界上流域和流量最大的河流已毫无争议，但是其长度目前说法不一。

亚马孙河自安第斯山脉发源，沿途接纳了成千上万条溪流，最终汇成了浩浩荡荡的滚滚洪流，滋润着沿途 800 多万平方千米的土地，孕育出世界最大的热带雨林，也使亚马孙流域成为了世界公认的"生命王国"和"地球之肺"。

下龙湾：坐落在越南北方广宁省的一个海湾，以风光秀丽迷人而闻名世界，在 1 500 多平方千米的海面上，山脉、岛屿星罗棋布，大自然的鬼斧神工把这些自然景物雕琢得千姿百态。其中岩洞奇观是下龙湾最大的特色，洞内的钟乳石更是千奇百怪，栩栩如生。

伊瓜苏：位于阿根廷和巴西交界处的伊瓜苏瀑布，坐落于伊瓜苏河下游，整个瀑布呈马蹄形，由 270 股急流和泻瀑组合而成的三大瀑布群，平均落差 72 米，每到洪水期，瀑布宽度可达 4 000 米，为世界最宽的瀑布。

济州岛：韩国最著名的旅游胜地，有"神话之岛"、"蜜月之岛"的美誉，被韩国人自诩为"韩国的夏威夷"，岛上的最高峰——汉拿山，高达 1 950 米，为韩国第一山峰。

科莫多：印度尼西亚的国家公园，位于巴厘岛东部，公园由三个岛屿组成，最大的岛屿叫科莫多岛，园内生存着一种凶猛的食肉动物、恐龙的近亲——巨型蜥蜴，因体积庞大而被称为"科莫多龙"，体长可达 3—4 米，体重上百千克，寿命长达 40—50 年，最多时达到 5 700 多只，现在只剩下几百只。

地下河：是指菲律宾的普林塞萨地下河，其最大特色是一条长达 8 000 米的地下暗河以及圣保罗洞，是典型的喀斯特地貌为主的溶洞，洞内钟乳石林立，石笋遍布。

桌形山：南非的桌形山因山形似平桌而得名，高度仅有 1 067 米，但被誉为世界最古老的山峰之一，已拥有 3.6 亿年的历史。同时，这里还是各种花卉、鸟类、动物的乐园。

以上入选的世界新七大自然奇观，从景观类型上看，包括了河流、岛屿、瀑布、海湾、洞穴、山脉、公园等七种。但从地域分布上显然是不平衡的，七大自然奇观有四个分布在亚洲，两个在南美洲，一个在非洲、欧洲、澳洲、北美洲空白。

对于大多数游人而言，纵然大千世界风情万种，人造奇迹层出不穷，他们还是更青睐、喜爱鬼斧神工、浑然天成的自然美景：蓝天白云、青山绿水、姹紫嫣红、鸟语花香、大漠荒滩、崇山峻岭、长河落日、朝霞夕阳、泉水叮咚、飞瀑激流、秀林千层、暗河溶洞。

 小 结

2005、2010 年中国洲际客源旅游人数统计表

地 区	2005 年（万人）	所占比重（%）	地 区	2010 年（万人）	所占比重（%）
亚 洲	1 250.63	61.7	亚 洲	1 618.87	61.96
欧 洲	478.49	23.6	欧 洲	568.78	21.76
美 洲	214.57	10.6	美 洲	299.54	11.46
澳 洲	57.35	2.8	澳 洲	78.93	3.02
非 洲	23.80	1.2	非 洲	46.36	1.77
合 计	2 024.84		合 计	2 612.48	

2005、2010 年中国前 20 位客源国入境人数统计表

地 区	2005 年（万人）	所占比重（%）	地 区	2010 年（万人）	所占比重（%）
韩 国	354.53	17.5	韩 国	407.64	15.6
日 本	338.99	16.7	日 本	373.12	14.3
俄罗斯	222.38	11.0	俄罗斯	237.03	9.1
美 国	155.54	7.7	美 国	200.96	7.6
马来西亚	89.96	4.4	马来西亚	124.52	4.7
新加坡	75.58	3.7	新加坡	100.37	3.8
菲律宾	65.40	3.2	菲律宾	82.83	3.2

地 区	2005 年（万人）	所占比重（%）	地 区	2010 年（万人）	所占比重（%）
蒙 古	64.19	3.2	蒙 古	79.44	2.9
泰 国	58.62	2.9	加拿大	68.53	2.6
英 国	49.96	2.5	澳大利亚	66.13	2.5
澳大利亚	48.29	2.4	泰 国	63.55	2.4
德 国	45.48	2.2	德 国	60.86	2.2
加拿大	42.97	2.1	英 国	57.50	2.2
印 尼	37.76	1.9	印 尼	57.34	2.2
法 国	37.19	1.8	印 度	54.93	2.1
印 度	35.64	1.8	法 国	51.27	1.9
缅 甸	23.28	1.1	哈萨克	38.03	1.4
越 南	20.11	1.0	意大利	22.92	0.8
哈萨克	18.66	0.9	荷 兰	18.91	0.7
意大利	17.69	0.9	瑞 典	15.45	0.6

DIERZHANG

第二章
亚洲客源国概况

学习目标

亚洲是我国四大洲际客源市场中首屈一指的客源输出地区，占据我国海外客源市场的3/5左右，是我国最基础、最重要的客源市场。

亚洲国家是我国的近邻，由于历史渊源、民族文化、宗教信仰、民俗风情、主要节日等与我国有着千丝万缕的联系，有的相似，有的相同，所以一直是我国传统上稳定的、最重要的客源输出地区。

按照客源入境人数，亚洲国家中最为重要的是东亚的韩国、日本和蒙古，是我国极为重要的客源国家；其次是中南半岛以及马来群岛中的国家，主要包括新加坡、马来西亚、越南、印尼、菲律宾等，也是我国不可或缺的主要客源国家；再次是南亚的印度、尼泊尔、巴基斯坦，也有望成为我国很有潜力的客源市场。

西亚（中东）地区由于政治局势、民族矛盾等问题，一直动荡不安，一直是有待开发的客源市场。

而中亚国家的哈萨克斯坦、吉尔吉斯斯坦、塔吉克斯坦等与我国领土接壤，是值得重视的潜在客源地区。

亚洲国家应重点掌握韩国、日本、新加坡、马来西亚、泰国、印度等六个国家基本国情，重点了解和把握其具有世界意义的名胜古迹、自然景观、特殊性节日、国家首都等，如下龙湾、泰姬陵、吴哥古迹、婆罗浮屠、济州岛、冲绳岛、宋干节、开天节等。

第一节 韩国——礼仪之邦

公元1世纪时，朝鲜半岛上形成高句丽、百济和新罗3个古国，历史上称为"三韩"。公元7世纪时，新罗国统一朝鲜半岛，直至公元10世纪初，高丽国取代新罗国。

14世纪末，李氏王朝取代高丽国，定国号"朝鲜"。1897年，原为中国藩属的李氏王朝结束，获取"独立"，更名为"大韩帝国"。

1910年8月，朝鲜半岛沦为日本殖民地，直至1945年8月15日，日本战败投降，朝鲜半岛解放。1948年8月，朝鲜半岛南部成立大韩民国。

一、国情概述

（一）位置、面积与人口

1. 位 置

大韩民国位于朝鲜半岛南半部，东、西、南三面环海，只有北部以北纬38度为界与朝鲜接壤，东南隔着日本海（韩国、朝鲜称东海）与日本相望。

2. 面 积

10.021万平方千米，占整个朝鲜半岛总面积的45%。

3. 人　口

全国总人口约5 000万，其中一半以上分布在几个主要大城市，城市人口近70％。属于世界上人口密度较大的国家之一。

（二）民族、语言和宗教

1. 民　族

韩国属于单一民族的国家，也是世界上姓氏最少的国家之一。依据1960年国家调查的结果，全民族共有姓氏411个。其中金、李、朴、崔、郑五大姓，约占全国人口的一半以上，其次是赵、姜、张、韩、严、吴、林、申、安等姓氏。

2. 语　言

韩国属于语言单一的国家，韩国语全民通用，朝鲜半岛北部的人称其为朝鲜语。

3. 宗　教

国民信奉的宗教主要是萨满教、儒教、佛教和基督教。其中萨满教以万物有灵为思想核心，宗教仪式已经融入民族音乐、戏剧、舞蹈等艺术之中。

儒教对朝鲜半岛的文化产生了巨大影响，历史上曾经设立过专门传授儒教的私立书院，如今每年春秋两季还要举行"祭孔"活动。

佛教曾经于公元10世纪的新罗时代被奉为国教，目前仍有教徒300多万。

（三）国家标志及释义

1. 国　旗

国旗名为"太极旗"，以白色为旗底，中间为上红下蓝的太极图案，四周有四组八卦中的四卦符号。

白色的旗底代表富饶的土地，太极的圆形代表人民，圆形内的阴阳鱼两仪和上红下蓝，分别代表阴、阳，寓意宇宙万物平衡和谐。

整个国旗的总体含义：日月天地、春夏秋冬、东南西北、仁义礼智以及国家和政府、人民的和谐、完美、平衡、统一。

2. 国　花

木槿花是韩国的国花，朝开夕落，一朵凋谢，万朵盛开，所以又叫"无穷花"，象征生生不息、前仆后继、坚忍不拔、充满朝气的民族精神。

3. 国　鸟

喜鹊，被韩国人誉为尊贵圣贤之鸟。

4. 国　兽

老虎。

因韩国的国旗是太极旗，国兽是老虎，所以"太极虎"成为世人称呼韩国的绰号。

韩国人对国旗、国花、国歌等十分珍视。每日晚5时，全国要准时播放国歌，并向国旗敬礼。届时，即使是走在路上的国民，甚至包括外国人在内也必须停下脚步，以示敬意。

二、文化习俗

（一）礼仪礼节

韩国号称"礼仪之邦"，十分注重礼仪礼节，长幼之间、上下级之间、同辈之间的用语都有着严格的区别。

1. 孝顺父母，尊重师长

是全社会的美德风尚，假如有人虐待长者和父母或不尊重老师，不仅会受到社会舆论的谴责，司法部门还会进行干预。

在语言习惯上，同辈之间、长幼之间、上下级之间的用语有着严格的区别，即使是政府官员，对长辈也要使用尊称，否则会受到社会舆论的谴责。

上班下班或是路上相逢时，必须互相问候；隆重场合或接待贵宾时见面低头行礼；对师长或有身份的人，递接物品时必须使用双手并躬身。

年轻人未经允许，在父母、长辈、师长面前不得吸烟或饮酒；女子发出笑声前必须先用手捂住嘴巴。

流行家长至上的家庭传统和长子继承的家族习俗。家长在家庭中的地位至高无上，具有绝对权威。长子是家庭财产的当然继承者，但必须赡养父母，照顾兄弟姐妹。

2. 身土不二的民族情结

国民拥有强烈的民族意识，即使外国产品、食品充斥市场，人们还是愿意使用本国产品，大到汽车、家电，小到麦当劳、肯德基等，即使本国货价格高于外国货，也宁可使用或消费本国产品。

（二）饮食服饰

1. 饮 食

韩国饮食独具特色，除了日常主食以大米为主外，最值得国民骄傲的是具有民族特色的风味泡菜、冷面、酱汤、烤肉、火锅、生鱼片、生牛肉、狗肉汤等，以及用糯米制成的打糕。

农历正月十五食用用黑豆、红小豆、糯米、黏高粱等制成的五谷饭；用菜叶卷饭制成的莴苣饭等。

2. 服 饰

韩国的民族服饰别具一格，特色鲜明，传统的民族服装以白色或浅色为主色调，男人穿短衣肥裤，外罩坎肩。女人长裙上及胸部，下到脚跟，宽大舒适，头顶器物搬运东西是女人的特长。城市居民和年轻人则喜爱现代的流行服饰。

（三）节日风情

韩国的节日大体可分为大众化节日和特殊性节日两大类。

1. 大众化节日

主要包括元旦、光复节、文字节以及民间传统节日。

元旦：1月1日，是一年中最大的节日，通常放假3天，习俗与我国基本相近。但是有史以来，绝大多数家庭还是习惯于过传统上的阴历年，至今依然如此。按照习俗，大年初一的早上，人们把一些零钱塞进事先扎好的稻草人里面，扔到十字路口，以此表示驱邪接福。同时喜欢食用类似八宝饭的食品，用大枣粉、松子、糯米拌上蜂蜜制成的甜食，寓意今后的日子甜蜜，人丁兴旺。

光复节：8月15日，为纪念1945年8月15日摆脱日本并吞35年的殖民统治，取得独立而设立的节日。

文字节：10月9日，为纪念朝鲜李氏王朝世宗制定朝鲜拼音文字而设立的节日。

民间比较重视的传统节日还有春节、元宵节、寒食节（清明节）、端午节、中秋节、重阳节、上元节、佛诞节、冬至节等，节日时间、庆祝方式与我国大体相同。

2. 特殊性节日

开天节：特殊性节日中最为重要的是"开天节"，节期在阴历10月3日，又叫"檀君节"或"纪元节"，以纪念传说中公元前2333年朝鲜始祖在半岛上建立国家的日子。

按照朝鲜半岛流传的神话，天界神国中的最高天王，名叫桓因，他有一位神通广大、心地善良的儿子——桓雄。桓雄不忍看半岛上人们岩居穴处、茹毛饮血、荒草遍地、林木苍茫，决心下临凡间，把半岛建设成为一个花团锦簇、福满人间的大花园。桓雄降临在太白山（今妙香山）顶，在一棵神檀树下建立了一个"神市"，一边兴云布雨，一边寻找机会，等待一个能替代天神统治朝鲜的贤王出世。

后来桓雄与凡间一位貌似天仙的女子结成夫妻，一年后的十月初三，妻子在一棵檀树下生下一个男孩，桓雄以"檀"为姓，取名檀君。檀君仁慈宽厚，博学多才，他教人耕作、织布、建房，让半岛上的人民过上了安居乐业的生活。

檀君在半岛上当了1 500年（一说1 038年）国王，后来隐居当了山神。

节日期间，半岛人成群结队前往江华岛的檀君祭坛——长生坛和位于黄海南道的三神祠堂（桓因、桓雄、檀君），举行隆重的敬神仪式，共同追忆和缅怀祖先建国的光荣历史。

踯躅花节：济州岛上流行许多节日，如济州王樱花节、油菜花节、蕨菜节以及踯躅花节、紫芒花节、正月元宵野花节等。其中踯躅花节大约于5月中旬举办，届时，漫山遍野开满踯躅花，人们欢聚在举办地——汉拿山的威势岳下，祈愿济州人幸福安康，同时举行选拔踯躅花女王等丰富多彩的娱乐活动。

（四）行为禁忌

1. 数字忌讳

韩国人最忌讳数字4，认为4同死联系在一起，也不喜欢双数；不能伸出一个手指指人，而是用手掌掌心朝上；招呼人过来时的手势是手心朝下。

2. 交谈忌讳

交谈时要回避政治问题，不谈"二战"历史，尤其是朝鲜半岛被日本侵占的殖民史。

3. 民间忌讳

民间流行正月前三天不扫地，不倒垃圾，不宰畜禽，不能生气吵架，见面尽说吉利话，不在他人家剪指甲，姓氏属性相克不结婚，睡觉时不能枕书，不用红笔签名字等习俗。

4. 饮食忌讳

吃鱼不能翻身, 嘴含食物不能讲话, 筷子和勺子不能同时在手, 吃菜最好别吃干净. 主人以为准备不足, 面子上难堪, 剔牙时要用手把牙遮住.

三、旅游资源

韩国旅游业起步于 20 世纪 50 年代, 20 世纪 80 年代时, 韩国政府即提出了 "旅游立国" 的口号, 确定了 "全体国民旅游职业化, 整个国土旅游资源化, 旅游设备国际标准化" 的奋斗目标, 积极争取入境客源, 逐步开放出国旅游的发展模式. 进入 20 世纪 90 年代, 旅游业发展更加迅猛, 成为世界重要的客源输出国之一.

韩国之所以能够成为世界重要的客源输出国家, 除了经济发达因素外, 国民的外出旅游意识也不断提高, 在他们的潜意识里, 一个家庭如果不外出旅游一次, 会被认为负担不起或不合潮流, 他们把外出旅游看成增长见识、扩大视野、学习交友、培养独立处世能力的重要途径.

韩国人出游的目的地, 首先是日本, 其次是美国, 第三位的是中国内地, 多以休闲度假和商务旅游为主要目的.

韩国三面环海, 四季分明, 旅游资源较为丰富, 其中被联合国教科文组织批准进入《世界遗产名录》的世界级遗产有宗庙, 海印寺大藏经版木及版库, 庆州石窟庵和佛国寺, 昌德宫, 高昌、华森和江华史前遗址, 济州火山岛和熔岩洞等人文和自然遗产.

(一) 旅游名城

1. 首尔——皇宫之城

韩国首都首尔位于半岛中央, 汉江下游, 汉江把首尔一分为二, 北部是历史文化中心, 南部商务气息浓厚.

首尔是朝鲜半岛上最古老的城市之一, 拥有上千万人口的超级大都市, 占全国总人口的 1/4, 为韩国政治、经济、交通、文化、旅游中心.

因历史上许多朝代在此建都, 而得名 "皇宫之城", 古迹甚多, 市中心一带的景福宫、德寿宫、昌庆宫、昌德宫等为历代皇家宫殿.

景福宫: 李朝始祖李成桂修建, 建筑风格酷似中国紫禁城的宫苑, 李朝各代国王曾在此处理政务, 包括勤政殿、思政殿、乾清殿、康宁殿、交泰殿等宫殿. 宫内一座 10 层敬天寺石塔, 是韩国国宝之一.

昌德宫: 又名东宫, 李氏王朝宫苑中保存最完好的一座宫殿, 宫内为中国式建筑, 入门后就是处理朝政的仁政殿, 为 1804 年扩建. 殿内装饰华丽, 并设有帝王御座, 殿前花岗石铺地, 三面环廊, 殿后是王妃们的起居地. 寝宫乐善斋殿内陈列着王冠、王服、墨宝、武器、马车、轿子以及末代国王乘坐过的早期汽车.

宗庙: 坐落于首尔市中心, 西面是韩国总统府——青瓦台. 宗庙由两座最主要的建筑——正殿和永宁殿组成, 是供奉朝鲜历代王朝的国王和王妃的祠堂. 其宗庙祭礼是韩国儒家传统文化的具体体现, 饮食、祭器、乐器、仪仗、音乐、舞蹈等礼仪文化在 1462 年定型后, 几乎原封不动地保留下来. 1995 年 12 月宗庙被评定为世界文化遗产.

民俗村: 是展现李氏王朝时代生活方式的民俗村, 距离首尔南 40 多千米的一个山谷中, 建于 1973 年. 村内建筑物多达 200 栋以上, 全部模仿 1392--1910 年的住宅形式而建造，因此民俗村有"生活博物馆"之称。

村里除了有官衙、士大夫住宅、民宅外，还有铁匠作坊、磨坊、陶窑、手工匠店以及私塾等。

而且村民都按照当时的生产生活方式，如礼仪、游戏、学习等居住在民俗村内。在大户人家，还置有蜡人像，其中有衣冠楚楚的饮茶聚会的群像，有正在干活的使女，有跪坐受课的少爷、专心刺绣的小姐等。

在官衙里面还有着各种刑具和阴森恐怖的牢房，并且有表现囚犯受刑、狱卒耀武扬威、判官铁面无私的塑胶制成的人像等。

2. 釜山——天然良港

釜山市为韩国最大港口，第二大城市，隔着朝鲜海峡与日本相望，是韩国对外贸易的门户，经济地位异常重要。同时，釜山也是一座集高山、河流、海洋于一体美丽的海滨城市。

釜山塔：龙头山公园内的釜山塔高 120 米，直径 6.4 米，巍然耸立，是为纪念釜山开港 100 周年而建造的，从釜山塔俯瞰全城，美丽的海港尽收眼底。

梵鱼寺：坐落在郊区的建于公元 7 世纪的梵鱼寺为韩国四大名刹之一。

金井山城：韩国规模最大的山城，四大城门和瞭望楼与山城融为一体，形成天然要塞，也是游客必到之处。

海云台：韩国最大的海滨浴场，白沙、松林、大海交相辉映构成一幅绝妙的自然美景。浴场据说可以容纳 12 万人，每年 7 月 1 日—8 月 31 日对外开放。

太宗台：釜山又一名胜，据历史记载，太宗王统一三国后，巡视途中来到此地，因迷恋这里的景色而在此地小住，因而得名太宗台。

五六岛：由盾牌岛、松柏岛、灯塔岛、牡蛎岛、锥子岛和老鹰岛组成，涨潮时仅能看见 5 个岛屿，落潮时才可以看见 6 个岩石岛屿。五六岛是进出釜山国际港口船只的必经之路，因而成为了釜山的象征。

明洞大街：位于首尔中心地带的明洞大街，是 2000 年 3 月份政府指定的观光特区，大街长 1 500 米，面积只有 0.44 平方千米，常住人口仅有 5 000 人。但是每天的流动人口超过 200 万，每年有 400 万以上的外国游客来这里观光旅游。

"洞"是韩国行政建制中的基层单位，相当于中国的街道。所谓的"明洞"，可以理解为一条叫做"明"的大街。街道两侧百货公司、餐厅、戏院、观光酒店以及 100 多家金融机构和数千家服装服饰专卖店等，形成了一个大型购物休闲娱乐区。

3. 庆州——露天展馆

位于首尔东南 370 千米的庆州市，是一座历史古城，古城的周围散布着王室陵墓、古庙遗迹以及城堡的残垣断壁。游客可从中看到韩国早期佛教遗产中许多独具特色的雕刻艺术品，其中仅从天马冢中便出土上万件古董。所以被人们誉为"无围墙的博物馆"，庆州街道每个角落都会看到古坟公园。

佛国寺：距离庆州城约 10 千米的佛国寺建于公元 530 年，背依吐含山，溪水穿流，林木繁茂，景色秀丽，被誉为韩国最精美的佛寺，是修行佛法的道场，以其完美的新罗建筑艺术和寺院内许多极为珍贵的佛教国宝而闻名于世。

步入佛国寺山门，并排建筑的两座双层石坛迎面耸立，向着石坛的两边架有 4 座石桥，从其中的七宝桥往上，可直达紫霞门，门内有大雄宝殿。大殿两侧各有一塔，分别被列为韩国的第 20 号和 21 号国宝。

石窟庵：出佛国寺沿着一条蜿蜒曲折的山路，穿过一片树林，大约 10 千米的路程，即抵达吐含山的石窟庵，是在天然巨石上雕凿而成的一座佛寺，始建于公元 751 年，布局是"前方后圆"，后面的圆形主室，代表天界，两室间由通道相连。前室地面铺砖，左右墙壁上镶嵌着佛教守护神，两侧有四大天王像。

主室中央的台座上，供奉着释迦牟尼坐像，属于韩国第一国宝，在世界雕刻史上属巅峰之作，不论是佛像头部三道柔和的线条，还是僧衣覆盖左肩的薄纱以及胸膛与双足衣服的美丽线条，皆为雕刻艺术的最高杰作。四周石壁上还有四大天王像、菩萨像、罗汉像以及十一面观音像。

佛国寺与石窟庵于 1995 年被列入世界遗产名录：向世人展现了新罗文化的博大精深。

瞻星台：位于庆州火车站附近，步行仅需 5 分钟。建于公元 634 年，由 366 块长方形石条堆砌而成，外形像一个粗壮的瓶子，直径 5 米多，高 9.4 米，据推测是东方最早的天文台。

古坟公园：坐落在火车站附近，公园内除了天马冢之外，以 7 座巨大的新罗王陵为中心，周围遍布 23 座古坟。

4. 水原华城——城堡之花

距离首尔 40 千米的水原市，曾是古代防卫首尔的 4 个卫星城镇之一，城墙周长约 6 000 米，共有 4 个城门，共设有 48 个军事设施，每个城门均装备有炮台，为当时世界上设计最为科学的城堡，因而被誉为"城堡之花"。它的建立充分反映了韩国人民的聪明才智，也是韩国宝贵的文化遗产。1997 年被载入世界遗产名录。

水原华城于 1794 年始建，37 万人经过两年零 9 个月竣工。东、西、南、北的四个城门分别被命名为苍龙门、华西门、八达门、长安门。

城内的"西将台"是一座双层楼阁式建筑，站在台上，整个水原市一览无余。如今这里只剩下了韩国唯一的带有 7 个拱门的水上楼阁——华虹门，建于华虹门东侧的随柳亭，造型精巧漂亮，将韩国的建筑之美和亭文化展现得淋漓尽致。

（二）旅游名胜

1. 济州岛——神话之岛

岛屿是人类最热衷的旅游胜地，世界各国也倾尽全力开发并营造岛屿的旅游环境，挖掘民俗，培养品牌，吸引游客。何以如此？岛是水的知己红颜，水是岛的倾情依恋，世界若无岛，会让人感到水过于浩渺、无边，世界若无水，会令岛屿感到渺小无助、孤单。岛是上帝对人类的眷顾，而对于游人而言，岛是最重要的休闲驿站。

济州岛在行政上名为济州道，韩国人自诩为"夏威夷"，是韩国纬度最低、位置最南、面积最大的岛屿。全年气候温和，岛上人烟稀少，花繁林茂，尤以油菜花最为普遍。

2006 年被政府确定为全国唯一一个特别自治道，享有除外交和国防以外的所有自治权。济州自治道下辖两个城市：济州市和西归浦市。

神话之岛：据说岛上流传着 18 000 多个神话故事，其中最为广泛的有济州岛的诞生、500 罗汉、灵灯婆婆、三姓神话以及三多（台风、女人、石头），三无（无小偷、无乞丐、无大门），三宝（济州鱼、水资源、植物资源），三丽（居民心灵、自然环境、水果）的风情传说。

很久以前，有一位身体巨大的雪门台婆婆，头枕汉拿山躺下，一只脚能伸到城山日出峰，另一只脚能伸到冠脱岛。她力大无穷，用铁锹挖了七下泥土堆成了汉拿山，用破旧的裙子运土时，漏出来的泥土形成了360多座小火山。这位婆婆有500个儿子，一天500个儿子外出集体打猎，老母亲在家为儿子们熬粥时不小心掉进了粥锅里，打猎归来的儿子们知道真相后，痛哭不已，最后都变成了岩石，五百将军（罗汉）因此得名。

根据神话传说，每年农历2月初灵灯婆婆会如期来到济州岛，在四周的海里撒下鲍鱼、海螺、海菜等的种子，因此灵灯婆婆是海女们最敬重的保护神。

位于济州民俗自然博物馆附近的三姓穴，即来源于三姓神话的传说，太古时代，三姓穴的土窟中诞生了三位神仙，他们从碧浪国带来农作物的种子和家畜，各娶了一位外姓女子为妻，繁衍子孙，现在岛上的高、梁（良）、夫三个姓氏的居民即是他们的后裔。

蜜月天堂：岛上遍地可见用火山岩雕琢而成的土地公公神像，据说这些土地公公各个灵气十足，摸摸鼻子就可以生儿子，摸摸嘴巴可以生女儿，当地人对此深信不疑。为此济州岛成为韩国乃至日本新婚夫妇度蜜月的胜地，每当春末秋初，岛上的客房家家爆满。

汉拿山：位于岛中央海拔1 950米的汉拿山是韩国最高峰。尽管看似山势平缓，但登山实属不易，尤其到了冬季，气候变化无常，即使专业登山运动员也要经过必要训练。登山路线有四条，但实行年度轮休制度。

龙头岩：是位于济州市汉川下游附近的火山岩。相传它本来是龙王派往汉拿山采撷长生不老药的龙，由于激怒了山神而被化为石头。

城山日出峰：位于济州市最东部，高度仅182米，山顶是一个火山口，周围环绕着99个大小不同的山峰。不仅是观看日出的最佳场所，还是祈祷实现自己愿望的地方。

万丈窟：汉拿山喷出的火山熔岩形成的熔岩洞窟，规模位居世界第一，总长度为13.4千米，洞宽13米，高15米，洞内生存着蝙蝠及各种稀有生物，学术价值很高。目前为游客开放观赏的只有一千米长，洞内游览往返需要一个小时。

天地渊瀑布：坐落在西归浦市，瀑布高22米，水深21米，周围风景优美。

如今的济州岛，已经被开发为集休闲、度假、疗养、娱乐于一体的旅游胜地，旅游设施齐备，民俗风情独特，自然人文景观俱全，可满足不同口味游客的需求，海上运动项目应有尽有，陆地上的狩猎、骑马、滑翔伞、卡丁车、轮滑、ATV（四轮摩托）、垂钓、赌场等无一不备。

2. 江华岛——檀君祭坛

江华岛位于仁川港北部汉江河口，从本土到江华岛，有长约700米的大桥相连接。江华岛是韩国第五大岛，平均海拔仅40米，最高峰的摩尼山海拔469米。

传灯寺：江华岛最重要的名胜古迹是传灯寺，建于新罗时代，据说是朝鲜半岛最古老的寺院，寺内有独具匠心的大雄宝殿、药师殿等建筑以及中国宋朝末期的珍品铸铁梵钟。

崭城坛：在传灯寺附近的崭城坛，传说是檀君的祭天坛。此坛用花岗岩砌成，高5.6米，东西两侧有台阶21级。现在韩国每年举行的开天节祭祀活动，都是在这里点燃"圣火"。岛上还有远近皆知的高丽宫遗址，高丽高宗约39年迁都于此。

此外，江华岛曾是朝鲜被迫签订诸多丧权辱国不平等条约的地方。

3．海印寺藏经版殿——佛教文化宝库

海印寺坐落于庆尚南道伽耶山山麓，建于公元802年，海印寺与通度寺、松广寺一起被誉为韩国三大领主寺。以保存高丽八万大藏经的经版及版库而闻名于世，八万大藏经集经、律、论之大成，被视为世界研究佛教的宝贵文献，对世界佛教研究产生了巨大影响。1995年12月，被列入世界文化遗产。

4．韩国八景

雪岳山四季：雪岳山位于东海岸，是太白山脉中仅次于金刚山的第二高峰，金刚山的余脉，韩国有一句俗语："不看金刚山，休谈名胜。"雪岳山主峰白青峰海拔1 708米，因一年中有半年积雪，故得名雪岳山。雪岳山是森林和高山植物的集中地，既有原始森林的风貌，又不失峡谷幽深，山势巍峨峻峭。

雪岳山公园内既有深谷溪水，又有奇峰峻石，四季景色各不相同，春来满园新绿，秋至层林尽染。山中有卧仙台、飞仙台，从飞仙台到主峰有千佛洞溪谷，因整个山峰布满酷似千百尊佛像的岩石而得名千佛洞。园区内还有金刚窟、飞龙瀑布、权金城等自然或人文景观。

智异山云海：古代即被称为桃园仙境，更被摄影家比喻为"韩国的桂林"。

城山日出：济州岛以东的尽头，是观赏日出的最佳场地。

红岛晚霞：红岛是浮在黄海上的奇岩怪岛，以观看黄海落日最为壮观。

闲丽水道岛屿：从釜山乘坐游船当天即可返回，无数小岛点缀在苍茫的海天之间。

周王山奇岩：位于东海岸的国立公园内，山上峰峦起伏，怪石林立，犹如置身仙境。

内藏山红叶：位于中部山岳地带的内藏山，有"锦绣江山"的美誉，每年秋季，30余种枫叶不仅染红了广阔的山川，也映红了深邃的蓝天。附近还有内藏寺等名刹。

溪流佛影：位于东海岸的溪谷，绵延长达12千米，是登山爱好者的天堂。而时隐时现的佛影，为游客平添了神秘莫测的感觉。

小　结

朝鲜半岛两国家，同根同源反差大，北部朝鲜是近邻，南部韩国特发达。民族语言都单一，主要姓氏五大家。崇尚佛儒基督教，礼仪之邦甲天下。国旗太极国兽虎，朝开夕落木槿花。饮食服饰有特色，檀祖开天是神话。游客主要输出国，"旅游立国"气魄大。首都皇城名首尔，首位一流非自夸。天然良港釜山市，第二大城港最大。古代卫星城水原，设计科学是奇葩。世界遗产有五处，经版版库独一家。旅游胜地济州岛，流传神话一万八，国人自诩夏威夷，休闲度假甲天下。

第 二 节　日本——樱花之国

公元4世纪中叶，日本开始成为一个统一的国家，称为"大和国"。公元645年开始"大化革新"，建立以天皇为绝对君主的中央集权国家。

12世纪末，日本变为由武士阶层掌管实权的军事封建国家，史称"幕府时代"。

1868年，日本实行"明治维新"，废除封建割据的幕藩体制，建立了统一的中央集权国家，恢复了天皇至高无上的统治。

一、国情概述

（一）位置、面积与人口

1. 位 置

日本位于亚洲东部，是太平洋中一个群岛构成的国家，整个列岛地域狭长呈弧状，自东北向西南倾斜，长度约 3 000 千米。

2. 面 积

领土面积 37.8 万平方千米，全境由本州岛、九州岛、四国岛和北海道岛以及其他 6 800 多个小岛屿组成，其中本州岛面积最大，面积 22.74 万平方千米。

3. 人 口

1.27 亿多（2012 年），世界上共 10 个人口上亿的国家（中国、印度、美国、印尼、巴西、巴基斯坦、孟加拉、尼日利亚、俄罗斯、日本），日本正好列在最后一名。但属于世界人口密度最大的国家之一，人口分布极为不均，以东京、横滨、大阪、名古屋、京都、札幌等大城市为中心的地区，集中了全国人口的 2/3。

同时，日本还有世界长寿国的称号，据 1997 年统计，男性人均 77.11 岁，女性人均 83.59 岁。

（二）民族、语言和宗教

1. 民 族

日本是单一民族的国家，最主要的是大和民族，占总人口的 99.3％以上，其余不足 0.7％的少数民族名为阿依努族（虾夷族），人口仅有 2.4 万，主要分布在北海道地区，但已基本失去了体质上的特征及固有文化，只保留有万物有灵和祖先崇拜的古代信仰。

由于公元 3 世纪中期日本本州中部曾经建立过"大和国"，因此才有了"大和民族"的称谓。

2. 语 言

单一通用日本语的国家，以东京语为基础的日语为"标准语"或"共同语"。日语在世界语言分类中处于特殊地位，语言与词汇同南岛语相近，而语法结构同朝鲜语及阿尔泰语等相近。

3. 宗 教

神道教是日本固有的宗教，但是没有明确的起源和经典，是以万物有灵为核心，对自然物和祖先的一种原始崇拜，遍布各地的神社、神宫为祭祀场所。神道教最崇拜的是"天照大神"，又叫"太阳女神"，她是世界的最高统治者。神道教教徒占宗教人数的近一半。

佛教于 6 世纪由中国传入日本，教徒占宗教人数的 40％以上。隋唐期间，日本多次派遣使臣来华留学求法，将佛教传入日本。

日本的基督教或天主教，是伴随着欧美资本主义文化传入日本的，特别是"二战"后，日本信仰基督教的人急剧增加。

日本人虽然供佛，拜神，做弥撒，过圣诞，却不为宗教信仰所束缚，很多人信仰两种以上的宗教，在他们的潜意识里，认为两个佛保佑总比一个佛保佑更加保险。

（三）国家标志及释义

1. 国 名

"日本"，意思是"日出之国"或"太阳升起的地方"，在明治宪法中称"大日本帝国"，现行宪法中称"日本国"。

日本境内多火山地震，所以日本还有"多山之国"和"地震之国"的称谓。因火山喷发所产生的自然现象，日本境内多温泉，而日本人将泡温泉洗澡，称为"风吕"，因此日本还有"温泉之国"或"风吕民族"的叫法。

2. 国 旗

太阳旗，日本人叫它"日章旗"或"日之丸旗"。根据传说，天皇就是太阳神的子孙。

白色旗地象征纯洁、正义；红色象征热情、真诚、活力、博爱；红日代表日本是"日出之国"。

3. 国 花

樱花在日本被誉为报春之花、精神之花、友谊之花，也是东京都都花，福岛县、山梨县、栃木县的县花。

报春之花：每年3月份开始，从日本最南部的琉球群岛开始，樱花绽放，随着温度的不断升高，从南往北次第推进，报告春天到来的信息。

精神之花：樱花的特点是花期较短，一朵花从绽放到凋零，一般为7—10天，一棵树大约15天花期，是一种瞬间之美。但是大片樱花树，先后开放，则美不胜收，异常壮观。

日本人认为，人活着就应该像樱花一样，只争朝夕，即使瞬间倒下也毫不犹豫，并把樱花作为民族的一种精神象征。但是绝对不能用樱花形容女人之美。

友谊之花：每年的3月15日—4月15日是日本政府确定的"樱花节"。届时，日本政府邀请驻日各国使节、名流贵族、友好人士共赏樱花，交流感情。此外，因皇室的室徽是黄菊花，因而菊花也被视为日本的国花。

4. 国 鸟

绿色雉鸡，俗称山鸡或野鸡，多为古铜色或深绿色，善于行走，不能久飞。雄山鸡尾巴长，羽毛美丽，古代武士常用其来做头盔上的装饰，雌山鸡尾巴较短，呈灰褐色。1947年，日本鸟类学会将山鸡指定为国鸟。

5. 国 歌

《君之代》是一首颂扬天皇的歌谣，歌词只有28个字：我皇御统传千代，一直传到八千代，直到鹅石变岩石，直到岩石变青苔。

二、文化习俗

（一）礼仪礼节

初次见面，脱帽鞠躬，交换名片，很少握手。最高礼节鞠躬90度，一般鞠躬30度，而且鞠躬数次，世人形容日本人的礼节"躬"高盖世。

见面常用语有"您好"、"对不起"、"打扰您了"、"请多关照"。如果女性或长辈主动伸出手，男性或晚辈不能拒绝，但不能久握不放或握得过紧。

与西方人一样，两人并排走路，自己主动靠近车道一侧，以照顾对方安全。

待客礼节与生活准则值得效仿，满酒半茶不自满，敬酒献茶不发烟，谈话不盯对方看，不给他人添麻烦。

（二）饮食服饰

1. 饮 食

主食大米，副食则以蔬菜和海产品为主，喜爱吃鱼，自诩为"彻底食鱼的民族"。口味特点：喜欢清淡、少油、凉菜。一般多食低热量、低脂肪、营养平衡的菜肴，并注重菜肴的季节性、时令性。年节时喜欢吃红豆饭，表示吉利。

日本饮食分为三大类：中国料理、西洋料理、日本料理。日本料理除了著名的生鱼片、天麸罗（油炸鱼虾、蔬菜）、寿司（用各种蔬菜制成的饭团）外，还可以分为关东菜系、京都菜系和大阪菜系三大类。

日本人多数喜欢绿茶，按照茶叶的品质，分为玉露、煎茶、粗茶，此外红茶也极其普遍。

日本的饮食属于简单朴实型，饭局上常给人一种吃不饱的感觉，如果早上设饭局请客，不过一杯牛奶，一份热狗而已。中午稍微丰盛一点，有大米饭、鱼、肉、咸菜和西红柿等。晚餐相对丰盛，饭、菜、汤齐备，通常只有晚上请客时有酒，生鱼片象征最高礼节。但菜量极少，品种单调，很难吃饱。所以说，日本人请客你别到，品种单调数量少，最好吃的生鱼片，你还轻易吃不到。

2. 服 饰

日本的和服，也称"着物"，是在仿照中国唐代服装的基础上改造而成的。公元8—9世纪，日本一度盛行过"唐风"服装，以后逐渐形成含有中国古代服装特色并具有日本独特风格的和服。和服的种类依季节与场合的不同而有所差异。

男士和服色调比较简单，女士和服比较复杂。穿着和服时，应根据和服的种类，梳理相应的发型，腰带的结法也各不相同。同时要穿布袜、木屐或草鞋。

（三）节日风情

1. 大众化节日

元旦：1月1日，庆贺一年的开始，举家去神社、寺庙参拜，祈求一年的平安健康、幸福安泰。全家团聚吃团圆饭，日本称为"御节料理"，御节料理是一种赏心悦目的美食与美器的结合，食品注重色彩鲜艳，而盛放食品的容器追求精致好看。

煮年糕汤、喝年糕汤（杂煮）、吃荞麦面等也是节日期间必不可少的，谁家的面条长，来年的运气就好，幸运多少与面条长短成正比。

饮"屠苏酒"。屠苏酒是一种用草药泡制的酒，但喝法独特，从年小者喝起，取"少年得岁，故贺之，老者得岁，故罚之"之意。

有的家庭门前摆上松、竹、梅，代表长寿及看家护院的门神，有的人家在门口拉上一根绳子，意为防止妖魔鬼怪进门。12月31日晚，庙宇的钟声敲响108声，宣告新年的到来。

成人节：1 月第二个星期一，此节 2000 年前为 1 月 15 日，全国放假，年满 20 岁的男女青年，身着节日盛装，到公共场所参加由政府举办的成人仪式，表明具有了成家、吸烟、喝酒的资格。

儿童节：日本是世界上庆祝儿童节最多的国家，一年中有 3 个儿童节，而且庆祝方式十分特别，充满了民族特色与情趣。

3 月 3 日女儿节：阳春三月，桃花盛开，日本人把小姑娘天真烂漫的笑脸比做妖艳的桃花，因此定 3 月 3 日为女孩节。节日期间，在室内摆上桃花及偶人，因此又叫“偶人节”或“桃花节”。

5 月 5 日男孩节：农历 5 月 5 日，既是端午节，又是男孩节。家有男孩的家庭，在大门前为孩子插上鲤鱼旗，寓意向鲤鱼一样逆流而上，勇猛顽强，迎风破浪。摆上盔甲、军刀、弓箭等，象征武士精神，习武强身，身体康健。还要把菖蒲插在花瓶中，浸泡在米酒内，意在期望孩子一生免遭战争之苦。

七五三节：每年的 11 月 15 日，是日本儿童的七五三节，不论男女孩，到了 3 岁就由婴儿成长为儿童了，男孩 5 岁时可以穿裈（一种民族服装），女孩 7 岁时要穿和服。每年到了 11 月 15 日这一天，年龄正好是 3、5、7 岁的男孩或女孩，由父母带领去参拜神社，为孩子的未来祈祷，孩子们还可以获得许多礼物与祝福。

七夕节：源于中国“牛郎织女”的神话故事，是女孩子们祈求心灵手巧的日子，8 月 6 日这一天，各家的院子里摆上供品和竹叶，然后在五颜六色的纸条上写上企盼心灵手巧的词句，再把纸条系在竹叶上，遥望天空的星斗许下心愿。

天皇圣诞：12 月 23 日，祝贺明仁天皇生日。

2. 特殊性节日

盂兰盆节：原本是佛教节日，由中国传入日本后，变为日本人追忆祖先，超度亡灵的节日，时间为农历 7 月 15 日，即中国的“中元节”。是日本除了正月外最盛大的活动，全国各地均举办追念活动，节日的隆重程度堪比春节。届时，各大机关团体放假。

佛教《盂兰盆经》记载，释迦牟尼十大弟子之一的目犍连，皈依佛门后修炼成罗汉，具有“神通第一”的称誉。一天施展神通来到天国，看见父亲在天国享乐，当来到地狱时，看见母亲已经面目全非，成为恶鬼，心中不忍。请求佛祖超度母亲，佛祖让目犍连在七月十五这一天，准备百种味道的食品置于盂兰盆里供养十方僧众，便能使母亲摆脱地狱之苦，从此留下这一习俗。

盂兰盆节的纪念方式，一般是在祖先的佛坛前搭设好先祖牌位，请僧人诵经。在迎接祖先的灵魂之前要先去扫墓，在坟墓上点燃灯笼，并开辟出一条祖先灵魂回归之路，并备好用蒿草编成的牛、马等坐骑供祖先乘坐归家。

13 日这天，还要在祖坟和家之间点燃灯火，称为“迎接火”。向墓碑浇水，供上鲜花、果品等。15 日这天送别先祖时，还要点燃“送别火”，为祖先照亮脚下的道路，并且灭掉坟墓上的灯笼。

菖蒲节：6 月 1 日—30 日，日语发音中菖蒲与“尚武”同音，所以日本人尤为钟爱菖蒲，把它作为一种精神的象征。菖蒲的花期为 5—6 月，为白色、黄色、淡紫色花朵。每年 5 月 5 日的端午节期间，家家户户都要采摘菖蒲放入浴盆中洗菖蒲浴，据说可以驱除邪恶。东京明治神宫御苑栽种的菖蒲品种繁多，节日期间对游人开放。

天神祭：大阪的天神祭与东京的山王祭、京都的葵祭并称为日本最大规模的三大祭祀节庆活动，时间为每年 7 月 24 日—25 日。活动举办地在大阪的天满宫，是日本人祭祀 7 大福神之"学问之神"的节日。每当考试临近之际，许多应试考生来此参拜，祈求金榜题名，场面热闹非凡。

筷子节：筷子本为中国的国粹，也是现代东方各国普遍使用的餐具之一。有趣的是，中国人使用了几千年的筷子，并没有把它当做神灵供奉，反倒是一衣带水的邻居日本，发明了一个"筷子节"。

明朝人程良规曾赋诗赞美筷子："殷勤问竹箸，甘苦而先尝。滋味他人好，尔空来去忙。"筷子一日三餐辛勤为人类服务，有人拿筷子与西方人习惯使用的刀叉比较，认为刀叉属于利器，放置在餐桌上不大和谐，更难体现人类的饮食文明。

至于筷子何时传入日本，已无据可考。但是每年的 8 月 4 日被确定为日本的筷子节。1980 年 8 月 4 日，"保卫日本节日之会"在东京赤坂的日枝神社和新潟县三条市的八幡神社举办了"供奉筷子"的仪式。那一天，观者如云，场面热烈，充分体现了日本人对筷子的深切钦佩之情。此后，它变成了日本的传统节日。

东京乡土节：为加深国民对首都的了解和热爱，每年 10 月初，在东京举行乡土节活动，也称"都民日"。节日期间，有花样繁多的文化娱乐活动，数十万人在代代木公园欣赏演出，参观手工艺品展览及土特产展销等活动。

京都时代祭：每年的 10 月 22 日，京都数千人穿着上千年来各个历史时代的鲜艳服装举行游行，男女老少各扮演一个历史角色，场面热烈壮观，可以称其为历史古装大展览的节日。

（四）行为禁忌

1. 数字禁忌

"4"、"9"因为发音与"死"、"苦"相近而不受欢迎，数字"42"的发音是死的动词形，所以医院一般没有 4 和 42 号房间与病床，用户电话也同样忌讳 42，监狱一般也没有 4 号囚室。商人忌讳"2"月和"8"月营业淡季。与西方人一样，数字 13 也同样应该避讳。

2. 色彩禁忌

绿色被视为不吉祥的颜色，尽管国鸟是绿雉鸡。紫色被视为悲伤的色调。忌讳荷花，认为是丧花。探望病人时，不送山茶花和淡黄色、白色的花。不愿意接受有菊花或菊花图案的东西或礼物，因为这是皇室家族的标志。

喜欢的图案和动物是松、竹、梅、乌龟。讨厌狐狸、獾子、金眼猫或银眼猫的图案。

3. 语言禁忌

参加婚礼时忌说破碎、断绝、崩溃、破损、重复等字样，不能赠送容易破碎的礼物。

对身体有残疾的人，交谈中避开人的生理缺陷，不能说瞎、聋、哑巴、矮子、胖墩、秃顶、麻子等，最好的称呼是"眼睛不自由的人"、"耳朵不自由的人"、"腿脚不自由的人"。商店开业时忌说倒闭、流失、倾斜、衰败。

4. 赠送禁忌

探望病人时，忌用仙客来、山茶花为礼物。不送手帕（象征擦眼泪）、梳子（日语发音苦死）、镜子（容易破碎）。忌送带有夕阳风景的画图。

5．饮食禁忌

轻易不吃动物的"下水"，肉店里一般不会摆出猪蹄、鸡爪，一般不喜爱吃肥肉，也不爱吃羊肉和鸭子。宴会场合也不会出现猪心、猪肝等。忌讳客人只吃一碗饭，认为象征无缘。

使用筷子时讲究"忌八筷"（舔、迷、移、扭、插、掏、跨、剔筷），更忌讳把筷子直立插在米饭上。吃饭时不能整理头发，轻易不吸烟。

三、旅游资源

日本被联合国教科文组织世界遗产委员会列入《世界遗产名录》的自然和人文景观较多，其中以文化遗产居多。

自然遗产有位于青森县的白神山地，坐落在鹿儿岛上的屋久岛，分布在北海道的知床半岛。

文化遗产是位于奈良县的法隆寺及周边的佛教建筑；坐落在兵库县的姬路城；古京都文化遗址；分布在岐阜县白川乡、五个山的合掌屋群落；广岛原子弹爆炸纪念馆；古奈良的历史建筑；位于广岛县的严岛神社；分布在冲绳县的琉球王国时期的遗产；歌山县纪伊山脉圣地和朝圣之路等。

（一）旅游名城

1．东京都——最大都市

东京都位于本州中部，面积2 162平方千米，人口1 322万（2012年）。按照日本的行政区划，目前划分为一都（东京都）、一道（北海道）、二府（京都府、大阪府）和43个县，都、道、府、县属于平行一级的行政单位，直属中央政府，执政长官称为"执事"，县以下设立市、町、村。

东京塔：高度为332.6米，与樱花、富士山共同被誉为日本的三大象征。东京塔1958年落成，塔底部的四个角支撑着一个五层高的大楼，内设水族馆、餐厅、娱乐场、科学馆，在100米和250米的高度上分别设有瞭望台，塔的顶部装备着电视台、广播电台的无线电发射塔。

据2011年11月17日资料介绍，东京建了一座高达634米的"东京天空树"，成为世界第一高塔，并获得吉尼斯世界纪录认证，主要用于发射数字电视信号，定于2012年5月对游客开放。

皇宫：最神圣的地方，天皇起居之地，共有宫殿7栋，白墙绿瓦、茶褐色铜柱，富有典型的日本传统风格。正殿是整个皇宫中心，皇室的主要活动及外交礼仪都在正殿的"松之阁"举行；长生殿是天皇接受百姓朝贺的地方；常御殿是天皇的内宫；丰明殿内设大型宴会厅。

银座：最繁华的场所，因历史上铸造银币而得名。位于市中心，交通便利。从南到北被划分成一丁目—八丁目，所以又叫"银座八丁目"。这里集中了众多的专卖店、夜总会、餐馆、酒楼、饭店，每年10月份举办"大银座节"活动。

迪斯尼乐园：最好玩的地方，仿照美国迪斯尼乐园而建造，号称亚洲最大的主题公园。每个年龄段的人在这里都可以找到适合自己的娱乐活动，节日期间更是热闹非凡，各种化装舞会、音乐会、舞台表演等一应俱全。

浅草寺：最热闹的寺庙，据说是为了安放从海上打捞起来的观音像而建造的观音寺，寺内建有日本第二高度的五重塔。每逢 2 月 3 日是最热闹的时候，人们聚集在寺院里，举行抛洒豆子的活动。寺院请来本命年的著名男士，站在台子上，一边向人群抛洒豆子，嘴里一边高喊"福在内，鬼在外"。抛洒豆子结束后，还要表演"聚福舞蹈"。

明治神宫：日本三大神宫（京都的平安神宫、三重县的伊势神宫）之一，为纪念明治天皇和皇后而建造。神宫内的三座大"鸟居"（日式牌坊）中有一个高达 12 米，号称日本最大的木制牌坊。

2. 京都——幸运之都

京都位于本州岛中西部，坐落在京都盆地北部，具有浓郁的日本风情，是日本人心灵的故乡，又是花道、茶道最兴盛的城市，被称为"真正的日本"，因位于东京西面，所以又称西京。

古建筑博物馆：京都是个具有上千年历史的古都，1994 年，京都的历史建筑作为文化遗产被联合国列入《世界遗产名录》；日本昔日文化中心，有着杰出的园林艺术和木构建筑艺术。

祭祀之都：一年 12 个月，月月有祭祀活动，市内现存 1 877 个寺院和神社，成为神道教和佛教举行祭祀的场所，被誉为"三步一寺庙，五步一神社"，堪称日本文化艺术摇篮、宗教中心。

幸运之都：美国原计划将京都列为投射原子弹的首选城市，但由于种种原因，1945 年 8 月 6 日，广岛成为了京都的"替罪羊"。

岚山：京都最著名的风景区，位于市西北部，有"京都第一名胜"之称，以樱花和红叶闻名于世。

清水寺：位于京都东山半山腰，寺内有近 30 栋木结构建筑物，有正殿、钟楼、三重塔、经堂、神社、成就园等。正殿旁有一眼清泉，被称为金水，传说饮一口金水就能万事如愿。寺中的音羽瀑布，水流清冽，终年不绝，被列为日本十大名泉之首，清水寺因此得名。

二条城：日本著名的古城堡，初建于 1603 年，1626 年建成，是德川幕府第一代将军德川家康作为京都行辕而营造的，1886 年成为天皇的行宫。

金阁寺：共分三层，第二、三层外墙用金箔贴成，远远望去金光闪闪。每层分别代表不同时代的独特风格：第一层代表平安时代，第二层代表镰仓时代，第三层是禅宗佛殿风格。塔顶装饰的一只金铜合铸的凤凰，堪称一绝。

天桥立：日本 3 大绝景之一，面向日本海，是受潮流和海风影响堆积起来的一条细长沙滩，全长 3.2 千米，宽 40—100 米不等，沙滩上生长着 7 000 多棵松树。酷似我国西湖中的白堤，夏季为海水浴场。

平安神宫：日本三大神宫中最宏伟的一座，原是桓武天皇和孝明天皇祭祀神灵之地，现在殿内仍供奉着这两位天皇的塑像。

3. 大阪——日本威尼斯

大阪市坐落在本州岛南部，是日本第二大港口城市，关西地区重镇，日本东西的交通枢纽。

威尼斯：市内河流众多，水域面积占大阪总面积的 10% 以上，河上仅桥梁便多达 1 400 多座，因此得名"威尼斯"。

大阪城：大阪的象征，公元 1532 年由大将军丰臣秀吉建造。城墙总长 12 千米，用 40 万块石块砌成，最大的石块重达 130 吨。高 5.5 米，宽 11.7 米。主楼天守阁则是五层楼高的城堡，目前是一座历史博物馆，藏有许多美术作品及有关丰臣家族的文件史料。每年在天满宫举行的天神祭，是日本 3 大祭祀（东京的山王祭、京都的葵祭）之一。

中之岛：位于大阪市中心，中之岛公园一角是祭祀日本的"学问之神"——管原道真的天满宫，学子们考前参拜的场所，祈祷保佑金榜题名。

4. 北海道——第二大岛

北海道是日本四个大岛中面积第二大的岛屿，人口稀少，道厅设在札幌。世界闻名的旅游胜地，以自然景观为旅游特色。

北海道岛四季景色分明：春天漫山遍野鲜花绽放，大地焕然一新；夏天天气凉爽，适宜登山远足，湖上泛舟；秋季满山红叶，果园里硕果挂满枝头；冬天则是银装素裹的冰雪天地，美丽的丹顶鹤和白天鹅构成了另一个世界。

北海道主要的自然和人文景观有：支笏湖和洞爷湖合并建立的支笏洞爷公园；日本著名的温泉之乡及世界最大的熊牧场——别登，充满紫色梦幻魅力的薰衣草等构成了北海道特有的风情。

（二）旅游名胜

1. 富士山——民族圣岳

位于本州中南部的富士箱根伊豆国立公园内，东距东京约 80 千米，日本最高峰，高度 3 775.63 米，山峰高耸入云，山顶白雪皑皑，山体呈圆锥形，一眼望去，像一把倒悬的扇子挂在空中，为此才有了"玉山倒悬东海天"的著名诗句。

休眠火山：富士山是一座年轻的休眠火山，至今还不时发出轰鸣声，有文字记载以来，共喷发过 18 次，最近一次是 1707 年，至今休眠，据说还处于活动中。

富士神社：自上到下建有许多神社，既是教徒们朝圣之地，又是游客休息场所。日本有"不登富士山，死不瞑目"和"不登富士山是无知者"之说，朝拜富士山成为许多日本人一生最大的愿望，活着时总要朝拜一次，至少也要爬上半山腰的浅间神社，每年 7 月、8 月是登山季节。

登山起点：山脚下的和平公园是攀登富士山的起点，这里有一座山门，门上挂着一双巨大的草鞋，门口还摆放着一双铁鞋，游人来到此地，都要摸一摸草鞋，穿一穿铁鞋，据说会得到山神保佑，一路平安。全程共设有 10 个歇息点。

富士五湖：环绕富士山有五个湖泊，海拔都在 820 米以上，夏日可以垂钓，严冬可以滑冰。在位于 1 140 米处建有一座旅馆，这家旅馆有一条规定："入住旅馆后，如果超过 1 分钟看不见富士山，立即退回房费。"

富士八峰：只有站在富士山顶峰的剑锋上，才能看见周围矗立似八瓣莲花瓣的八座山峰，因此才赢得了"八瓣芙蓉"的美称，才能体会到诗句"万古天风吹不断，青空一朵玉芙蓉"的真实意境。对于今天的日本人而言，攀登富士山最大的诱惑是观看被称为"御来光"的日出美景。

2. 冲绳岛——旅游胜地

地理位置：位于日本本土与中国台湾之间的琉球群岛南端的冲绳岛，是琉球群岛中面积最大的岛屿，南北长约 107 千米，东西最宽处 31 千米，最窄处仅 4 千米，被誉为日本第一旅游胜地，号称"日本的夏威夷"和日本的"国门"，就连当地人身上穿的大花短袖衬衫，居然也叫"夏威夷衫"。每当 4—8 月的旅游旺季，沙滩上五彩缤纷的太阳伞构成了一片"花"的海洋。

冲绳岛属于亚热带气候，全年均温 23 ℃，10 月份为炎夏，气温超过 30 ℃，冬天平均气温 16 ℃。灿烂的阳光、绿色的椰树林、雪白的沙滩、清澈的海水、色彩斑斓的珊瑚、冲绳海中公园、首府那霸市的首里古建筑、东南亚植物园、龟甲石等自然或人文景观为来自世界各地的游人提供了无限的想象空间及视觉上的极大享受。

海中公园：公园坐落在海中的望塔上，可将翡翠般的海水、千姿百态的珊瑚礁、五彩缤纷的热带鱼尽收眼底。

世人都知大堡礁，冲绳珊瑚更妖娆。冲绳的珊瑚种类多达 68 属 260 多种，超过澳大利亚大堡礁，堪称世界第一。公园附近白沙闪烁的细长海滩、海水浴场、海洋体育运动项目等应有尽有。

龟甲石：久米岛上的龟甲石是一大自然奇景，它们是一大片五角形或六角形的石块，起码有上千块之多，退潮时便会暴露在人们眼前，即使涨潮时也可见到。

首里古城：昔日琉球王国的首都，是那霸市唯一保存的古旧建筑，游客游览热点景观。城中的"守礼门"是冲绳的象征，宫殿是当年琉球国王处理政务、接见使臣及举行重要庆典的地方，历史上曾四度被摧毁。

东南植物园：方圆 40 万平方米，园内栽培着东南亚、非洲、南美洲等地区 2 000 多种热带植物。园中还有波利尼西亚湖的睡莲，多达 450 种椰子树林可称集世界椰子树之大全，蝴蝶标本馆也值得一看，展示着世界上上千种蝴蝶标本。植物园也是冲绳岛上情侣们举行婚礼的首选场地。

3. 严岛神社——神灵之家

严岛神社：坐落在日本广岛县上的严岛神社，有 1 400 多年的历史，由于独特的地理位置及优美的景致，严岛自古以来一直被人们视为神灵居住的地方、充满灵气的岛屿、信仰的中心。

奇异习俗：多年来严岛上不允许生孩子，人死后也不允许埋在岛上，至今岛上仍没有墓地，人死后都被用船运送到岛外埋葬。

大鸟居：耸立在海上的大鸟居（日式牌楼）是严岛的象征。神社的神殿与周围的绿色森林、蓝色大海相映生辉。

总神社：是严岛的中心，周围共分布着 21 栋建筑，这些建筑物的布局相当考究，从广岛望过来，它们就像一只飞翔的大鸟。严岛神社的平舞台与四大天王寺（大阪市天王寺区）的石舞台、住吉大社（大阪市住吉区）的石舞台一起并称为"日本三舞台"。

严岛通常也被称为"安艺的宫岛"，是日本三大绝景（其余两个是宫城县的松岛、京都府的天桥立）之一。1996 年，严岛神社被列入《世界遗产名录》。

（三）旅游名区

1. 箱根国家公园——温泉之乡

位于日本神奈川县西南部，距离东京 90 千米，总面积 94 平方千米。它的核心地区是芦湖，它是 40 万年前因火山活动而形成的火山湖，面积为 7 平方千米，最深处达 45 米，海拔高度 726 米，环湖长度 17.5 千米。芦湖盛产黑鲈鱼和鳟鱼，园内还分布着大片原始森林。

箱根的景致随季节而变化，各有千秋。最富有诗意的季节是春季，远望云端上的富士山，似戴着一顶银光闪闪的雪冠，近观满树樱花，搅起漫天"花吹雪"的奇景，点缀着民宅古迹中葱郁丘陵，潺潺的温泉四处流淌，分明是"明月松间照，清泉石上流"的意境。

箱根的小酒馆特色鲜明，只提供典型的日本清酒，箱根犹如中国南方的一处山水小筑，最适宜文人墨客在这里饮酒赋诗，虽然酒是日本特有的清酒，却与我国南方的米酒相差无几，温热的感觉慢慢涌上全身，不容易喝醉，却能让人在迷离的醉眼中才思泉涌。

除了观赏自然美景，饮酒赋诗外，来箱根泡温泉是大多数游客的最爱。箱根温泉多达336 处，泉水涌量列日本前茅。整个箱根地区酒店内的客房、公共浴池、室内游泳池，全部使用地下天然涌出的温泉水。目前，箱根在原有"箱根七汤"的基础上又开发出十汤，合称"箱根十七汤"。

2. 知床半岛公园——最后秘境

知床半岛位于日本最北部的北海道的东北部，濒临鄂霍次克海。整个半岛长 63 千米，尖端的知床岬，是"大地尽头"之意，如同其名，这里人迹罕至，保持着最原始的地貌形态，因此被誉为"日本最后的秘境"。

知床国立公园设立于 1964 年 6 月 1 日，面积为 3.8 万公顷。2005 年，知床半岛被列入世界自然遗产名录。

郁郁葱葱的原始森林内，栖息着灰熊、虾夷鹿、狐狸、猫头鹰、虾夷松、岳华林等珍贵野生动植物。半岛西海岸是绵延不断的悬崖峭壁，造就了河川直泄入海奇特的瀑布景观。

3. 日本与中国相关的旅游资源

日本自古以来就与中国有着深厚久远的渊源，古代的鉴真东渡，近代的孙中山、鲁迅、郭沫若等为寻求救国真理的扶桑之行，以及日本传说中的徐福东渡、贵妃流亡的故事，在日本都可以找到依据。

徐福东渡寻仙药：传说中徐福为秦始皇寻找长生不老药，最先到达本州的和歌山，后来又到达北九州，进入濑户内海，因为迷恋日本的美丽景色，与其所带领的人安居下来，以渔猎、农业为生，繁衍生息，成为今天的日本人。

如今的和歌山市，建有徐福公园，园内还建有徐福的墓碑、功德碑。每年 8 月12 日—13 日是祭祀徐福的"万灯节"，届时还举办焰火大会及盂兰盆舞蹈表演等活动。

鉴真东渡传佛教：唐代僧人鉴真，晚年应日本友人邀请，先后五次东渡日本失败，第六次东渡成功时，已经 66 岁高龄，双目失明。到达日本后，为上至天皇、皇后、太子，下至黎民百姓传播佛教文化、大唐文化等作出了巨大贡献。

如今奈良市的唐招提寺，就是由当年的天皇下令修建、鉴真监督、仿照唐朝建筑风格而建造的寺庙，鉴真和尚把这里当做受戒传律的基地，并创立了日本佛教律宗，招提寺成为了律宗的总寺院，"招提"在日语中就是寺庙的意思。

寺院大红门上写有"唐招提寺"横额，寺内供奉的鉴真大师的坐像，被尊为日本的国宝，寺内还珍藏着1 200多年前鉴真从中国带去的经卷。

鉴真还被日本人民奉为医药始祖，同时，日本的豆腐业、饮食业、酿造业也都被视为鉴真所传授。

贵妃流亡到仙岛：按照日本传说，杨贵妃并没有真的死去，而是逃亡到了日本。本州山口县建有一座公园，园内有用大理石雕刻的贵妃及观音像，还建有贵妃墓。传说是依据白居易"忽闻海上有仙山，其中一人字太真"的诗句，日本人认为这里的仙山指的是日本，太真则是杨贵妃的封号。

京都府京都市东山区的泉涌寺内建有一座观音堂，但供奉的不是观音，而是杨贵妃，这里也成为日本人祈求青春美丽、喜结良缘、平安顺产的庙宇。

小结

日本岛国很重要，客源国家列前茅，地理位置属东亚，太平洋中一群岛。本州四国与九州，最北岛屿北海道。民族语言都单一，精神支柱神道教。樱花三月报春来，雄鸡乌鸦枝头闹。饮食口味属清淡，敬酒斟茶不让烟，3大料理中西日，寿司刺身沙西米。出境旅游最火暴，大约一半去纽约，其次愿意来中国，重要客源不能少。樱花富士东京塔，民族骄傲与象征，3大神宫3绝景，3大神器3名城。东京大阪名古屋，幸运之城是京都。海中胜地冲绳岛，珊瑚不逊大堡礁，国人也称夏威夷。

第三节　蒙古——马背民族

蒙古民族拥有数千年的历史，公元13--14世纪，成吉思汗（铁木真）统一大漠南北各个部落，建立了横跨亚欧大陆的蒙古帝国。1271—1368年在大都（今北京）建立元朝。

明朝时，蒙古王族退居塞外。17世纪中期，臣服清朝。所居地史称"外蒙古"或"喀尔喀蒙古"。1911—1919年，外蒙王公在沙俄支持下宣称"自治"。1924年成立共和国。

1946年1月5日，当时的中国国民政府承认外蒙古独立。1992年2月改国名为"蒙古国"。

一、国情概述

（一）位置、面积和人口

1. 位　置

蒙古属于亚洲中部的一个内陆国家，除了北面与俄罗斯接壤外，其余三面均与我国为邻。地处蒙古高原北部，地势较高，平均海拔1 580米。

蒙古国曾经是世界上面积最大的内陆国家，自苏联解体后，内陆大国的地位被哈萨克斯坦取代。

2. 面 积

领土总面积 156.65 万多平方千米，大小相当于我国新疆自治区。

3. 人 口

全国总人口 275 万（2010 年），属于人口密度最低的国家之一，平均每平方千米仅分布 1.5 人。

（二）民族、语言及宗教

1. 民 族

以蒙古族为主体，喀尔喀族蒙古人（也称哈拉哈族）占蒙古国总人口的 76.2%，另外哈萨克族占全国人口的 5.2%。其余为杜尔伯特、巴亚特、布里亚特等少数民族以及少数俄罗斯人。

2. 语 言

单一的喀尔喀蒙古语。

3. 宗 教

藏传佛教为国教。元朝时藏传佛教传入蒙古地区，1921 年前，蒙古拥有 1 800 多座寺院和 10 万多名藏传佛教僧人，约占男子人数的 1/3。因为藏传佛教僧人不参加生产劳动，不准结婚，而严重影响了经济的发展和人口增长。经过民主革命后，一直到 1940 年，藏传佛教僧人基本上还俗务农。目前藏传佛教在蒙古人的生活中仍具有很大影响，大多家庭里都供奉着佛像。

（三）国家标志与释义

1. 国 名

蒙古国因民族而得名，"蒙古"二字在蒙古语中含有"勇敢"和"朴素"之意，另一说为"我们共火民族"或"我们的火"之意。

2. 国 旗

从左自右分别为红、蓝、红三色竖条旗，旗面左侧的红色部分自上而下绘有黄色的火焰以及日、月、三角形等几何图案。

蒙古先民信奉拜火教，认为火是吉祥、兴旺的种子。火与日、月结合代表繁荣昌盛和永恒；三角形的寓意是矛，象征对待敌人绝不仁慈；长方形表示正义、忠诚，中间的阴阳图案象征着和谐；红色表示胜利、快乐；中间的蓝色寓意忠于祖国。

3. 国 鸟

按照蒙古人的说法，百灵鸟通达人性，以百灵作为国鸟，象征蒙古人民热爱自然、珍惜动物的真挚情感。

二、文化习俗

（一）礼仪礼节

蒙古人性格豪放，热情好客，即便素不相识的人，经过蒙古包也会受到热情接待。最为重要的待客礼节是品奶茶、献哈达、敬马奶酒和交换鼻烟壶。

1. 斟奉奶茶

奶茶是把乌龙茶（青茶）捣碎用水煮，浓缩后加入鲜奶或炒米，喝时香气四溢，奶香浓郁。蒙古人俗有"宁可一日无餐，不可一日无茶"之习俗。

2. 敬献哈达

敬献哈达是节庆活动及宗教活动时必不可少的礼节，依据客人身份地位的不同，哈达举送的高度也不一样。哈达是用绸帛制成的长条宽带，敬献哈达时，先把哈达叠成双层，开口一面朝向客人，一只脚跨前一步，身体微躬，双手献于贵客，对方也应以同样姿势微笑接受。

3. 敬马奶酒

敬酒礼节不一般，后敬地来先敬天，第三滴酒向上弹，意思是在敬祖先，大碗最好沾一口，小杯理应一口干。传统习惯是饮用马奶酒，祭祀天地祖先或礼佛时也多用马奶酒，现多以白酒为主。

4. 交换鼻烟壶

鼻烟壶是蒙古人日常的生活器具，让客人闻鼻烟是表示敬意。同辈相见，双手捧鼻烟壶，对方用右手接过，如此反复两次，最后物归原主。若客人是长辈，则先请客人坐下，主人先施礼，再交换鼻烟壶。

（二）饮食服饰

1. 饮食习惯

蒙古人的饮食包括奶食、肉食和粮食三种。习惯上先食用白食，然后食用红食。蒙语中把牛羊肉称为"乌兰伊得"（红食），而将黄油、奶豆腐、奶酪、白油、奶皮子等称为"查干伊得"（白食），这些白色食品被视为圣洁、纯净的象征。炒米是蒙古人的主食，牧民顿顿离不开炒米，传统上每日一顿饭、两顿茶。

2. 服饰特点

作为马背民族，蒙古服饰的最大特点是适应游牧的需要：高领大袖蒙古袍，功能齐全离不了，白天遮风又挡雨，夜晚还能当被袍。长袖冬天不冻手，夏天可防蚊虫咬。宽厚腰带马上骑，腰板挺直显威耀。正式场合必戴帽，重要礼节不可少。传统民居蒙古包，适于游牧逐水草，便于拆卸或组装，移动轻便很巧妙。

3. 色彩意识

蒙古人为不同的颜色赋予了特定的含义。

红色——乌兰，象征幸福、胜利和亲热。

蓝色——呼和，象征永恒、坚贞和忠诚。

黄色——夏尔，象征金子般的色彩，最受蒙古民族的崇爱。

白色——查干，象征高尚、纯洁、质朴。

黑色——哈尔，为不祥之色，意味着不幸、贫穷、威胁、背叛、嫉妒、暴虐。

（三）节日风情

1. 那达慕—国庆节

那达慕大会于每年的 7 月 11 日举行，是蒙古民族最具风情、最为隆重的传统节庆活动。"那达慕"在蒙语中的含义是"娱乐"或"游戏"。

1206 年，铁木真被推举为蒙古大汗，为检阅部队、维护草原安宁或分配草场、水源、平息部落间的纷争等，于 7—8 月份时将所有部落召集在一起举行集会，同时伴有各种娱乐活动。最初只是男子们赛马，射箭，摔跤（男子三竞技），后期又增加了许多娱乐性的项目。

1997 年 6 月，蒙古政府决定将国庆节易名为"国庆节—那达慕"，作为国家的法定节日。

2. 查干萨日

蒙古语中"查干"意为白色、圣洁，"萨日"意为月份，查干萨日意为春节或白色的新年，也被译为"白日"，日期与我国藏历新年相同，是蒙古民间最隆重的节日，此前称为"牧民节"，只是在牧区庆祝。1988 年 12 月，"白日"被确定为全民性节日。

节日从腊月二十三拉开序幕，一直到农历 2 月 2 日结束。腊月二十三为祭火日，也被称为送火神上天之日，大年三十首先要祭祖，供奉神灵，大年初一还要举行祭天仪式。

节日期间的饮食，最著名的是"全羊席"、"手扒肉"，全羊席所用的羊必须是绵羊，以 2—3 月份的羯羊为上品。

3. 祭敖包

敖包又叫鄂博，是用土块、石块、杂草枯木等人为堆积起来的，上面挂满五颜六色的彩旗。一般在春秋两季举行祭祀敖包的仪式，届时宰杀牛羊作为祭品，并举行焚香、藏传佛教僧人诵经等活动，礼仪结束后，还要进行传统的赛马、射箭、摔跤等活动。

4. 祭腾格里

祭天是蒙古人的重要祭祀之一，"腾格里"的蒙古语音译为"天"，祭"天"分为以传统的奶制品上供的"白祭"和以羊血为祭品的"红祭"两种，多在七月初或八月初进行。

（四）生活禁忌

1. 行为禁忌

蒙古民族是一个崇拜"火"的民族，家中的火炉绝对不可亵渎，不能跨越、脚踏、烤脚、烘烤衣物等，即使用刀拨弄火炉也是不允许的。

忌讳用手指天空中的星月，蒙古人把"长生天"视为天地的统治者，至高无上。

骑马经过蒙古包时，不能大声喊叫，进入蒙古包时，应将马鞭放在门外，不能带入蒙古包内。绝对不可以鞭打牛、马、羊的头部。

2. 饮食禁忌

忌食猪肉及猪制品，一般不吃马肉、狗肉，多数人也不喜欢吃鱼，对海产品以及鸡、鸭、鹅的内脏也不感兴趣。

3. 服饰禁忌

头是人体之首，帽子是头的衣裳，扎腰带是郑重的礼节。帽子是神圣不可侵犯的头饰，最忌讳把帽子随处乱扔或玩弄，帽子突然落地被看成不吉利，戴帽子、系腰带是重要的交际礼仪之一。

4. 日期禁忌

蒙古人对与佛教有关系的日期，如农历的初一、初八、十五都很重视，一般不在这些日子举办婚礼。

三、旅游资源

蒙古是我国重要的客源国家，尽管来我国旅游者数量较大，但大多数属于边境贸易或边境旅游性质，来也匆匆，去也匆匆。另外，限于国内经济发展水平和居民生活水平的原因，其消费能力并不是很强。

蒙古被世人誉为旅游处女地，每年接待入境旅游最多的是俄罗斯及中国游客。

蒙古最具吸引力的景观是它的自然风光，人文景观或名胜古迹数量不多，名气不大。而广阔的戈壁沙漠、丘陵草原、针叶森林，以及夏季炎热、冬季寒冷、温差巨大的气候条件是吸引八方来客的首要资源和条件。

为此，蒙古国依托其特有的资源优势，相继开发了风光旅游、民俗旅游、宗教旅游和考古旅游等独具特色的旅游活动。

蒙古有两项遗产被列入世界遗产名录：一是乌布苏盆地，二是鄂尔浑峡谷文化景观。

乌布苏盆地：位于蒙古西北部的乌布苏盆地中坐落着蒙古最大的乌布苏咸水湖，这里是候鸟和水鸟重要的栖息地。该地区由 12 个保护区组成，这些保护区内拥有欧亚大陆东部的主要生物群落，生物多样性是这一地区与蒙古其他地区最大的区别。

鄂尔浑峡谷：分布在鄂尔浑河流域的蒙古帝国遗迹群落，是蒙古历史文化遗迹的最大看点，包括鄂尔浑河两岸辽阔的牧地和可追溯到公元 6 世纪的考古遗迹群，反映出当时蒙古民族的游牧生活、社会管理、宗教中心的共生关联性，并展现出鄂尔浑峡谷在中亚历史上的重要性。

鄂尔浑河重要的历史遗迹主要包括：蒙古帝国的首都哈拉和林遗址、回鹘牙帐城、窝阔台夏宫和匈奴三连城等。

除了上述两项物质文化遗产外，蒙古还有两项被列入世界非物质文化遗产名录的项目：一是马头琴传统音乐，二是蒙古族长调民歌。

世人都说，"蒙古民歌是天籁之音，蒙古民族是音乐的民族"，这也是蒙古民族为世界人类文化宝库所创造的宝贵财产的重要组成部分。

马头琴：是蒙古族音乐文化的典型代表，马头琴无论是造型、制作材料，还是音质音色、音乐表现风格和演奏方法，都展示了蒙古民族的性格内涵，充分反映了蒙古游牧生活的历史形态，形象地表达了蒙古民族对自然宇宙的思考和感悟。

长调民歌：长调民歌字少腔长，节奏自由，豪放悠扬，其最大的魅力在于它是距离大自然最近的一种音乐，充分体现了辽阔草原上牧民的宽广情怀，是草原文化的代表和蒙古族音乐的结晶，其价值和魅力是永恒的。

（一）旅游名城

1. 乌兰巴托——英雄城市

乌兰巴托原名"库伦"，蒙语意为"寺院"，坐落在中部地区，始建于 1639 年，现为蒙古国首都，政治、经济、文化和宗教中心。1924 年改为现名，意思是"红色英雄"或"红色勇士"。

市区主要位于图勒河北岸，有 5 座大桥横跨河上，城市周围群山环绕，其中博格多山被誉为圣山，山上松林茂密，栖息着多种野生动物，是国家最早建立的自然保护区之一。

乌兰巴托既是蒙古草原上一座古老的城市，又是一座现代化的年轻城市，原藏传佛教活佛的宫殿现已改为故宫博物院。庆宁、和林等佛教寺院是旅游朝圣者必到之处。

2. 哈尔和林——历史名城

坐落于杭爱山北麓鄂尔浑河上游东岸，是一座历史名城，自 1220 年成吉思汗定都于此，一直到忽必烈即位后于 1264 年迁都大都（今北京），始终是蒙古帝国的政治中心，1948 年出土众多宫殿、街市、房屋以及土墙的遗址。

（二）旅游名胜

1. 草原风光

蒙古的自然风光以辽阔的戈壁沙漠和高原草原为主体，天然草场占国土面积的 83% 以上，人均草场面积居世界各国之首。夏季牧草茂密，鲜花遍地，旅游者适宜开展骑马、狩猎、观光等活动。

沙漠面积占总面积的 3% 左右，戈壁在蒙语中是"荒漠"的意思。

森林面积占领土面积的 15%，其中针叶林占 90%，主要分布在北部山区。

在北部群山环绕的库苏古尔湖，面积达 2 620 平方千米，为全国第二大湖，湖水风平浪静，群山倒映其中，湖光山色相映成趣。

此外，蒙古还拥有温泉资源，供旅游者游览、休闲、疗养。

2. 和平大街

位于乌兰巴托市中心的和平大街是整个城市的主干道，每年 7 月 11 日一年一度的那达慕一国庆节，举办地就在和平大街中段北侧的苏赫巴托（蒙古国开国元首）广场，届时可容纳 6 万多人的苏赫巴托广场水泄不通，人山人海，整个大街变成了一片欢乐的海洋，不分男女老少，换上色彩鲜艳的蒙古袍，戴上蒙古小圆帽，腰上扎着金黄色的腰带，成群结队涌向和平大街。

节日期间，举办各种棋艺比赛、歌舞表演、影视放映、图片展览、科技推广等活动，以及农牧土特产品，茶砖、布匹、绸缎、日用百货等交易，场面热烈，人头攒动。

和平大街两侧一幅幅广告牌分外显眼，其中一多半宣传的是韩国产品，大大小小的韩国美发厅更是不计其数。

和平大街中段还有一道奇特的风景，两旁的树木挺拔翠绿，华美的建筑鳞次栉比，大多数建筑为蓝色或白色。并装饰着五颜六色的花纹图案，显示出现代化都市的繁华。

与其他城市不同的是，在林阴大道两旁的草坪内，牛羊在悠闲自得地吃草，身着蒙古袍的牧民骑着骏马在大街上自由自在地放牧。

马背民族叫蒙古，寓意勇敢与朴素，位列 10 大客源国，远离海洋居内陆。地广人稀高原国，大漠荒滩温差足。一代天骄铁木真，建立元朝定大都。全民崇尚藏传佛教，豪放尚礼源游牧。哈达奶茶鼻烟壶，敬酒礼仪最特殊。哈尔和林最古老，乌兰巴托是首都。世界遗产乌布苏，蒙古最大咸水湖。鄂尔浑河大峡谷，帝国遗迹最突出。长调民歌马头琴，天籁之音心灵出。祭祀敖包腾格里，草原盛会那达慕。

第 四 节　越南——S 型国家

越南社会主义共和国历史悠久，多灾多难。先后经历被法国、日本、美国侵占、殖民的屈辱历史，尤其是法国统治越南的时间长达 70 多年。

公元 968 年成为封建国家。1884 年沦为法国的保护国。

1940 年被日本侵占，1945 年日本战败，成立越南民主共和国，之后又进行了长达 9 年的抗法战争，1954 年 5 月"奠边府大捷"后，法国被迫承认越南独立，但南方仍由法国扶植的南越政府统治。

1961 年起开展了抗美救国战争，直至 1973 年 3 月美军从越南南方撤兵。1976 年 7 月全国统一，定国名为越南社会主义共和国。

一、国情概述

（一）位置、面积和人口

1. 位　置

地处中国南部的中南半岛东侧，北部与中国接壤，西与老挝、柬埔寨交界，西面和南面濒临中国南海。境内 3/4 为山地、高原，森林约占总面积的 50％以上。

2. 面　积

329 556 平方千米，南北长达 1 650 千米，东西最窄处仅有 50 千米，领土形状酷似一个竖立起来的大 S 形，因此得名"S 型国家"。

3. 人　口

全国总人口 8 784 万（2011 年），其中 90％集中分布在红河、湄公河两个三角洲及沿海地区。

（二）民族、语言及宗教

1. 民　族

全国共有 54 个民族，其中京族占总人口近 90％。此外，还有芒族人、岱族人、傣族人、侬族人、高棉人、华人等。

2. 语　言

越南语为官方语言，越南语又称京语。此外，法语、汉语、高棉语、英语也比较流行。

3. 宗　教

政府保障信教自由，居民中信仰佛教的占总人口的 55％。1990 年初统计，全国共有佛教寺院及有关设施 4 743 座，僧尼总数达 17 万人之多；信奉天主教的约占总人口的 5.5％；其余的信奉基督教的新教。此外，越南还有两个自己独创的宗教——高台教、和好教。

万教大同的高台教：高台教创立于 1925 年，是越南仅次于佛教和天主教的第三大宗教，教徒人数 300 万—800 万左右，主要分布在湄公河三角洲地区。海外的美国、欧洲、澳大利亚约有 3 万名教徒，主要是越南人后裔。教会总部设在越南胡志明市。

高台教可称得上目前为止世界上最为混杂的宗教，它将东西方所有宗教和历史人物全部糅合在一起，佛教、天主教、基督教、道教等宗教人物或历史人物，如释迦牟尼、耶稣、观音、老子、孔子、丘吉尔、雨果、莎士比亚、牛顿乃至姜子牙、李白、关羽、孙中山等统统被列为供奉对象，主张"万教大同，诸神共处"。

高台教所称的高台神是宇宙间最高的主宰神，高台即指神灵居住的最高殿堂，所以称为高台教。

农民为主的和好教：创立于 1939 年，现有教徒约 150 万，主要分布于西南五省。和好教为越南安江省和好村农民黄富楚创立，是小乘佛教的一个变种，因为信徒绝大多数是农民而得名。

虽然自称佛教，但高台教实质是佛教与儒教相结合的产物，讲究慈悲、博爱、大同、因果报应，强调农民与世无争，不接受佛礼及佛家修炼。

和好教没有寺庙，用红布代替神佛的图像，信徒早晚供奉两次，供品是鲜花和清水，鲜花代表坚贞，清水代表纯洁。

（三）国家标志与释义

1. 国　名
传说原来自称"文郎"，秦代时设立为交趾（今河内）郡、九真（今清化）郡；中国三国时代称其为交州，唐代设立安南都护府。

公元 938 年独立，当时的国号为"大翟越国"，1054 年改名"大越"，1802 年改称"越南"。

2. 国　旗
越南的国旗设计与寓意同中国大体相近，底色为红色，中间缀有一颗黄色大五角星：红色象征革命，金星代表越南劳动党对国家的领导，金星的五个角分别代表工人、农民、士兵、知识分子和青年。

3. 国　徽
圆形徽章，周围环绕两捆金黄色交叉的稻穗，象征农业；一个齿轮位于稻穗交叉点上，象征工业，齿轮下端的饰带上用越文写着"越南社会主义共和国"。

4. 国　花
莲花。

二、文化习俗

（一）礼仪礼节

越南人讲究礼节，通行握手礼，见面打招呼问好或点头致意，对长辈称呼大爹、大妈、叔叔、伯伯；对平辈称兄道姐；对儿童叫小弟、小妹；对群众称乡亲们、父老们、同胞们；政府、机关、单位、部队称同志。

信仰小乘佛教的民族，如高棉族等，见面多行双手合十礼。

注重孝道，在家庭里，子女崇拜祖先、孝敬父母是天经地义、世代承袭的优良传统。几乎每家每户都设有神龛、神台、神位，他们把祭祀祖先视为生活中的头等大事，意在感谢祖先的护佑之恩。

尽管许多家庭的宗教信仰不同，但供奉祖先不可忽略，每当春节到来，必须布置祭坛，插上香烛，摆上供品，春节前三天，祭坛总是香火缭绕，合家吃饭前，家长及族人都要带领全家祭拜祖先。现实生活中，子孙忌讳提及祖辈、父辈的名字。孩子小时候，父母也不让其知道先祖的名字，避免孩子乱喊，对祖先不敬。

（二）饮食服饰

1. 饮　食

越南人的主食以大米为主，越南菜在中南半岛国家中最具特色，其最大特点是尽量保持原汁原味，餐桌上的青菜几乎都是生吃的，不需要任何加工。做饭时要使用南洋地区特有的香料，如柠檬草、薄荷、芹菜、鱼露等作为原料。

越南人还有嚼槟榔的习惯，同时把槟榔作为待客礼节中必不可少的习俗，人们常于饭后咀嚼槟榔帮助消化，现在的京族人还以槟榔作为信物或礼品对待。

2. 服　饰

越南被世人誉为"彩色的国度"，近 60 个民族虽然生活在一个国家里，风俗、衣着、服饰却各具特色，各有千秋。

现代越南男子多穿西服，女子多穿长袍。长袍可以算是越南女子的国服，上身束腰，突出身段，使女人显得婀娜多姿，下摆舒展，开衩到腰，便于活动。妇女们喜爱戴项链、手镯、戒指，多留披肩发，或用发夹将头发束于脑后。

（三）节日风情

1. 公众休假日

1 月 1 日新年；正月初一春节；五一国际劳动节；4 月 30 日的西贡解放日和 9 月 2 日独立纪念日。

2. 政治性节日

2 月 3 日越南共产党成立纪念日；3 月 19 日全国抗美日；5 月 19 日胡志明诞辰日；7 月 2 日南北统一日；9 月 3 日胡志明逝世纪念日。

3. 民间节日

主要有清明节、端午节、中秋节、重阳节、灶君节等，节日习俗大体与中国相同。以上的节日中，春节、除夕、中秋节最受重视。

4. 染齿习俗

世界绝大多数国家都以牙齿洁白作为体美和文明的标志，越南女人却相反，至今仍保留着一种染黑齿习俗，无论是城镇或乡村，随处可见牙齿乌黑发亮的女人飘然而过。按照古代习俗，白色牙齿会遭受天下人的耻笑或舆论的讨伐，黑齿则是女郎、少妇貌美的重要标志之一，为此才有了"黑齿桃颜"的说法。

三、旅游资源

从旅游观光角度看，越南融合了东方的神秘色彩以及法国的浪漫情怀，加之农产品丰富，水果种类繁多，商品价格低廉等因素，许多旅游爱好者选择越南游。

越南被联合国列入《世界遗产名录》的遗产：三朝古都——顺化古迹群；海上桂林——下龙湾；丰芽—格邦国家公园；美山寺庙；会安古城等。

（一）旅游名城

1. 河内——百花春城

河内是越南的首都，政治、经济和文化中心，位于红河三角洲西北部，是一座历史悠久的古城，这里树木终年常青，鲜花四季怒放，湖泊众多，风光绮丽，具有热带城市的风貌，因此号称"百花春城"。

河内的名胜古迹居全国之首，曾有规模巨大的禁城、皇城、京城，寺庙、宝塔。因屡遭战乱，多灾多难，部分宫殿、城垣早已荡然无存，踪迹难见。目前河内市著名的人文景观有巴亭广场、主席府、胡志明故居、独柱寺、文庙、医庙、玉山寺、龟塔等。

巴亭广场：位于市中心，长320米，宽近100米，可容纳10万人以上集会，是河内人民集会和节日活动的场所。广场周围坐落着胡志明主席陵墓、博物馆以及胡志明故居等景观，数条林阴大道由广场向四周辐射。

文庙：河内最重要的古迹之一，坐北朝南，文庙的大拜堂悬挂着一块有康熙御书的"万世师表"汉字牌匾。正殿内设有孔子的供桌，两侧奉祀的是中越两国的先贤儒士。同时文庙还以存藏"进士碑"而闻名，共存放着82块进士碑。

还剑湖：南北狭长，为河内第一风景区，南北长700米，东西宽200米，湖岸四周树木葱郁，浓荫遮天。湖中建有玉山寺、龟塔等人文景观。每逢节假日，塔身被灯光照射得通体辉煌，玲珑剔透。北部湖中的玉山寺，可见到山墙上各种汉字楹联题对，从中可让人感悟到汉文化对越南的深远影响。

相传还剑湖的名字，源于公元15世纪，越南皇帝黎太祖即位前，从地下挖掘出一把宝剑，他仗剑搏杀14年取得天下。即位后乘兴湖上泛舟，不料湖中一只大乌龟将宝剑咬住沉入湖中，太祖命手下将湖水淘干却一无所获。于是太祖认为，湖中神龟显灵，预示杀戮已停，宝剑再也无用，应该还于湖中，因此得名还剑湖。

2. 顺化——皇城皇陵

顺化市是一座历史古都，位于香江两岸，市区被香江分割为南北两大区域。江北是顺化皇城所在地，皇城大致呈坐北朝南方向，面对御平山，为阮氏王朝皇宫，也是越南现存最大、最完整的古建筑群。建筑式样基本上仿照中国北京紫禁城的风格，围绕皇城的外层城池——京城，则模仿法国式建成。

皇城为方形，四周有护城河，城墙每边长600余米，4个城门，即前午门、后和平门、左显仁门、右彰德门。午门前对旗台，门内的宽大广场，是朝廷重大盛典的举办场所。

宫殿主要有太和殿、勤政殿、文明殿，太和殿为皇帝加冕等举行重大典礼及节庆活动时的场所，勤政殿和文明殿是朝廷议事或接见外国使者的地方。宫内还建有专为奉祀阮朝历代皇帝的宫殿式寺庙，如太庙、世庙、兴庙等。

顺化皇家陵园共有 6 座，每座陵园各占据 1—2 个山头，陵园内有祭殿、碑亭、石人、石兽、池塘等，周围高墙环绕，建筑或石阶旁均刻有大量精美的浮雕。

3. 胡志明市——最大城市

胡志明市，原名西贡市，位于湄公河三角洲东北部、西贡河右岸。该市建筑风格不同于首都河内，市区是一栋栋高大、整齐的现代化建筑，这里被誉为"东方明珠"，是越南南方经济、文化、科技、旅游和国际贸易中心。

红教堂：胡志明市最著名的地标性建筑，最大的天主教堂，又叫圣母大教堂，建于1883 年，是殖民时期留下的建筑。建筑风格与法国巴黎圣母院如出一辙。

红教堂前面的花园广场上，矗立着一座重达 4 吨的圣母玛利亚雕像，是 1945 年罗马教会来访后赠送的，令人匪夷所思的是，玛利亚脚下居然踩着一条蛇。

4. 大叻——避暑胜地

大叻市距离胡志明市东北约 100 千米处，为林同省首府，地处西部地区的林同高原，因海拔高，四周皆为山间盆地，气候凉爽，四季如秋，年均温 18 ℃。

市中心春香湖周围有连绵起伏的苍翠松坡和松坡深处玲珑多姿的法国式别墅，风光宜人，为越南著名的夏季避暑纳凉胜地。

5. 会安古城——天然港口

会安古城位于越南中部，属于广南省，占婆国时期曾是一座港口，发展到 16 世纪时，这里已经成为了东南亚最重要的贸易交流中心。中国、日本、南洋，甚至欧洲的商船经常出入会安港，尤其以中国商船最多，最多时达上百艘。

18 世纪时，由于越南国内长期激烈的权力之争，停滞了发展的脚步，这座天然港口最终因淤塞，被废弃。

会安城是最早出现旅越华侨的城市，整个会安城分为五个区，按照中国不同地区划分为福建帮、广州帮、潮州帮、海南帮和客家帮，并分别建起了福建会馆、广肇会馆、潮州会馆、琼府会馆和作为五帮会馆的中华会馆，会馆里分别供奉着妈祖、关公、伏波将军等。

会安城的建筑以中式、日式以及法式为主要风格。其中最为著名的是一座日本风格的石桥，始建于 1593 年（猴年），完工于 1595 年（狗年），所以桥西尽头有两尊精美的狗的雕像，而桥东尽头雕有两尊猴子的像。

20 世纪 80 年代，联合国教科文组织对会安港进行了大规模的整治修缮，使之焕发出了昔日的风采。会安城的建筑群突出了民族文化的相互结合，同时作为亚洲传统的国际商业港遗址被加以保护，于 1999 年被列入世界文化遗产名录。

（二）旅游名胜

1. 下龙湾——海上桂林

海上桂林：位于越南北部的海上胜景，距离首都河内 150 千米，在 1 500 平方千米的海面上，山岛林立，星罗棋布，姿态万千，仅被人们命名的山、岛就有上千座。据科学家考证，这里原来是欧亚大陆的一部分，后沉入海中。因为这片海湾与我国桂林山水有异曲同工之妙，因此到过这里旅游的中国游人亲切地称其为"海上桂林"。

海湾内的石灰石山、岛，有的似尖峰挺立，直指蓝天；有的像筷子直插入水，深捣龙宫；有的如奔驰的骏马，驰骋海疆；有的似角斗的雄鸡，难分雌雄；最为有名的是蛤蟆岛，形状犹如一只蛤蟆，端坐在海面上，嘴里衔着嫩绿的青草，活灵活现，栩栩如生。

中门洞：是下龙湾最为著名的山洞，根据形状和规模分为三个洞，外洞像一间宽敞高大的大厅，可容纳数千人，洞底平坦，洞口与海面相接。中洞长 8 米，宽 5 米，高 4 米，洞里酷似一座精美的艺术馆。从中洞再通过一个螺旋状的洞口，就进入了长方形的内洞，长约 60 米，宽约 20 米，四周钟乳石错落有致，晶莹剔透，形成许多天然小洞以及生动的雕像形态。

下龙湾由来：凡是美丽的地方，必定有着动人的故事，当地流传着关于下龙湾由来的神奇传说：遥远的古代，南海龙宫内居住着 10 条小白龙，整天闲闷在大海深处，无所事事。一天小白龙们突发奇想，趁老龙王打盹之际，跃出水面，来到海湾，尽情嬉笑打闹，结果忘记了返回龙宫的时间，当绚丽的朝霞映红海面时，这 10 条龙化为了千姿百态的奇山异水。

下龙湾不仅山明水秀，而且物产丰富，在碧波万顷的海洋中，生活着上千种鱼虾，年产量达到 2 万吨，尤其是龙虾、对虾、珍珠、海参、鲍鱼的自由王国。

1994 年下龙湾作为自然遗产被列入《世界遗产名录》。

2. 美山寺庙——越南的吴哥窟

于 1999 年被列为世界文化遗产的美山寺庙，坐落于越南广南省维川县维富乡美山村，距离会安古城西约 43 千米，是全越南规模最大的古代占婆国宗教遗址，东南亚最重要的宗教圣地之一，与柬埔寨的吴哥古迹、印尼的婆罗浮屠、缅甸蒲甘佛塔遗址齐名，因而被誉为越南的"吴哥"。

印度教是由印度商人带入越南的，后来成为了占婆国最主要的宗教信仰，湿婆神成为占婆国最崇拜的神灵。公元 4 世纪末，占婆国王在美山建造起了印度教寺庙，作为占婆国祭祀君主和神灵的印度教圣都。历经各个朝代的不断续建、完善，鼎盛时寺庙多达 70 余座。随着占婆国的迁都、灭亡，最终导致这片遗址荒废，1946 年前尚存 50 余座。

20 世纪 50 年代及后来的抗法、抗美两场战争，使这一历史遗址更是雪上加霜，尤其是 1969 年美国空军对美山盆地的狂轰滥炸，许多宝贵的历史遗迹被夷为平地。

黯淡了刀光剑影，远去了鼓角争鸣的 20 世纪 70 年代以后，越南政府不断加大对遗址的清理、修复、重建力度，部分恢复了原貌，使这处异质文化遗产重新焕发光彩，成为吸引世界各地游客重要的人文景观。

（三）旅游名区

1. 丰芽—格邦国家公园——典型的石灰石公园

坐落于越南广平省中部的长山山脉以北，园内喀斯特地貌是亚洲最古老的喀斯特地貌景观，在长达 65 千米的范围内布满了无数大小不一的岩洞及地下暗河。

其中最知名的岩洞是天洞、水洞和浅洞。天洞口距离地面 200 米，水洞口则是注入胭脂河的一条地下深水溪流的出口。游人进入洞内，必须乘船逆水而上，从高约 10 米、宽约 20 米的水洞口进入，洞口水色深黛，洞内溪流清澈，景色奇妙，石壁色彩缤纷，钟乳石光怪陆离，并伴随着岩壁上水珠下滴和水波叩击岩石发出天然交响乐。

据说如果游人在洞内遇到地下发出轰隆声或旋风的呼啸声，应急速出洞，不然水位上涨，转眼间洞口就会被封闭，从而葬身洞中。2003 年，丰芽—格邦国家公园作为自然遗产被列入《世界遗产名录》。

2. 版约瀑布——一瀑两国

版约瀑布位于中越边界，两国以归春河的主河道为界，在越南一侧的瀑布，因距离高平省的版约村较近，所以叫版约瀑布。在中国一侧的瀑布，距离广西壮族自治区大新县的德天较近，因此称德天瀑布。

归春河流到这里，河床陡降，其上端有数块岩石横卧河心，河水被分割成 3 股，从 30 米高处飞泻而下，形成雄伟壮观的瀑布，犹如 3 条白链，凌空飞下。近观，云雾蒸腾，山谷轰鸣。瀑布四周，绿草如茵，山花烂漫，林木茂盛。每年 6—10 月是观瀑的黄金季节。

第 五 节 泰国——黄袍佛国

泰王国原名暹罗，公元 1238 年开始形成比较完整统一的国家，一批泰人部落建立起素可泰国（又称孟泰），成为泰国历史上第一个王朝。

16 世纪初，葡萄牙与荷兰入侵泰国，随后英、法两国势力也相继侵入泰国。

1896 年，英、法签订条约，规定暹罗为英属缅甸和法属印度支那的"缓冲国"。1904 年，英、法两国又将湄公河以西划归英国势力范围，以东为法国势力范围。1939 年，改暹罗国名为泰国。

1941 年底，日本侵入泰国，1945 年日本投降后恢复国名暹罗。1949 年再度改名为泰国，一直沿用至今。

一、国情概述

（一）位置、面积和人口

1. 位　置
亚洲南部中南半岛上的 5 个国家之一，处于半岛中心。

2. 面　积
全境面积共 513 115 万平方千米，属于中南半岛上面积最大的国家。

3. 人　口
全国人口 6 740 万，为中南半岛上人口第二大国（越南人口最多）。人口近 85％居住在农村，大约 10％居住在首都曼谷。人均寿命 67 岁。

（二）民族、语言及宗教

1. 民　族
泰国属于多民族国家，共有 30 多个民族，其中泰族占 40％，老族占 35％，马来族占

3.5%，高棉人占 2%。此外，还有苗族、瑶族、桂族等少数山地民族。泰国政府规定，华侨在泰国生下的子女到第三代就算泰族人，现有华侨近 30 万。

2. 语 言

泰语是官方语言，英语通用，此外还流行老语、越南语、马来语等。

3. 宗 教

泰国是信奉小乘佛教的国家，佛教被视为国教，总人口的 94% 以上为佛教徒。南部的马来人信奉伊斯兰教的逊尼派，还有少数人信奉基督教、天主教及印度教，华人信奉大乘佛教。

宪法规定，国王必须是佛教徒。世界佛教联谊会总部设在泰国，佛教寺院遍及全国各地，共有 3 万多座，因此有"千佛之国"的称谓，身披黄色袈裟的和尚随处可见，因此又有"黄袍佛国"的美誉。

(三) 国家标志与释义

1. 国 名

泰国国名由泰语而来，"泰"原为"自由"之意，泰国人称自己的国家为"孟泰"，"孟"在泰语中意为"国家"，所以泰国又可以称为"自由之国"。

2. 国 旗

由五个平行的长方形组成，上下为红色，最中间为较宽的蓝色，蓝色的上下是白色。白色代表宗教，蓝色代表王室，红色代表各族人民大团结的力量。

3. 国 花

睡莲（莲花）。在民间，相传睡莲是山林沼泽中的女神，与佛教有着千丝万缕的联系。

4. 国 树

桂树，象征吉祥如意。3—6 月份开花，金黄色花朵下垂，微风飘过，像串串金链闪闪发光，因此又叫金莲花、金黄花，又可视为国花。

5. 国 兽

白象，泰国人把灰象视为白象，奉为国宝。古代泰国人就把象作为国运昌盛的象征，战争年代，大象可以冲锋陷阵，平时则作为交通或生产工具。

6. 国 鸟

孔雀。

二、文化习俗

(一) 礼仪礼节

泰国以佛教为国教，日常生活中，宗教的影响无处不在，对佛像、寺庙、和尚等绝不能有不敬的言行举止，路遇和尚主动让道，乘车主动让座，不向和尚赠送现金，沙门不拜王者，即使国王拜见高僧也必须下跪，父母也必须跪拜出家的儿子。

1. 合十礼

泰国人最流行、最普遍的礼节是"合十礼"，又叫"合掌礼"，不论是否为宗教人士，见面时双手合在一起互致问候，对方也以此作为回敬，双手的高度因人而异。

坐、卧、蹲、跪时，头部不能超过僧人、长者、尊者，不能跷二郎腿，脚底不能对着他人，女人必须双腿并拢。

2. 理发礼

理发师在动手为客人理发时，必须先要说上一句"对不起"。

3. 剃度礼

男子成人后，必须有过出家的经历，才有资格成家立业，按照当地俗语"养儿不出家，不如不养"，即使皇上也不例外。女子认为只有出过家的男人才值得信赖，值得依靠。

4. 东为上

按照佛教说法，东方是太阳升起的地方，象征诞生、光明；南方象征生命和幸福；所以东方和南方是两个吉祥的方向。而西方和北方是死亡和衰弱的象征，不吉利的方向。

为此，佛像和国王都是面朝东方，人们睡觉时头部也应该朝向东方。

(二) 饮食特色

泰国地处热带，气候炎热，雨量充沛，适宜种植水稻，以米饭为主食。传统吃法，全家围着桌子跪坐在一起，用右手抓饭。现代饭店也备有桌椅，东西方餐具筷子、汤勺、刀叉并用。

其口味特点是无辣不吃：喜欢辣味，无辣不成席，无辣难下咽。无冰不喝：不喝热茶，喜欢在滚烫的热茶中加冰块。无烫不吃：即使在烈日炎炎下，滚烫的火锅照吃不误，来者不惧。无生不吃：蔬菜、海产品等，加上调料就可生吃，生者无畏。无杂不吃：类似我国广州人，蝗虫、蚂蚱、蜗牛、老鼠、蛇等统统笑纳，绝不拒绝。无零不吃：尤其女人，爱吃零食，而且是酸辣味的零食，从来人闲嘴不闲。

(三) 节日风情

1. 法定节日

12月31日除夕和1月1日元旦；5月1日劳动节；5月5日加冕节；8月12日王后诞辰纪念日；12月5日泰王诞辰纪念日；12月10日国家立宪日等。

2. 民间节日

主要是与宗教有关的节日：宋干节、万佛节、三宝节、守夏节等。

宋干节：是东南亚地区信奉小乘佛教的国家共同的节日，包括老挝、柬埔寨、缅甸等国家。宋干节也称泼水节，老挝叫五月节，还有的叫浴佛节。

宋干节每年4月13日－15日举行，节日期间主要庆祝活动有浴佛、堆沙、放生、泼水、游行等。

清迈花节：2月4日－6日，此时是泰国第二大城市、北方清迈市百花盛开的季节，节日期间除展出各种花卉外，还要举行花车游行、花船展示和选美比赛等。

素食节：流行于泰国最大岛屿普吉岛的素食节，于每年农历10月举行，历时9天，主要是以华裔为主体的居民的节日。节日期间只能喝菜汤，吃加有香料的米饭，禁止食用鱼肉荤腥，禁酒，不与异性接触。

节日活动由五座华人寺庙轮流主持。素食者在手臂、耳朵、面部等穿插铁针或铁叉，还要赤脚走过燃烧的火堆，以此锻炼或考验对神灵的忠诚度。

最后拔出针、叉，敲锣打鼓燃放鞭炮，举行盛大的游行。据说此举是为了驱除疾病。

（四）行为禁忌

泰国人总的习俗可归纳为：神圣的头；庄严的庙；肮脏的左手；低贱的脚。

1. 头 部

人的头部是智慧所在、灵魂入口，严禁触摸，绝不允许从头上传递物品，除了僧人及父母外，其他任何人不能触碰头部。

2. 庙 宇

是神圣之地，进入庙宇，着装必须整洁，严禁短衣短裤，袒胸露背。进入佛寺必须穿鞋，但是进入佛殿必须脱鞋，不可踩踏门槛，不能拍照或大声吵闹，说笑。坐不靠墙，脚不前伸，坐姿不高于僧人，可与僧侣交谈，不能握手。

3. 左 手

泰国人认为，人的左手是不干净的，右手是高贵的。为此，左手只能用来拿一些不干净的东西，为他人递送东西必须使用右手。

4. 脚 腿

泰国人家庭大多席地而坐，忌讳把脚伸向他人，不能跷二郎腿，也不可用脚示意方向，传递东西，开门。

5. 交 谈

交谈中回避政治、王室、腐败等话题。不赞美别人家的婴儿，以免引起恶鬼的注意。公开批评他人被视为冒犯行为，私下批评他人也要讲究艺术。忌讳用红笔签写人的名字，紫色、黑色是葬礼服色。社交场合，不能与已婚妇女交谈太久，以免冒犯其丈夫。

6. 饮 食

忌食牛肉、海参，不喜欢用酱油，不爱吃红烧菜肴、甜味菜、香蕉等。

三、旅游资源

泰国具有悠久的东方历史文化，丰富多彩的名胜古迹，辽阔迷人的海滩，绚丽多姿的东方风情，神秘莫测的宗教文化，是热情好客的微笑国度，令世界各地游客趋之若鹜。

其中曼谷、清迈、普吉岛、芭提雅被誉为泰国四大旅游中心。

（一）旅游名城

1. 曼谷——天使之城

天使之城：泰国人称曼谷为"功贴"，意思是"天使之城"、"仙城"。曼谷据说是世界名字最长的首都，当年泰国国王拉玛一世命名时总共由96个泰文字母组成，译成汉字多达60多个。

佛庙之都：全市共有大小400余座佛教寺庙，其中的玉佛寺、卧佛寺、金佛寺号称泰国三大国宝。

大王宫：曼谷王朝一世的王宫，又称"故宫"。主要由3座宫殿和1座寺院组成，四周的白色宫墙高约5米，总长1 900米。现在这里仍是国王登基加冕时举行仪式和庆典之地。王宫内还有许多以我国古典小说《三国演义》为题材的屏风壁画、景泰蓝花瓶等。玉佛寺（护国寺）就是大王宫的一个组成部分，佛寺集中了泰国佛寺的所有特点，为全国最大的寺庙。

东方威尼斯：位于湄南河下游低湿地区，市区内河道纵横，十几条河蜿蜒其间，舟楫如梭，货运繁忙，水上集市繁荣，因而有"东方威尼斯"之称。

2. 佛统——最古老城市

泰国最古老的城市，约有 3 000 年历史，市内有许多古寺庙和佛塔。其中最为著名的是具有 2 000 多年历史的佛统金塔，初建时只有 39 米高，现高达 130 米，呈螺旋状的塔尖高 40 米，圆塔底部直径 57 米，是泰国最古、最大、最高的佛塔。

3. 清迈——玫瑰之都

作为泰国著名的历史文化古城，清迈建于 1296 年，曾经是兰那王朝的首都，到 1556 年，一直是泰国佛教圣地，文化和商业中心。

今天的清迈以"美女和玫瑰"享誉天下，不仅是泰国北部政治、经济、文化、教育中心，也是泰国第二大城市。距离曼谷 700 千米，位于海拔 300 米的高原盆地，四周群山环绕，清澈的滨河流经市区，气候凉爽，树木苍郁，景色旖旎，古迹众多，是东南亚著名的旅游胜地。

4. 芭提雅——东方夏威夷

鲜花之城：位于曼谷东南 154 千米、印度半岛和马来半岛间的暹罗湾处，城市依山傍水，气候宜人，鲜花遍布每个街道、角落、庭院，又有"鲜花之城"的美誉。

东方夏威夷：芭提雅是一个拥有 10 万人口的旅游不夜城，以阳光、沙滩、海鲜名扬天下，被誉为"东方夏威夷"。

会议之城：每年有 200—300 次国际性会议在此地召开。

人妖表演：男扮女装最初起源于 60 年代越南战争期间，当时的芭提雅是美军度假避暑胜地。专门的人妖表演则始于 1975 年，目前全国各地都可以看到，但是以芭提雅 3 座剧院最为有名。每晚演出两场，主要演出西方的古典歌剧、东方的中国戏剧以及奔放的牛仔歌舞、美丽迷人的泰国舞蹈、诙谐幽默的小品等节目。演出结束后，观众还可以与演员合影留念。

5. 大城——艺术园林

大城位于曼谷正北约 60 千米、湄南河西岸。大城王朝乌通王于公元 1350 年在此建都，1632 年巴塞通国王看中了这儿秀丽的风光和凉爽宜人的气候，开始在此地修建避暑的夏宫，几年后大城王朝遭到邻国进攻，都城被迫南迁，夏宫也被大火付之一炬。

1851 年，具有雄才大略的拉玛四世重新开始了对夏宫的修复及大规模的扩建，历经 45 年的努力，一座华丽多姿的东方宫殿又呈现于湄南河畔。

夏宫建筑群中最为知名的是挽巴因宫，坐落于河中的小岛上，宫中楼、阁、亭、台、水、榭、塔、桥各式建筑雕梁画栋，飞檐高翘，曲径通幽，相得益彰。

其中一座中国式双层建筑的宫殿——大明殿，是中国游客最感兴趣的景观，宫内的陈列品都是从中国运去的，一切摆设也是中国宫殿式的，红墙绿瓦、龙翔凤舞、丹凤朝阳、二龙戏珠等浮雕无一不具有典型的中国特色。

如今大城已经成为东南亚知名度相当高的旅游胜地，尤其是挽巴因夏宫迷人的风采为泰国旅游业赢得了良好的声誉。

（二）旅游名胜

1. 普吉岛——世外桃源

最大海岛：是泰国最大海岛，唯一自成一府的岛屿，泰国南部的世外桃源，有"泰南珍珠"的美誉，现已发展为亚洲著名的旅游胜地。

热带天堂："普吉"一词源于马来西亚语，意为"山丘"，普吉岛上山丘连绵起伏，间或点缀着一块块小盆地，整个岛屿被安达曼海的温暖海水所环绕，美丽迷人的海滩、奇形怪状的小岛、巧夺天工的钟乳石、鬼斧神工的天然洞窟、清澈湛蓝的海水、美不胜收的海底世界，被世人誉为"热带天堂"。

小桂林：若论自然风光，普吉岛上非攀牙湾莫属，这里属于典型的喀斯特岩溶地貌，山峰耸立，怪石嶙峋，景色万千，酷似中国的桂林山水，因此被誉为泰国的"小桂林"，海面上分布着160多个大大小小的岛屿，且形态各异。海湾内生长着珍贵的胎生植物红树林。

攀牙海湾沿岸有两个石灰石洞，一个叫佛庙洞，一个叫隐士洞。佛庙洞内面积广大，有千奇百怪的石笋和钟乳石。隐士洞由数十个山峰底部的洞穴串联而成，洞内流水潺潺，景色神秘壮观。

007岛：众多的岛屿中007岛名声最响亮，这个岛屿本名"达铺岛"（钉子之意），由于詹姆斯·邦德主演的系列影片《007》中有一集叫《铁金刚勇战金枪客》就是在这个岛上拍摄的，因此现已改名"007岛"。

2. 湄公河——东方多瑙河

欧洲的多瑙河流经9个国家，被称为国际性河流。亚洲的湄公河流经6个国家，因此被誉为"东方多瑙河"。湄公河沿岸是热带风光，多瑙河沿岸则是温带气候；湄公河沿岸的人文景观折射着东方文明和佛教文化的光辉，而多瑙河畔的人文景观却烙上了西方文明的痕迹。

然而，从来都是一方水土养育一方人，千百年来，湄公河与多瑙河都按照自身一如既往的规律缓慢而沉着地流动着，各自浇灌着传统的文明之花，培育着河流两岸人民朴素勤劳的美德。

湄公河干流全长4 880千米，发源于中国青海省玉树藏族自治州杂多县。流经中国、老挝、缅甸、泰国、柬埔寨和越南，于越南胡志明市流入南海。湄公河上游在中国境内，称为澜沧江，下游三角洲在越南境内，越南称其为九龙江。

湄公河中游大部分河段沿着老挝、泰国边境流淌，虔诚向佛的泰国人对湄公河敬畏有加，据说这条河流既能带来吉祥，又能带走灾难。夜幕降临后，河边经常会聚集起男女老少，身着漂亮衣裳，手持五彩缤纷的水灯，纷纷跪地，双手合十。然后将水灯放入河中，全神贯注目送各自的水灯渐渐远去。

每年10月份第一个满月之夜，泰国人传统的斋戒刚刚结束，湄公河上就会出现神秘的"火球"，大小如鸡蛋，红色、粉红、橙色不一。按照当地传说，这些火球是盘踞在河里的大蛇吐出来的，尽管只是传说，也因此招徕很多游客。

3. 素可泰——幸福的黎明

位于泰国中原地带，距离曼谷 400 多千米。据历史记载，公元 13 世纪高棉（现柬埔寨）吴哥王朝在这里建都，其后，被誉为"泰国之父"的兰甘亨大帝统一泰国，并将素可泰定为王朝的首都，素可泰在泰语中的含义是"幸福的黎明"。

公元 1257—1379 年是素可泰王朝的全盛时期，当时的势力范围甚至远及马来半岛，直至 1420 年没落。

作为泰民族最初建国时的首都，素可泰也是泰国历史、文化、艺术的主要发源地，素可泰古城规模宏大，原古城内外集中了 193 处佛教古迹，包括一座王宫，35 座佛庙以及大量古塔、佛像、碑石、古瓷窑和四大水池。但经过 800 多年的历史变迁、风雨剥蚀、人为破坏，曾经辉煌显赫于东南亚的古都变成一片废墟。

历经多年不懈的努力，1987 年 11 月正式向公众开放，素可泰古城重放光彩，内城 60 处古建筑全部得到整修，85 处遗迹经考古、发掘得到了保护，护城河和水池经过疏浚，建成了素可泰历史公园。

1991 年被列入《世界遗产名录》的素可泰历史城镇，包括了 37 座神庙建筑，如玛哈达寺、达帕登寺、锡春寺等著名佛寺。

4. 鳄鱼湖——世界之最

距离曼谷市区约 10 千米，湄南河一条支流的沿岸，北揽海湾的北揽府鳄鱼动物园，是世界上最大的鳄鱼养殖场，占地 0.3 平方千米，分门别类饲养着来自世界各地的泰国鳄鱼、印度鳄鱼、非洲鳄鱼、美洲鳄鱼等 20 余种大小鳄鱼，共计 3 万多条，最大的长达 7 米，重量达上千千克。这里还驯养着各种珍禽异兽，供游人观赏。

鳄鱼湖由大大小小的水池连接而成，一条弯弯曲曲的木制长廊高架水池上方，贯穿整个养殖场，游人可以凭栏俯视。池塘四周栽满了婀娜多姿的垂柳。

游人可以观赏训鳄员训鳄、捕鳄、斗鳄表演，品尝鳄鱼肉，购买各种鳄鱼皮制品及旅游纪念品等。

5. 桂河大桥——死亡铁路

1942 年，正值日本军国主义大举南进之时，为实现其梦想的"大东亚共荣圈"，日本侵略者下令建造一条长达 415 千米的铁路，从泰国通往缅甸，作为战略物资运输线。

铁路要穿过大桂河，于是 1.6 万名美国、英国、印度、荷兰、澳大利亚等战俘和 5 万多名劳工，在深山密林中忍受毒蛇猛兽、瘴气疾病的威胁和皮鞭的抽打，建起了长达 150 米、9 个桥墩支撑的交通咽喉要地。当大桥修到一半的时候，盟军发现了这座桥梁，于是美国轰炸机对大桥进行了日以继夜的狂轰滥炸。最终牺牲了无数生命才得以完工，因此有"死亡铁路"之称。

一部《桂河大桥》荣获了 1957 年度奥斯卡最佳影片奖，桂河桥因此名扬天下。现在，桂河大桥已是泰国著名的旅游景点之一，每年 11 月 28 日—12 月 8 日，北碧府都要举办"桂河桥周"的纪念盛会，让人们永远记住这场战争。

第六节 埃及——辽阔国家

远古时代，马来西亚就已经有人居住，栖息，最早的居民为"原始马亚人"。

公元 1 世纪，马来半岛南部出现了狼牙修、赤土、丹丹等邦国，但一直处于分散割据的局面。

15 世纪初，马六甲王国建立，并统一了马来半岛南部各邦国，成为东南亚最强大的国家和东南亚地区国际贸易的中心。

16 世纪后，葡萄牙、荷兰、英国相继入侵马来西亚。

1826 年英国将槟榔屿、马六甲、新加坡三个地区合并为"海峡殖民地"，属东印度公司总督管辖。

1941 年 12 月 7 日，太平洋战争爆发后，马来西亚又被日本占领，1945 年日本投降，英国卷土重来，恢复其殖民统治。

1957 年 8 月，成立马来亚联合邦，宣布独立。1963 年 9 月，马来亚联合邦同新加坡、沙捞越、沙巴合并组成马来西亚联邦（1965 年 8 月 9 日新加坡退出）。

一、国情概述

马来西亚地靠赤道，属热带海洋气候，高温多雨，年均温 29 ℃。在丰沛的水热条件下，生物繁衍旺盛，植物种类多样，森林资源丰富，森林面积占全国总面积的 75％以上，盛产龙脑香、红木、柚木、樟木等多种珍贵木材。

（一）位置、面积和人口

1. 位 置

马来西亚位于亚洲的东南部，两个大洲（亚洲、大洋洲）和两个大洋（太平洋和印度洋）相交的十字中心，是欧、亚、澳、非四大洲海上交通的交汇处，地理位置极为重要。

2. 面 积

全境总面积为 330 257 平方千米，整个领土被中国海分割成两大部分，位于中南半岛（马来半岛）南半部的领土被简称为"西马"，坐落于加里曼丹岛上的沙捞越州和沙巴州被简称为"东马"。

3. 人 口

2 833 万（2010 年），其中 83％的人口集中在土地肥沃、资源丰富的西马来西亚，而东马来西亚土地贫瘠，人口稀少。

（二）民族、语言及宗教

1. 民 族

马来西亚是一个多民族的国家，其中马来人占 68.7％，华人占 22％，印度人占 6.9％，其他种族占 2％。

2. 语 言

马来语为官方语言，大多数人会讲英语，日常活动中华语和泰米尔语被广泛使用。

3. 宗　教

伊斯兰教是马来西亚的国教，有一半左右的居民信奉伊斯兰教，属于逊尼派；1/3 的居民信奉佛教；还有少数人信仰印度教或基督教。

（三）国家标志与释义

1. 国　名

"马来"二字在马来语中是黄金之意，"西亚"二字在马来语中是半岛的意思，因此得名"黄金半岛"。

此外，马来西亚还有"胶锡王国"的美誉，天然橡胶是马来西亚最重要的作物，而且橡胶和锡矿产区基本上重叠在一起，形成著名的"胶锡地带"，橡胶和锡的产量均居世界第一位。

2. 国　旗

旗面由 14 道宽度相等、红、白相间的横条组成，左上方的深蓝色长方形中镶嵌着一弯新月和一颗金色 14 角星。

红、黄两色是东南亚国家喜爱的传统色彩，14 代表 13 个州和 1 个中央政府，新月代表伊斯兰教，蓝色象征马来西亚的团结和统一，黄色象征组成马来西亚联邦国家元首的 9 位苏丹的颜色。

3. 国　花

扶桑花，属锦葵科，原产地中国。

二、文化习俗

（一）礼仪礼节

马来人与客人见面时，男子常用抚胸鞠躬礼节，行礼时一边深深鞠躬，一边用右手抚摸自己前胸，以此表示情深意长。女子常施以屈膝鞠躬礼，双腿微微弯曲，然后再深深鞠躬。

施行以上礼节时，往往先由一方说一句"愿真主保佑您安好"，另一方则回答"愿您一样安好"。

年轻人遇见老年人时，一般要相互紧握双手，然后双手朝向胸前，身体向前弯曲成鞠躬状。

若是到马来人家中做客，衣冠必须整齐，男子戴"宋和帽"，进屋必须脱鞋。内厅是家里人做祈祷的地方，神圣不可侵犯，绝不可贸然闯入。

马来人一般用马来糕、点心、咖啡、茶招待客人，客人必须每样品尝一点，不能推迟，否则会认为对主人不敬。

任何一个家庭，全家必须尊敬和服从父母，子女在父母面前入座必须端坐，如席地而坐，男子必须盘膝，女子则应屈膝，将双腿伸向一旁斜坐。

（二）饮食服饰

1. 饮　食

华人是马来西亚第二大民族，其饮食习俗深刻影响着这个多民族的国家。最欣赏中国的广东菜、四川菜，爱好以烤、炸、炒、煎等烹饪方式做菜。

主食有米饭、糯米糕点、黄姜饭、榴莲饭，习惯上用右手抓饭，桌子上备有清水两杯，一杯供饮用，一杯供净手。口味较重，多用胡椒和咖喱调味，既辣又香。主要饮料是椰汁，也喜欢喝咖啡，饮红茶，嚼槟榔。

节日期间，各种风味食品如马来肉串、汤面米粉、烤鸡以及中国火锅，印度式、日本式小吃等遍布街头巷尾。

马来人喜欢吃牛羊肉，当地最有名气的一道菜叫"沙爹"，是用竹签串上牛、羊、鸡、虾肉等，放在炭火上烤熟的肉串。

2. 服　饰

男子有穿裙子的习惯，这种裙子俗称"卡因"。现在喜欢穿巴迪衫，这是一种用蜡染花布做成的长袖传统服饰，上衣俗称"巴汝"，没有衣领，袖子十分肥大，胸围宽敞，长至臀部，下身穿纱笼，长至脚跟，质地薄而凉爽，非常适宜当地炎热的气候条件。

女装上衣宽如袍，下身纱笼，身披纱巾，纱笼上绣着手工编织的各种图案，光彩夺目。在公共场合无论男女，衣着均不可露出胳膊和大腿。

（三）特有节日

1. 大宝森节

印度兴都教的节日，每年1月下旬或2月上旬举行。节日期间，教徒们有的身上用铁针、铁刺穿在舌头、背部或脸上，以此表示对苦行的虔诚。人们抬着鲜花、水果等在街道上游行。

2. 卫塞节

每年5月的第一个月圆日举行，佛教的重要节日，为纪念佛祖诞生、成道、涅槃的合三为一节日，为东南亚国家普遍的宗教节日。

3. 屠妖节

印度教的节日，每年10月份举行，也叫"灯节"、"十胜节"，象征光明战胜黑暗，正义战胜邪恶。源于印度教大神毗湿奴的化身罗摩历尽千辛万险，战胜群魔之首——十首恶魔罗波那的传说。

南亚、东南亚等国家的印度教徒都庆祝这个节日，连续10个夜晚。节日前几天是搭台唱戏，从罗摩转世一直演到战胜魔王，取得胜利。最后一天是节日高潮，到处焚烧用纸做成的罗波那恶魔巨像。

（四）行为禁忌

1. 数　字

最忌讳的数字是0、4、13。

2. 肢　体

任何人不可触摸他人的头部、背部，如果这样做会给对方带来不幸；左手是不清洁的，吃饭时使用右手抓饭，用拇指将饭填入口中；不可用手指指人。

3. 色　彩

黄色是消极的颜色，绝对不可以穿黄色衣服。单独使用黑色也是消极的。普遍喜爱的颜色是绿色，被视为吉祥之色。

4. 饮　食

信奉伊斯兰教的马来人遵照《古兰经》的训诫，禁酒，禁赌，禁食猪肉。不吃死肉、动物类血液和贝壳类食品。同时忌讳使用猪皮制品，忌用漆筷（制作中使用了猪血）。

5. 动　物

忌讳乌龟、狗，认为乌龟是一种不吉利的动物，狗是最肮脏的动物。崇拜犀鸟，将其视为神鸟。

6. 丧　葬

对于死者，马来人只表示伤心，绝不号啕大哭，认为哭声和眼泪对死者或生者都不吉利。

三、旅游资源

马来西亚是举世闻名的旅游胜地，山河、海洋、沙滩、岛屿、礁石、洞穴无不具备。原始的热带森林，珍稀的动植物，奇特的民族风情，曾经的猎头部落，遍布全国的名胜古迹，加之自然灾害稀少，政治局势稳定，令全天下的游人流连忘返，趋之若鹜。

令人遗憾的是，马来西亚被列入《世界遗产名录》的遗产不多，目前仅有两座公园——基纳巴卢公园和穆鲁山国家公园。

（一）旅游名城

1. 吉隆坡——最大城市

泥泞的河口：吉隆坡位于马来半岛的中南部，全国最大城市，是首都——政治、经济和文化、交通中心，有铁路和公路通往泰国和新加坡。人口167.4万（2011年），是全国唯一一个人口超过百万的城市。

吉隆坡在马来语中的含义是"泥泞的河口"，巴生河与其支流在市内汇合，最初的吉隆坡开埠时，华人在此勘探并露天开采锡矿，每逢雨天，矿渣流人堵塞河道，造成河水不畅，道路泥泞而得名。

清真寺：于1965年建成的国家清真寺是东南亚地区最大的清真寺，整个建筑仿照麦加的清真寺，造型优美。祈祷大厅高大宽敞，可同时容纳8 000人礼拜。清真寺的大尖塔塔尖高达73米，乘电梯直达塔顶，塔尖呈火箭式样，意思是伊斯兰教可与科学相比。

寺内坐落的一座18个角的寺庙，象征13个州和伊斯兰教的5条教规。每当星期五早上，虔诚的教徒纷纷前来祈祷。

双子塔：城市地标，正式名称为国家石油公司双子塔，俗名国油双峰塔，高达452米，88层，在第41层和42层处建有两个形状相似的塔，用一个58米长的天桥连接。大楼底部是一座三层购物商场，游人可免费乘坐电梯抵达天桥，领略城市秀丽风姿或入座旋转餐厅，一饱口福。

云顶高原：位于吉隆坡东北部约 50 千米处，是马来西亚华裔企业家林梧桐先生所创办的高原避暑胜地。酒店、公寓、娱乐、休闲、运动设施一应俱全。山顶有主题公园，1 000 米处附近还建有高尔夫球场、骑马场、生态公园等游乐场馆。

黑风洞：位于吉隆坡北郊 11 千米处，印度教圣地，每年的大宝森节举办地。在丛林掩映、岩石陡峭的半山腰，有一组石灰石溶洞群，登上 272 级台阶或乘坐缆车可达黑风洞口，入口处用英文刻写着"非礼勿言，非礼勿视，非礼勿听"三句儒教名言。

洞穴不下 20 余处，其中以光洞和暗洞最为有名。光洞高约 50—60 米，宽约 70—80 米，洞顶有孔，阳光射入故得名。光洞入口处竖立一块印度教牌坊，洞内设有几座印度教神龛，四壁有形态各异的钟乳石。暗洞在光洞左侧，洞长约 366 米。

2. 马六甲——最古老城市

位于马六甲海峡北岸，地理位置十分重要，马六甲河穿城而过。东西方移民集聚于此，因而融合了世界各国的语言、宗教、风俗习惯等。

青云寺：取"平步青云"之意，原为纪念中国明朝使者而建。寺内供奉观音和天后娘娘，大门中央的石碑上记载着郑和下西洋的事迹。整座建筑全部用楠木建成，山门上书写着"南海飞来"四个汉字。庭院里还可看到佛教、儒教、道教的教义。

圣地亚哥城堡：为 16 世纪初期的葡式建筑，号称东南亚最大和最坚固的城堡，是1511 年葡萄牙人入侵马六甲后所建，1607 年被荷兰人炮击破坏，仅有城门幸存，城堡被当地人视为马六甲的精神象征。

3. 槟城——宗教博物馆

又名乔治市，槟榔屿州的首府，是马来西亚唯一的自由港和第二大城市，因盛产槟榔而得名，并有"印度洋绿宝石"之称。

名胜古迹众多，城市风格奇异，风土人情独具特色，漫漫海滩醉人，美食佳肴更是挡不住的诱惑。

城内多宗教建筑，如佛教的极乐寺、泰禅寺、观音寺，印度教的诗华寺、马里安曼寺，基督教的圣乔治教堂，伊斯兰教的清真寺。还有世上少见的蛇庙等，因此有"宗教博物馆"之称。

极乐寺：坐落于槟榔山东南山麓，是东南亚最大的佛寺，集三种建筑风格于一体，底层属中国建筑风格，中间属泰国风格，最上层属缅甸风格。

寺院内的放生池中，生活着大小数百只游人放生的乌龟。

庭院内的石刻、题字中，还有康有为的手笔。站在 7 层高的白色万佛塔顶，整个槟岛山水尽收眼底。

卧佛寺：是一座金碧辉煌的佛寺，正堂内的卧佛全长 33 米，全身用金箔装饰，为世界第三大睡佛。由华人建造，并由华人负责看守。除了睡佛外，还有十八罗汉像和其他神像。

蛇庙：位于槟城以南 14 千米处的一座中国式寺庙——青龙庙，原名"清水庙"，已有上百年历史。正门福兴宫，山门刻有"青云岩"，供奉清水祖师。

蛇庙终年香火不断，游客四季络绎不绝，庙内群蛇乱舞，无处不蛇，当地人传说，这些蛇个个都有灵性，从不伤人。

4. 沙巴——风下之乡

沙巴州是马来西亚第二大州，海岸线长达 1 440 千米，面临南中国海，原始森林占据了大片的土地，又因海风影响，所以沙巴山脉地带相对凉爽。虽然处飓风带上，台风频频光顾，但是无论多大的飓风，都是从其上空掠过，从不对当地造成任何伤害。

沙巴一带水域 19 世纪曾是海盗活跃的水域，现在到这里旅游的客人还可以登上"贼船"，扮成海盗模样，玩一把当强盗的刺激游戏。

山打根：沙巴州最大城市，山打根省首府，也是东马来西亚第一良港。城市背山面海，楼房林立，市场繁荣，其城市风光与香港颇为相似，因此有"小香港"之称。

沙巴州具有宁静优雅的森林环境，因而成为猿类最佳栖息地，拥有世界上最大的猿类保护区。游人可以进入原始森林，近距离观赏到人猿，它们对于人类早已司空见惯，行动起来慢条斯理，憨态可掬。

红树林：沙巴州的红树林，如深秋的枫叶，漫山红遍，层林尽染。红树是一种生长在水中的树木，世界上最珍贵的树种，因为树根剥开后会有深红色的汁液流出而得名。红树的另一大特点是属于胎生植物，树枝的顶部会长出一个暗红色的小球——母体，小球的下部逐渐长出一根细长如丝瓜的东西，这种丝瓜般的东西成熟后会自动脱离母体，落入水中，一旦接触到水底的沙地，就会生根发芽，蓬勃生长。

（二）旅游名区

1. 基纳巴卢公园——神仙公园

是马来西亚 6 大公园之一，坐落于沙巴州克罗克山脉中，克罗克山最高峰基纳巴卢（京那巴鲁）山海拔 4 101 米，为全国之最。

建立公园的目的主要是为了保护园内珍稀的动植物。据统计，园内拥有大约 90 种低地动物和 22 种高山动物，其中珍稀动物包括马来熊、绿叶猴、红叶猴等。

园内还拥有世界上最丰富的植物，仅有记录的杉类就有 608 种之多，比非洲大陆杉类的总和还要多。

园内还拥有世界上最大的花——大王花（莱佛士花），盛开时直径可达 1—2 米。此花最大特点是无根、无茎、无叶，寄生于其他植物之上，而且花期不固定，花朵孕育期长达 9 个月，而开花只有 5 天，以第二天的花姿最为迷人，花开时颜色艳丽，光彩四射，摄人心魄。公园于 2000 年被列入《世界遗产名录》。

2. 穆鲁山国家公园——山洞奇观

穆鲁山公园的山洞是沙捞越最富有传奇性和冒险色彩的山洞，穆鲁山至今仍有 60% 的地区人类从未涉足。目前已经探明的山洞中，鹿儿洞是最精彩的一个，洞内生活着数不清的蝙蝠，每到黄昏之时，大群蝙蝠从洞里飞出，场面蔚为壮观。

此外，洞南侧入口处的岩石酷似美国前总统林肯，引得游人啧啧称奇。

热带雨林样板：沙捞越是马来西亚面积最大的州，坐落于加里曼丹岛北部。这里是一个充满神奇色彩的旅游胜地，最具特色的景观就是热带雨林，有人形容它是热带雨林的样板。从飞机上俯瞰，绿色的河流穿行在绿色的森林中，把绿色的森林分割成若干小块碧绿的美玉，为了保护这片天然的美景，沙捞越人建起了 10 多个国家公园，将其原始风貌完好地保存了下来。

猫博物馆：沙捞越州的首府古晋是世界上唯一一座崇拜猫的城市，"古晋"在马来语中就是"猫"的意思，城市的标志就是一只可爱的大白猫。唐人街的街口处矗立着一座白色大猫的塑像。每年年末，古晋都要举办一次世界性的猫展，游人可以免费入场，会场内猫的品种之多，数量之大，令天下游客咋舌。

3. 尼亚国家公园——山洞壁画

公园内最重要的名胜是山洞和壁画岩洞。这里有成片的燕窝和古代壁画，每年的5—6月份和10月份是采集燕窝的季节。

园内最具代表性的是大岩洞，洞中有一条长250米的大裂缝，壁画岩洞内保存着1 000多年前的古代壁画。

第七节 新加坡——四位一体

新加坡最早从何时建立国家，史书上尚无明确记载，但是其别称"狮子国"、"狮城"的来源有两种说法。

新加坡古称"淡马锡"，出自梵文"黄金"之意，后改称"信可补罗"，梵语中的"信可"，含有狮子之意，"补罗"的意思是城堡，简称"狮城"，信可补罗王朝（狮城王朝）统治了约123年。

传说远古时代，亚历山大大帝的后裔乌塔王子在海上航行时，船只被暴风雨刮到现在的新加坡岛上，上岸后，王子首先看到一头怪兽，头部长满黑毛，浑身赤红色，胸前还有一撮白毛，随行人员告诉王子这是狮子，于是王子便把这座不知名的小岛命名为"新加普拉"，即狮子城的意思，其实听起来更像新加坡的谐音。

新加坡本是一个荒凉的小岛，最早的居民来源于马来半岛，属于马来人的后裔，所以新加坡的历史离不开马来西亚。

1942年2月被日本占领，1945年8月日本投降，英国重新恢复了对新加坡的占领。

1963年起，新加坡属于马来西亚联邦的一部分，1965年新加坡宣布独立，退出联邦，成立新加坡共和国，目前仍是英联邦成员国之一。

一、国情概述

（一）位置、面积和人口

1. 位 置

位于马来半岛南端，是一个三面环海峡的岛屿国家。东临南中国海，西面是马六甲海峡，南面是新加坡海峡，北面是与马来西亚仅隔1.2千米的柔佛海峡。因为新加坡地处马六甲海峡的咽喉地带，扼守太平洋与印度洋的航运通道，为亚、非、欧和大洋洲的重要国际海、空航运的枢纽，素有"东方十字路口"之称，还有"远东十字街头"、"东方直布罗陀"的称谓。

2. 面 积

整个领土由主岛新加坡岛及附近63个离岛构成，总面积仅有714.3平方千米，其中主岛面积占全国面积的88.5%。地势低平，平均海拔仅15米，最高163米。

3. 人　口

全国常住人口518万（2011年），地窄人稀，属于东南亚地区面积最小、人口密度最大的国家。居民城市化水平100%，为世界城市化程度最高的国家。

（二）民族、语言和宗教

1. 民　族

多元种族的国家，境内居住着20多个民族。其中华人占77%，马来人占14%，其余为印度人、巴基斯坦人和斯里兰卡人。

2. 语　言

新加坡的国语是马来语，英语、华语、马来语和泰米尔语均为官方语言，英语为行政语言。

3. 宗　教

新加坡是一个多宗教并存的国家，世界主要宗教在这里都有信徒，有宗教信仰的居民占85.5%。华人和斯里兰卡人信奉佛教，华人中也有信奉基督教的居民。马来人和巴基斯坦人信仰伊斯兰教的逊尼派。印度人大部分信仰印度教，少数人信仰伊斯兰教。此外还有部分人信奉锡克教。

（三）国家标志与释义

1. 国　名

新加坡所谓的四位一体，是指"新加坡"既是一个国家的名字，又是一座城市的名字，也是岛屿的名字，还是首都的名字，这在世界上是绝无仅有的。

2. 国　旗

自上而下由红、白两个平行相等的长方形组成。旗面左上角有一弯白色的新月和五颗白色五角星。

红色表示四海之内皆兄弟和人类平等；白色象征经久不衰的纯洁和美德；新月象征蓬勃向上的年轻国家；五颗星代表新加坡是建立在民主、和平、正义、进步、平等的五种思想基础上的国家。

3. 国　花

胡姬花，又名卓锦、万代兰，种植极其普遍，花期四季不败，十分惹人喜爱，是新加坡重要的出口商品之一，大量销往西欧、日本、美国、香港等地。万代兰的唇片四裂，象征新加坡四个民族、四种语言平等。中间的花蕊雌雄合体，代表生生不息，民族源远流长，国家繁荣昌盛。

二、文化习俗

（一）礼仪礼节

新加坡人讲究礼貌礼节，奉行的礼貌口号是"真诚微笑"，遵循的礼貌准则是"礼貌之道重于行"，日常生活信条是"真诚微笑，处世之道"、"人人讲礼貌，生活更美好"，凡是到过新加坡旅游的人对此感同身受。

华人基本上保持了中国的传统习俗，见面时以握手、作揖、鞠躬为主，衣着打扮与我国南方地区极为相似。

印度血统的人见面时合掌致意，妇女额头上点红点，男人扎腰带，平时进门脱鞋，社交活动和饮食尽量使用右手。印度人的婚礼一般在庙里以古老仪式举行，婚礼过程中，新郎跪在新娘面前，悄悄在新娘的脚趾上套上一枚戒指。婚礼的高潮是新娘戴上用茉莉花和兰花编成的花环，宾客向新人身上抛洒花束、花瓣。

马来人见面时的礼节，男子常行抚胸鞠躬礼节，女子流行屈膝鞠躬礼节。马来人举行婚礼时几乎邀请全村人参加，来宾们酒足饭饱离开时，手上都握着一个煮熟的鸡蛋，表示多子多孙。

（二）饮食习惯

新加坡的食品类种繁多，中国菜、泰国菜、马来菜、印度菜、印尼菜、西餐、快餐等应有尽有。由于历史原因，新加坡人在饮食方式和习惯方面融合了马来人和华人的烹调特色。

其中最具代表性的菜肴是"娘惹"食物，"娘惹"指过去居住在新加坡、马六甲及槟榔屿一带的华人女性，就口味而言，娘惹食物是最特别、最精致的传统佳肴之一，特别之处在于，炒饭是包在一张煎蛋饼内，旁边还搭配着一只煎鸡翅。

新加坡是以华人为主体的国度，而大多数华人来自广东，所以新加坡的饮食与广东很相近，主食米饭、包子，不喜欢吃馒头。每天下午还有吃点心的习惯，知识分子喜欢西式早点。

饮茶是普遍可以接受的习俗，待客时，主客共饮"元宝茶"，寓意"财运亨通"。

旅游者在餐厅、酒店消费，须付10%的服务费、3%的政府税以及1%的观光税。但集市小摊或小吃店则不必，所有带空调的餐厅一律禁烟。

（三）节日风情

新加坡政府为了维护民族团结，把各民族的年节都确定为公共假期。

1. 春　节

华人最隆重的节日，有除夕守岁、迎神祭祖、燃放鞭炮、发压岁钱、走亲访友、演戏庙会等活动。

马来人最隆重的节日是伊斯兰教的斋月（禁食节），禁食期间，白天不得进食，太阳落山后，才可吃饭。开斋当天的晚上还要举行登高望月的活动。

印度教徒最大的节日是大宝森节，节日期间，大街上可看到这样的奇观：一个人赤脚，光背，全身插满长约3尺（1尺=0.333 3米）的钢针，针上还挂着竹枝，竹枝上绑着孔雀翎和珠饰。印度教徒以这种苦行的方式表达自己的赎罪心情。

2. 食品节

4月17日是新加坡传统的节日食品节，节日期间，合家团聚，举行各种庆祝活动。食品种类丰富，物美价廉，不论穷富，都要购买一些，以示庆贺。

3. 独立日

8月9日，也是国庆节，庆祝1965年8月9日退出马来西亚联邦，成立新加坡共和国。

4. 百鸟争鸣节

新加坡人喜欢饲养鸣禽，就连鸟笼也相当讲究，上面大多刻有各种精美的图案或配以饰物。

据说新加坡人喜爱饲养鸟的习俗源于一个传说故事：有人饲养了一只斑鸠，一天夜晚斑鸠莫名大叫，养鸟人误以为盗贼，起来查看，主人刚刚跑出屋门，房屋突然倒塌。从此以后，养鸟，特别是饲养斑鸠蔚然成风，并把斑鸠作为吉祥、护主的神鸟加以呵护。为尊重市民的这种情趣，每年7月都要举办别具一格的百鸟争鸣节。节日期间，画眉、夜莺、相思雀、长尾等各种会鸣叫的鸟齐聚一堂，争相斗叫，最后要评选出优胜奖、安慰奖、幸运奖。

（四）行为禁忌

1. 数　字

新加坡人视数字"4"、"7"、"13"、"37"、"69"为消极数字，尤其忌讳数字"7"。吉祥数字是"3"、"6"、"8"、"9"等。

2. 色　彩

黑色、紫色被视为不吉利的颜色，黑、白、黄被视为禁忌色彩；喜欢红、绿、蓝。酷爱花、草、鸟类；喜爱"福"、"喜"、"吉"、"鱼"等字样；对荷花（和平）、苹果（团圆）及蝙蝠（幸运）等象征和平、团圆与幸运的图案、物品非常感兴趣。

3. 交　谈

双方交谈时忌讳讨论宗教或政治等问题，也不能说"恭喜发财"，认为含有教唆他人发横财、不义之财的嫌疑。

4. 经　商

在商业经营上反对使用佛祖形象和画像作为标志，也禁止使用宗教性语言或词汇。

5. 动　物

新加坡人认为乌龟是不吉祥的动物，给人以污蔑他人的印象。

6. 饮　食

用餐时不可把筷子放在碗上和盘上，也不能交叉摆放，而是放在筷子托架上。

7. 举　止

必须随时保持环境卫生，随地吐痰弃物、不走人行道（左侧通行的国家）、跨越马路栏杆、使用公厕后不冲洗、公共场所吸烟等等，均要被处以罚款。

三、旅游资源

新加坡面积不大，建国历史短暂，既没有名山大川，更缺少文物古迹，旅游资源并不丰富。但是，政府重视发展旅游业，相关法律法规健全，城市管理严格，高度重视旅游购物，以发挥其"购物天堂"的区位优势。

2005 年被国际协会评为"世界最佳会议城市"及"亚洲最佳会议城市",连续 22 年被国际协会联盟评选为"亚洲最佳会议城市",连续 5 年被著名的《亚太商旅杂志》的读者评选为"最佳商务城市"。每年接待会议客人 150 万人次。

因此,新加坡的旅游业相当发达,发展也极为迅猛,成为国家经济的支柱产业之一。

(一)旅游景点

1. 鱼尾狮

新加坡的标志与象征,位于新加坡河口左岸,建于 1972 年。园内最主要的景观是通体洁白、晶莹剔透的鱼尾狮塑像,狮头鱼身,鱼尾反卷,宛若从河水中高高跃起,口中不断喷出一股股清水。

鱼尾狮高达 8 米,重 40 吨,用乳白色大理石雕凿而成。底座呈海水波浪状,周身采用 2 000 块中国湖南产的瓷片镶贴。

狮头是传说中的怪兽,狮身表示新加坡是起源于海洋的国家。游人到此,必留影纪念。每年 5 月 26 日--6 月 3 日,是狮头鱼尾周,河面上举行龙舟比赛,同时有艺人当场献艺。

2. 圣淘沙岛

"圣淘沙"在马来语中是"和平宁静"之意,是坐落于新加坡南方海面上的一个小岛,1970 年前是英军海军基地,岛上能称得上古迹的当属英国 1880 年建造的西洛索古堡,古堡内保存有公元 5 世纪的古炮。

圣淘沙岛于 1972 年被政府开发为海上乐园,现已成为新加坡最主要的观光游览区和度假胜地,各种游览、休闲、娱乐、海上运动以及餐馆、酒店设备齐全,并有跨海大桥与新加坡本岛相连,还为游客提供单轨车作为代步工具,环岛游览一周需要 45 分钟。

3. 晚晴园

又名孙逸仙别墅,占地 1 800 平方米。1906--1911 年期间,孙中山先生在海外从事革命活动,曾 8 次路过新加坡,均在此处下榻。

别墅前是一片绿草如茵的广场,场中央是一个喷水池,水池后面建有一个 1.5 米高的石墩,石墩前有"新加坡晚晴园"汉字铭文,墩上安放着孙中山座式铜像。

这座二层别墅现在的底层是陈列室,其中陈列着孙中山当年从事革命时的照片、革命事迹,日军占领新加坡时期死难者的遗物。二楼原是孙中山先生的办公室和卧室,现已辟为图书馆,存放着孙中山先生的革命史料。

4. 动物园

于 1994 年正式对外开放的动物园,号称东南亚最大的动物园,位于新加坡市北曼达路。新加坡地处热带,白天天气炽热,热带动物一般的行动规律是昼伏夜出,为吸引游客,该园夜间也对外开放,为世界首家夜间动物园。

全园共有 130 余种、1 600 多头动物,包括猩猩、狮子、老虎、黑豹、北极熊、长颈鹿、野猪、大象、斑马、梅花鹿、野狼、蟒蛇、袋鼠、鸟禽、貘、驴等。此外还有专门饲养小动物的小型动物园。

动物园是充分利用周围自然环境而设计的,园内的动物并非关在笼子里,而是在特设的环境中活动。

游人若是有兴致的话，可以与猩猩同桌共饮奶茶，吃香蕉。

5．植物园

世界闻名的热带植物园之一，位于新加坡东陵区荷兰路附近。园内种植着各种亚热带和热带的奇花异卉以及珍贵树木多达 3 万种，多年生植物、攀援植物、扇形棕榈树、红树、灌木遍布全园。其中最吸引游客的是具有维多利亚建筑风格的兰花圃，种植约 1.2 万株兰花，其中包括国花——卓锦·万代兰，花瓣呈浅紫红色，上带深紫色红斑点，中间部分为深玫瑰色。

6．飞禽公园

全名"裕廊飞禽公园"，是新加坡最大的鸟类公园，也是世界上规模最大的鸟禽公园。坐落在西郊裕廊镇贵宾山坡，是利用一条山涧和两侧山坡的天然环境构筑而成的。

从山涧底到山顶有 100 多米高，建有 95 个巨型鸟舍，6 个池塘，10 个可以供鸟类随意飞翔、栖息的围场。

园内栖息着来自世界热带、寒带、沼泽、沙漠、海洋、深山的约 360 多个种属共 8 500 多只鸟类。公园入口不远处是一条小溪，顺着溪水逆流而上，可见一条高约 30 多米的人工瀑布从断崖倾斜而下，流入山脚下的 3 个小湖中。

7．海底世界

亚洲最大的热带海洋水族馆，设立在新加坡旅游胜地圣淘沙岛上。这里饲养着 2 000 多种鱼类和热带海洋生物。

进门后即可看见两个几米高的圆筒状透明大玻璃，里面饲养着几万种鱼类，其中一个是专门展览各种有毒和危险海洋生物的大玻璃筒。游客可以贴近桶壁零距离观看。参观海底世界，最令游人感到新奇刺激的是，可以不戴任何潜水工具，在滴水不沾的环境下，通过一条长 100 米的拱形隧道，进入深海区，一睹奇妙的海底世界。

8．虎豹别墅

位于新加坡西海岸的一处山冈上，初建于 1937 年，是号称"东南亚万金油大王"胡文虎、胡文豹兄弟二人的别墅。现成为展示中国传统民间文化故事的雕塑展览馆，别墅内有 25 组栩栩如生的雕塑画，如西游记、白蛇传、八仙大闹龙宫。

9．牛车水

新加坡著名的唐人街，位于新加坡河南岸闹市区，这里依然保留着中国传统习俗的风貌，共有十几条街巷，与四周林立的高楼大厦形成鲜明的反差。在狭长街道的两侧，是一排排高低不等的古旧木质结构的二层房屋，其建筑特色与中国广东一些城镇如出一辙。

这里的店铺、街道、公司等名称，全部是用中英文书写，出售的商品也以中国货为主，风味小吃、日用品、服饰、手工艺品、古玩等一应俱全。

10．小印度

市区内一个旅游景点，外国游客喜欢来此地观光，目的是为感受这里的印度生活气息。大街两侧，可以见到穿着印度服饰、皮肤黝黑的印度人，听到从商店里传出的印度乐曲声，闻到印度餐馆内浓郁刺鼻的咖喱粉味道。商店里摆放着各种印度衣料及工艺品：洁白如雪、薄似蝉翼的"纱丽"衣料；印度丝绸、蜡染布料；金、银、铜、木制的各种饰物。

11. 双林禅寺

新加坡规模最大的佛寺，现已开发为旅游胜地，寺内大殿中供奉着弥勒佛、观音菩萨等塑像。

12. 天福宫

这座道教建筑建于 1839—1842 年间，是早期移民在安全抵达新加坡岛后，为了答谢神灵而建造的。建筑材料为来自苏格兰的铁器、英格兰及荷兰的瓷砖。庙内有高大的花岗岩盘龙玉柱，古老的牌匾，门口还有巨大的石狮子。

（二）购物景点

1. 荷兰村

主要出售手工艺品、古玩、服饰、电器。

2. 亚兰街

主要出售马来蜡染花布（巴迪）、马来传统服饰、篮子、藤器、皮箱、马来珠宝、香水等。

3. 樟宜国际机场

这里不仅是一座先进的国际机场，也是一家高档商品购物中心。航站大厦的高级商店销售国际名牌免税品、化妆品、烟酒、电子产品、名牌服饰、体育用品、珠宝首饰、玩具、巧克力等。

第八节 印度尼西亚——印度群岛

印度尼西亚群岛是人类最古老的居住地之一，大约公元 5 世纪，居住在印度支那半岛的印度尼西亚民族沿着马来半岛东下，逐步散布到了印度尼西亚各个岛屿上。公元 3—7 世纪，建立了一些分散的王朝。

14 世纪初，在东爪哇岛建立了印尼历史上最大的封建帝国——麻喏巴歇帝国，其版图包括今天的印尼和马来半岛。

16 世纪末至 1942 年，印尼沦为荷兰殖民地，荷兰统治者于 1602 年在印尼成立荷兰东印度公司，直至 1942 年 3 月日本占领印尼。

1945 年 8 月，日本战败投降后的 8 月 17 日，印尼宣布独立，成立印度尼西亚共和国。

一、国情概述

（一）位置、面积和人口

1. 位 置

印尼位于亚洲东南部，属于世界最大的群岛国家，地跨赤道，连接印度洋和太平洋，岛屿破碎，凌乱，形成诸多海峡与内海。

2．面　积

陆地面积 1 904 443 平方千米，海洋面积 3 166 163 平方千米。

3．人　口

印尼总人口 2.376（2010 年）亿，位列世界第四人口大国，仅次于中国、印度和美国。全国 65％的人口居住在爪哇岛上，因而爪哇岛成为了世界上人口最稠密的岛屿。

（二）民族、语言及宗教

1．民　族

全国共有上百个民族，其中人口最多的是爪哇族，占 45％，巽他族占 14％，马都拉族占 7.5％左右，此外还有马来人和华人。

2．语　言

全国上百个民族共有语言 200 余种，其中印尼语为国语，英语属于第二语言，商业活动中广泛使用英语。

3．宗　教

全国居民的 88％左右信奉伊斯兰教，属于伊斯兰教的逊尼派。其余信奉基督教、天主教、印度教、佛教或原始拜物教等。

（三）国家标志与释义

1．国　名

印度尼西亚的希腊语意为"印度群岛"，前文马来西亚中的"西亚"二字是"半岛"之意，而"尼西亚"是"群岛"之意，故名印度群岛，为世界上最大的群岛国家。

全国共有火山 400 多座，其中 120 多座活火山，因此还有"火山之国"的称谓。习惯上世人多称其为"千岛之国"，严格说并不确切。

2．国　旗

印尼的国旗简明扼要，由上红下白两个长方形组成，红色象征勇敢和正义，白色代表自由、公正、纯洁。

3．国　花

茉莉花是纯洁友谊的象征。

4．国　鸟

以爪哇岛上栖息的爪哇鸟为国鸟。

二、文化习俗

（一）礼仪礼节

印尼人见面时通行握手或点头礼节，应邀做客时，最好给主人带一束鲜花，用右手接递物品。

与印尼人交谈应回避当地政治、宗教等话题。与大多数国家不同的是，他们喜欢谈论自己的家庭，喜欢打听、谈论个人状况，这一习俗与西方国家截然不同。

（二）饮食服饰

1. 饮 食

印尼地处热带，水稻种植普遍，主食以大米为主。副食喜欢中国广东的菜肴，偏爱将牛、羊、鸡、鱼以及内脏用炸、煎、爆的方式烹调，再佐以咖喱、胡椒、虾酱等为调料。著名的菜肴有辣子肉丁、虾酱牛肉、香酥百合鸡、酥炸鸡肝、红焖羊肉、锅烧全鸭、清炖鸡等。

因大多人信奉伊斯兰教，所以猪肉少见，一般不饮酒，不喜欢吃带骨刺的菜肴，喜欢用手抓饭和辛辣、酸甜的食品，有嚼槟榔的嗜好。

2. 服 饰

印尼人一般着上衣和纱笼，并配有色调一致的披肩和腰带。妇女日常上衣长而宽松，对襟长袖，无领，多配金色大铜扣，喜欢佩戴金银首饰。

（三）特有节日

1. 猴 节

加里曼丹岛北部山区农民的节日，每年5月7日清早，当地农民携带糖果、饼干等猴子喜爱的食物，举家进山，把准备好的食物撒在猴子栖息之地，同时有专门的乐队为猴子演奏乐曲。据推测，此举大概是为了讨好这些顽皮的生灵，祈求这些动物不要毁坏庄稼，保佑农业丰收。

2. 智慧节

居住在巴厘岛上的居民是印尼的少数民族，信奉印度教（兴都教），每年2月下旬举行节庆活动，是岛上的居民专门赞颂知识降临人世的节日，颂扬印度教神通广大的大梵天的妻子——智慧女神萨拉斯瓦蒂，参与者多为学校师生，以此鼓励、教育学生们热爱知识、勤奋读书。

3. 蒙面节

是印尼阿斯玛特人最为重要的节日。首先，妇女们先以骨质匕首、鱼叉、棍棒等器物追打男人拉开节日序幕，男人们不得以任何方式反抗，最后由一名男人代表向女人求饶。当地男人们认为，女人具有支使魔鬼的能力，所以恳求她们不要呼风唤雨破坏节日气氛。

蒙面节上人们各个奇装异服，打扮异样，有的鼻子上别着一根猪骨针，有的鼻孔内装上巨大的鼻骨，头上插着鸟的羽毛，巨大的耳环多用藤叶编制而成。曾经有过猎头光荣历史的人则佩戴项圈，上面串着竹片、人的脊骨或下颌骨，以示勇敢。女人们也不例外，脸上涂满石灰或木炭，或借来丈夫的人骨项圈显示荣耀。

4. 加龙岸节

巴厘岛上一个为期10天的盛大节日，时间为每年2月初。节日期间，人们要打扫庙堂、住宅，杀猪宰鸡，制作糯米糕点，祭拜米仓、土地、墓地等。两天后是甜加龙岸日，人们祈求宽恕并忏悔。三天后是迎接天神下凡的古安宁节。节日期间全岛居民通宵达旦地尽情欢乐。

（四）行为禁忌

印尼人在公开场合时特别注重脸面、自尊，即使意见出现分歧时也不在公开场合辩论，而是私下交流和沟通。

爪哇人在社交场合接送礼物要用右手，对长辈要用双手。

印尼人崇拜蛇，把蛇视为善良、智慧、本领、德行的象征，并喜爱带有蛇或茉莉花图案的商品，为此在巴厘岛上建有专门的蛇庙，庙内供养着神蛇，设有香案，供人们上香敬拜，祈祷，并在蛇舍后饲养大量蝙蝠，供神蛇食用。

三、旅游资源

印尼无四季之区别，全年均可旅游。而且印尼是世界上旅游资源最丰富的国家之一，以其旖旎的热带风光、灿烂的历史文化、多彩的民俗风情而名扬世界。

尽管印尼的民俗风情和奇山异水较多，但这也是一个令游人爱恨交加的旅游胜地，民俗风情天下难寻，自然山水美妙绝伦。但是，由于火山活动频繁，并时常伴有地震、海啸等自然灾害，令天下游人心有余悸，望而却步。

近年来，政府大力发展旅游事业，简化入境手续，加强旅游设备设施的建设，服务设施也日益现代化、人性化，所以入境旅游人数一直稳步增长。同时出境旅游人数同步增加，是许多国家重要的客源输出国。

印尼被列入《世界遗产名录》的自然和人文景观有科莫多国家公园、苏门答腊热带雨林、乌戎库隆国家公园、婆罗浮屠塔、普兰班南寺庙群、桑吉兰早期人类遗址等。

（一）旅游名岛

1. 爪哇岛——世界最拥挤的岛屿

若论面积大小，爪哇岛只是印尼第四岛屿，比我国台湾省稍大，论人口却有一亿之多，占印尼全国人口的一半左右，不但是全印尼人口最稠密的岛屿，也是世界上人口最多的岛屿。岛上人口多，是因为岛上的城市多，印尼几个大的城市都分布于爪哇岛上。

雅加达市：印尼首都，世界著名海港。14 世纪时以输出胡椒和香料闻名，15 世纪起成为航海要地。因城市里椰子树遍布，在巽他王国时期被称为"椰林中的世界"。市内著名的旅游景观如下：

国家宫：是雅加达的心脏，原为荷兰总督的官邸，现为总统府。坐落于独立广场东南。

中央博物馆：是印尼规模最大、收藏最丰富的博物馆，1868 年落成启用，属于欧式建筑，馆前的草坪上立有一尊铜铸的大象，因此又叫"大象博物馆"，馆内设有金银饰物室、青铜室、货币室、史前展览馆、木器展览馆、民俗展览馆、东印度公司陈列室等。

泗水市：第二大城，东爪哇省首府，因历史上曾奋起抗击西方殖民者，而荣获"英雄城"的称号，同时将史称"泗水之战"开始的一天——11 月 10 日定为"英雄节"。

市内还建有多座英雄纪念碑、烈士纪念塔。清澈的海滨浴场和幽雅的林阴大道以及宁静的公园是主要旅游胜地。

万隆市：被誉为印尼最美的城市，印尼第三大城市，西爪哇省首府，有"印尼小巴黎"之称，是最著名的旅游避暑胜地，也是"万隆精神"的发源地。

因所处地势较高，多热带雷雨天气，因而气候凉爽，空气清新，植被繁茂，四季如春，被誉为印尼最美的城市。

具有历史意义的第一次亚非会议（万隆会议）就是 1955 年于独立大厦召开的。会议一致通过了和平共处"万隆十项原则"，由此产生了影响久远的"万隆精神"，也使万隆的名字远扬天下。

市内处处花团锦簇，街道整洁，宛若一座大花园。皇家花园里，栽种着世界各地不同品种的玫瑰花。

日惹市：日惹市的城外古迹云集，除了世界上现存最大的古佛塔婆罗浮屠外，还有印尼最大的印度教寺庙——普兰班南神庙群。

婆罗浮屠：佛塔意为"千佛坛"，在梵文中也可解释为"山丘上的佛寺"。被世界公认为东方五大建筑（中国长城、印度泰姬陵、柬埔寨吴哥古迹、埃及金字塔）奇迹之一。佛塔是公元 8—9 世纪的萨兰德拉王朝留下的历史遗迹。

整个佛塔用 200 万块巨石建造，因此被誉为"刻在石头上的画卷"。同时因为其心形状酷似埃及金字塔而得名"印尼金字塔"。

普兰班南陵庙群：位于日惹市东 18 千米处，是为埋葬当时国王及王后骨灰而修建的。主要部分由 224 座小塔组成，另外还有 16 座佛塔。

陵庙群分为两个大院，主院内有 16 座陵庙，其余均建在一个地势低洼的院内。主院内还有三座高高耸立的塔形石砌陵庙，南边的是梵天庙，北边的是毗湿奴庙，正中央的是古代印尼人最崇拜的大自在天神湿婆庙。

三宝垄市：当年郑和下西洋到过的地方。当地人对郑和十分尊崇，他们认为，如果三宝太监没有来到三宝垄，就没有当地华侨的今天，于是出资在市中心西南的山麓上修建了一座三宝公庙，这里也是当年郑和船队的登陆地。

三宝庙背山面海，高大的庙门上雕刻着两条飞龙，正上方是一块"三宝圣祠"的石匾。庭院内一个古香古色的亭阁，内置一个高约 2 米的铁铸巨锚，属于船队遗物，被华裔视为圣物。庭院内还停放着一艘石雕的大船，船中间长有一棵十几米高的大树。10 多根巨型蜡烛，大年初一点燃，一直到农历大年三十，常年不息。

三宝庙中最具传奇色彩的是三宝洞，洞阔百米，洞口矗立三尊郑和铜像，供人膜拜。洞中的香案下有一口三宝井，甘甜的清泉终年流淌，当地老一辈华人传说，只有用这股泉水洗湿衣衫，死后亡灵才能返回故乡。

2. 巴厘岛——举世瞩目的世界顶级旅游胜地

位于爪哇岛东部，全岛面积仅有 5 620 平方千米，下辖 5 个离岛，岛上有湍急的河流、幽深的峡谷、未受污染的火山湖以及大片的热带雨林。全年炎热，年均温 28 ℃，5—9 月气候凉爽，是最适宜旅游的季节。

"天堂之岛"："巴厘"二字在印尼语中意为"诗之岛"。西方人认可的度假胜地必备的三个 S（阳光、沙滩、大海）在巴厘岛齐备，而且相当优秀，所以被西方人称为天堂之岛。

放眼望去，湛蓝的天空、洁白的云朵、银色的沙滩、清澈的海水、漫长的海岸线、醉人的落日等自然之美，美不胜收。享受海鲜大餐更是诱人，各种鱼类、螃蟹、大虾，应有尽有，百吃不厌。水疗、日光浴、戏水、度假村、俱乐部，比比皆是，令你充分放松，愉快休闲。

歌舞之岛：尽管印尼是一个以伊斯兰教为主要宗教的国家，但是，巴厘人所信奉的宗教名为"巴厘印度教"，也叫"兴都教"，是印度教与当地佛教的融合。一年当中与宗教相关的节日多达198个，其中有32个节日需要通宵达旦地唱歌跳舞，难免不明原因的游客误以为这里每一天都在过节。

健美之岛：游客认为，巴厘岛上的男人是全印尼体魄最健美的，而女人是最标致的魔鬼身材，高矮适中，体态匀称。

鲜花之岛：随便找一个家庭旅馆住下，只见庭院里、水盆中，甚至当地人的耳朵上都别着花朵，按照当地习俗，戴在左耳上代表已婚，戴在右耳上表明未婚。

艺术之岛：岛上的建筑，无论是政府机关、寺庙、民居、饭店，都是雕梁画栋，古意盎然，许多饭店的庭院造景，敢与王宫一比高下。

海神庙：坐落在巴厘岛海边一块巨大的岩石上，每逢涨潮时，岩石被海水包围，整个寺庙与陆地隔绝，孤零零地矗立在海水中，只有落潮时才与陆地相连。庙前道路两侧密密麻麻地排列着出售各种纪念品的商店，小吃摊上弥漫着烤海鲜的香气，令天下游客垂涎。

3. 苏门答腊岛——印尼第二岛

苏门答腊岛面积43.4万平方千米，包括属岛共47.5万平方千米，占全国土地面积的1/4，属于印尼第二大的岛屿。苏门答腊岛的古名来自梵文，意为"金岛"，推测古时候有人在山区开采过黄金而得名。

苏门答腊岛是一座青翠欲滴的绿岛，各类热带植物郁郁葱葱，错落交叠的山脉淹没在原始森林中，高大挺拔的椰树遮天蔽日。岛上除了观赏热带雨林风光外，珍稀的动植物也令游人眼界大开。

犀牛：亚洲仅有3种犀牛，分别是爪哇犀牛、印度犀牛和苏门答腊犀牛，但是印度和爪哇的犀牛都是单角犀牛，唯独苏门答腊犀牛是双角犀牛。

老虎：在所有种类的老虎中，苏门答腊虎个头最小，毛皮颜色最暗淡。在经济利益的驱动下，苏门答腊犀牛和老虎都遭受了疯狂的猎杀，数量剧减。目前国家已建立了多个国家公园，对犀牛和老虎严加保护。

金丝燕：其燕窝作为贵重的补品和餐桌上的佳肴，日益成为人类热衷的美味。岛上的丁宜市为著名的燕窝产区，濒临大海，距离海岸几十米的岛屿大多荒无人烟，金丝燕就在那里的悬崖峭壁上和岩洞内筑巢安家。纯正的燕窝之所以昂贵，除了稀少外，采摘风险也是主要因素。

多巴湖：苏门答腊岛上著名的淡水湖，湖滨小镇巴利巴汉是游人最喜爱的旅游胜地，村民的房屋都建在海边的木桩上，家家户户由小木桥连成一气，涨潮时整个小镇好像漂浮在海面上。当地人戏称这里是印尼的"威尼斯"。

花人部落：苏门答腊岛西岸外，还有一组群岛，名为明达威群岛，在岛上茂密的丛林中，生活着一个奇特的"花人"部落，他们以文身为美，孩童从8岁开始文身，一生多次，最后文遍全身，每逢重大节日，还要采集鲜花装饰在身上。

按照他们的理论，保持身体美丽是为了取悦自己的灵魂，如果身体不美丽，灵魂就不高兴，以至灵魂出窍，身体生病。于是每天精心打扮自己，既让灵魂高兴，自己也高兴，何乐而不为？

4. 苏拉威西岛——民俗旅游胜地

苏拉威西岛的神奇之处，在于它与众不同的民俗风情以及珍贵物种。每年大批游客蜂拥而来，就是为了满足那与生俱来的好奇之心。

生活在岛屿北部托拉查地区的托拉查人，不仅信奉佛教和万物有灵论，也信奉天主教、新教、伊斯兰教，各种信仰共存，形成了独特的混合宗教。尤其是他们的葬礼仪式，与东西方截然不同，毫无悲伤之感，完全是一个快乐的节日。

一个人与世长辞后，他们则视为"生病"，包括家属在内的村里人没有一个人哭泣，而是把死者（病人）的尸体用甲醛处理后，放入一个船型檀木棺木中，周围堆上丰盛的祭品。祭奠完毕，人们围成圆圈跳起舞来，人群中发出阵阵呼号声，舞蹈完毕，人们便坐在满地是牛头、猪头的空场上大吃大喝，无拘无束地闲聊，并不时爆发阵阵笑声，这种喜庆快乐的庆祝活动通宵达旦地持续五天五夜。

葬礼上最重要的祭品是水牛和稻米，人们饲养水牛、种植稻谷的目的似乎就是为了充当祭品，而生儿育女是为了保证能有子孙后代将来为自己操办热烈的祭奠仪式，于是，葬礼就成为了托拉查人唯一真正的重大节日。

5. 加里曼丹岛——一岛三地

文莱：加里曼丹岛最早只有一个国家——文莱，后来因为西方列强的不断蚕食，最终成为一个面积仅有5 765平方千米，人口不足40万，而且被分割成东、西两部分的国家。文莱国家虽小，却极为富有，教育、医疗全部免费。

马来西亚的沙捞越和沙巴：与文莱一同位于加里曼丹岛北部的是马来西亚的沙捞越州和沙巴州。沙捞越州是一个充满神奇色彩的旅游胜地，主要景观就是热带雨林，人们形容它为热带雨林的样板。为了保护这个样板，沙捞越人建立了10多个国家公园，将其原始风貌完好无损地保留了下来。

在野生动物中心，游客可与人猿零距离接触，还能参观曾经的猎取人头的部落——伊班族独特的风情民俗。

（二）旅游名区

1. 乌戎库伦国家公园——东南亚最大的自然保护区

世界上唯一一个既包括雪地又有热带海洋以及延伸的低地和沼泽地的保护区。它位于两个大陆碰撞的地方，这里的地质情况复杂，既有山脉的形成又有冰河的作用，所保存的化石遗址，记载了新几内亚生命的进化过程。

2. 阿贡火山——世界著名的活火山

又称"巴厘峰"，海拔3 140米，全岛最高峰，被当地人誉为圣山。喷发周期一般为50年。1963年的一次喷发是百余年来最猛烈的，热浪高达上万米，火山灰在4 000米高空弥漫全岛，人畜伤亡惨重。

第九节 菲律宾——椰子之国

据中国文献记载，公元 10 世纪前，菲律宾就曾出现麻逸国，后又在南部出现过苏禄国。

1521 年，麦哲伦率领西班牙远征船队到达此地，1565 年西班牙侵占菲律宾，直至 1898 年 6 月 12 日菲律宾宣布独立，结束了西班牙长达 333 年的殖民统治。

然而好景不长，同年美国与西班牙战争结束，西班牙战败，美、西两国签订了巴黎和约，和约规定，西班牙将菲律宾"转让"给美国，美国付给西班牙 2 000 万美元的"转让"费。

1942—1945 年，菲律宾又被日本占领，"二战"结束后，日本投降，美国重新恢复对菲律宾的统治。

1946 年 7 月，菲律宾宣告独立，成立菲律宾共和国。独立日原为 7 月 4 日，因与美国重叠，故改为 6 月 12 日。

一、国情概述

（一）位置、面积和人口

1. 位　置
菲律宾坐落于亚洲东南部的南洋群岛中，整个群岛由 7 107 个岛屿、岛礁和沙洲构成，其中 2 400 多个岛屿被正式命名，有人居住的岛屿多达上千个。

2. 面　积
全国总面积 29.97 万平方千米，其中 11 个主要岛屿占全国总面积的 96%，比较大的岛屿是吕宋岛、棉兰老岛、萨马岛、宿务岛、班乃岛、民都洛岛等。

3. 人　口
全国总人口 9 580 万（2010 年）。

（二）民族、语言及宗教

1. 民　族
菲律宾属于多民族国家，共有 90 多个民族组成，其中马来族占总人口的 85% 以上，其余的是华人、印尼人、阿拉伯人，还有为数不多的土著民族。

2. 语　言
全国共有 70 多种语言，国语是以他加禄语为基础的菲律宾语，英语是官方语言。政府公报及报刊大都使用英语，上层社会流行西班牙语。当地华人多讲普通话、福建话、广东话。

3. 宗　教
居民 84% 信奉天主教，这在亚洲国家是少见的，根源在于菲律宾经历了西班牙长达 333 年的殖民统治。4.9% 的人口信奉伊斯兰教，只有少数人信奉独立教及基督教新教，华人信奉佛教。

（三）国家标志与释义

1. 国　名

菲律宾原名"吕宋"，意为"木杵"，古名麻逸、流新。菲律宾的名称是由西班牙国王菲利普二世的名字命名的。因菲律宾盛产椰子，出口量世界第一，故还有"椰子之国"的美称。

2. 国　旗

左侧是白色等边三角形，右侧为蓝色、红色两个直角梯形，上方为蓝色，下方为红色。白色等边三角形上绘有黄色太阳和三颗黄色五角星，太阳象征自由，白色象征和平与纯洁，蓝色象征忠心、诚实、正直，红色象征勇气。

黄色太阳所放射出的八道金光代表菲律宾最初起义开展独立运动时的八个省，三颗五角星代表菲律宾三个主要岛屿吕宋岛、棉兰老岛、宿务岛。

3. 国　花

茉莉花，菲律宾人称其为"山谷巴达"，洁白如玉，清香四溢，被誉为"长春花"、"誓爱花"，是青年男女表达爱情用花，也被视为忠于祖国、忠于爱情、表达友谊的象征。在国际交往中，菲律宾人经常把茉莉花结成项链、花环挂在贵宾的脖子上。

二、文化习俗

（一）礼仪礼节

菲律宾人在日常交往中，无论男女都行握手礼，与熟人或朋友见面，有的男人之间以拍肩膀示礼。菲律宾对个人尊严十分敏感，过于坦率和直言被视为鲁莽。

社交场合遵守时间被视为过分热情，一般应迟到15—30分钟为宜。饮酒过量被看成贪婪之人，被人瞧不起。宴会后经常请客人去歌厅唱歌，拒绝是不礼貌的行为。

见面交谈时，避免谈论国内党派纷争、宗教信仰、国家状况、政治腐败等话题。但与西方人不同的是，菲律宾人喜欢打听私人情况，谈话时尽量放低声音。

老年人格外受到敬重，先向长者问候，让座，吻长辈的手臂，不能在老者面前吸烟。

（二）饮食服饰

1. 饮　食

食物以清淡为主，口味特点深受西班牙影响。全国70％的人以大米为主食，常用椰子汁煮饭，并用香蕉叶包饭。副食多以鱼类、海味、猪肉为主。喜欢使用香辣调味品，代表性的名菜有咖喱鸡肉、虾子煮汤、肉类炖菜、炭火烤猪等。

喜欢喝啤酒，咀嚼槟榔和烟叶。有的地方仍存在右手抓饭的习俗。上层家庭大多喜欢吃西餐。

2. 服　饰

现代的菲律宾人，西装在上层社会广泛流行，普通百姓的衣着比较随意，男士上身穿衬衣，喜白色，下身多穿西裤。女子喜欢穿无领连衣裙。大部分青年人着西式皮鞋，老年人仍然穿着用木头、麻或草做成的拖鞋。

（三）节日民俗

1. 血盟节

血盟节是流行于菲律宾东民都洛省卡拉潘市的一个传统节日，已有上千年的历史，是中菲人民友谊源远流长的生动证明，时间为每年 5 月 18 日—23 日。

节日期间，当地的华裔打扮成一千年前的中国商人模样，再现与当地芒雅族首领歃血为盟，建立友好通商交往的历史场景。届时还有各种具有民间特色的文体活动，其中以 22 日为最高潮。

2. 五月花节

因为节日是在五月份百花盛开的季节举行，所以名为五月花节，是菲律宾最隆重、最热闹的节日。最早是一种宗教迎神节日，现在实际上已经演变成为劳动人民喜庆丰收的节日。

3. 圣伊斯多节

圣伊斯多在菲律宾的巴纳哈一带是勤劳的象征，伊斯多本是一位整日在农田里劳作的农民，当别人的地里颗粒无收时，他的地里却是金灿灿的水稻随风摇摆，因而死后被当地人誉为土地的保护神。

每年 5 月 15 日，在游行队伍所经过的街道上，都要用一种以大米制成的"卡饼"装饰起来，人们抬着高大的伊斯多塑像游行，各家房前屋后挂满了各式食品和丰收的果实。游行结束时，孩子们可以尽情地向房子的主人索取美味的食品。

4. 斗鸡

是菲律宾民间最普遍流行的一种游戏，从城市到乡村极为普及。全国设有上千所斗鸡场，参与斗鸡的人遍及各行各业，甚至政府官员。

斗鸡品种繁多，都是经过良种选育，精心饲养，刻苦训练。按照鸡的重量划分级别，而且在鸡腿上还绑有锋利的小刀片，激战场面十分壮观，刀光闪闪，羽毛纷落，鲜血淋漓，但只要一息尚存，绝不退出战斗，最终的结果只能是一死一伤。

如今，这种血腥刺激的场面不仅成为当地人民生活的一部分，也是吸引各地游客的重要资源。

（四）行为禁忌

1. 数 字

受西方国家多年的影响，菲律宾人最忌讳的数字是 13。

2. 手 势

忌讳使用左手传递东西或食物，马来人忌用手拍打他人的头部、肩部、背部，触摸头部是对他人的不尊重，触摸背部会给他人带来厄运。

3. 饮 食

伊斯兰教徒忌食猪肉和使用猪制品，不喝牛奶和烈性酒，不爱吃生姜，不喜欢吃兽类内脏，对整条鱼也不感兴趣。

三、旅游资源

菲律宾四面环海，海岸线漫长，拥有众多良港。旅游资源丰富，拥有椰林、海滩、火山、瀑布等自然景观。

同时，悠远绵长的土著文化与外来的亚洲、西班牙、美洲文化的碰撞，形成一种多姿多彩的文化，造就出一个混血的民族，这个民族既有地中海式的天生快乐，又不乏亚洲大陆的伦理道德。

此外，因为菲律宾地处热带，物产丰富，水果、海鲜四季不断，因此成为世界各地旅游者向往的旅游胜地，其中马尼拉、宿务、碧瑶为三大旅游城市。

菲律宾被联合国教科文组织世界遗产委员会列入《世界遗产名录》的遗产有：巴洛克式教堂群、巴纳韦水稻梯田、普林塞萨地下河国家公园、维甘历史名城、图巴塔哈礁海洋公园等。

（一）旅游名城

1. 马尼拉——最大港口

菲律宾共和国的首都，政治、经济、文化中心，这里集中了全国半数以上的工业企业。因位于吕宋岛西岸，又名小吕宋，由于受西班牙统治长达 333 年之久，所以这座城市颇具西欧情调。

马尼拉湾多水深，是世界优良港口之一，也是重要的国际航空站、国际贸易中心，以及铁路、公路交通枢纽。

花车之城：首都大街小巷随处可见车身被涂抹得五颜六色的交通工具——马路之王，是当年美国士兵撤离时留下的吉普车，被换上日本的引擎，本国的橡胶轮胎，招手即停，方便快捷。

黎刹公园：是以被菲律宾人誉为国父的何塞·黎刹（黎萨尔）名字所命名的公园，坐落于市中心。原名卢尼塔公园，后为纪念民族英雄、1896 年被杀害的国父黎刹而改名。园内建有大检阅台，是举行国家庆典的场所。

园内高耸的长方形纪念碑上是黎刹的全身塑像，左右两侧是黎刹母亲喂乳和父亲教子读书的雕像，两名全副武装的士兵日夜守卫在纪念碑下。纪念碑周围绿草如茵，正面方形空地两旁悬挂着多面菲律宾国旗，前面为一个喷水池。

园内还有 3 个专门栽种中国、日本、意大利花卉的国际花园，中国花园入口处耸立着中国式牌坊。

菲律宾村：建成于 1970 年 6 月的菲律宾文化村，又称"千岛缩影"。位于马尼拉南区、马尼拉机场附近。是以一个人工湖为中心的民俗村，展现了全国几十个省的风土人情、土著房屋、生活习俗及物产资源。

每一个庭园都代表着一个省的乡土风光和典型建筑。园内的博物馆内放映彩色幻灯片，展示各个民族的文化遗产，展览馆里还出售各种民间家具和手工艺品。

王彬街：又叫唐人街，位于马尼拉市北部，是马尼拉商业中心。王彬是一位华侨，曾捐钱支持菲律宾反对西班牙殖民统治的革命运动，于 1913 年去世，菲律宾政府设立王彬街以示纪念，街上塑有王彬的铜像和纪念碑。

王彬街中国气息浓郁，华语影院、中国餐馆、佛教寺院、中国工艺品商店等林立于大街两侧。

马尼拉大教堂：是一座罗马式天主教堂，位于黎刹公园西侧，历经 6 次战火而浴火重生。现在的教堂重建于 1958 年，内有 8 个附属教堂，五颜六色的玻璃窗上绘有各种图案，青铜大门上镌刻着关于教堂的重要史实，大门两旁塑有圣徒肖像。

教堂内珍藏着大量的青铜制品、镶嵌工艺品和雕塑等，这些珍贵的艺术品大都出自意大利、西班牙、德国著名艺术家之手。

圣地亚哥堡：位于巴生河口处的圣地亚哥城堡建于 1590 年，是菲律宾人民反抗外来侵略者英雄业绩的见证，也是当年殖民者囚禁黎刹的地方。

城堡前有护城河，城墙厚达 10 米，至今完好无损，现已将城堡辟为展览馆，里面陈列着黎刹生前使用过的物品及作品。

马尼拉坟场：世界一大奇观，全称"第二次世界大战美国纪念坟场"，是美国本土以外最大的坟场，坟场上的十字架如同阅兵方队一样成千上万，中央纪念碑刻有太平洋战争形势图和死者姓名。此外还有菲律宾人、西班牙人和华人的坟场。

2. 碧瑶市——总统夏都

坐落在吕宋岛上的中央特别市，距离首都马尼拉 300 千米，是一座海拔 1 450 米的山城，菲律宾的避暑胜地，有"夏都"之称。

城市人口十几万，但是每年来此的游客多达几十万，旅游者把这里誉为"旅游者的麦加"。碧瑶最吸引人的景观是总统夏宫和植物园。

夏宫：坐落在市中心以东 4 千米处，建筑风格仿照英国伦敦的威斯敏斯特教堂，始建于 1908 年。宫殿气魄浩大而又不失纤细，洁白的大理石围成的栏杆，光彩照人。

植物园：植物园林木茂盛，花香四溢，园内栽种着难以计数的热带植物，千姿百态，婀娜动人。菠萝蜜树下建有多座具有民族风格的茅草屋，游客可以欣赏到洋溢着浓郁民族特色的舞蹈以及多姿多彩的生活习俗。

（二）旅游名岛

1. 吕宋岛——最大岛屿

吕宋岛是菲律宾 7 000 多个岛屿中面积最大的，也是人口最为密集的，是菲律宾旅游的精华所在地，外国游客游览菲律宾一般以吕宋岛为起点。岛上盛产稻米和椰子，尤以雪茄而闻名于世。

巴纳韦高山梯田：被誉为古代第八奇迹。位于吕宋岛北部，马尼拉以北 360 千米的伊富高省巴纳韦镇，是 2 000 多年前当地的土著伊富高部落人为了谋生而在山地上开垦出的大片水稻梯田。

梯田虽然并不少见，但是完全依靠人工在崎岖的山脊上开垦出来的水稻梯田为世界罕见。最高处梯田海拔 1 500 米，比最低处高出 420 米。此外还建有复杂的人工灌溉水渠体系，盘山环绕的水渠像巨大的台阶一样层层上升，总长度 19 000 千米，可环绕地球半周，所用的石块远远超过埃及金字塔用量，被菲律宾人誉为"世界古代第八奇迹"。

如今菲律宾旅游部门已将巴纳韦高山梯田开辟为旅游区，修筑了盘山公路，山脊上盖起了旅馆，建造了直升机停机坪。

马荣火山：坐落在吕宋岛东南，菲律宾最大的活火山，海拔 2 421 米，被誉为"世界最完美的火山锥"，上半部几乎没有任何树木，下半部则是森林茂密。山腰处可以远眺太平洋风光。

塔尔湖：坐落于吕宋岛西南，由一个巨大的火山口形成，湖中有一个小岛，岛上的一座火山，被称为世界最小的火山，火山中间又有一个直径为千米的小湖泊，形成了湖中有湖，山中有湖的独特自然奇观。

2. 宿务岛——麦哲伦葬身地、芒果之岛

菲律宾 7 000 多个岛屿中，最为著名的岛屿当属宿务岛，岛上到处可见贩卖芒果、贝壳、珊瑚的渔民，因岛上盛产芒果而被世人誉为芒果之岛。

1521 年 4 月 7 日，意大利航海家麦哲伦因在大海上迷失方向，经历了一番生死考验后，率领船队漂泊到了满目葱绿的宿务岛，并在一片坡地上竖起了十字架，作为权力和征服的象征。

当地土著人误以为天神下凡，对这些天外来客奉若神明，尤其是治好了土著首领妻子的重病，因而获得了神仙般的待遇。

常言说，人心不足蛇吞象，美女、黄金、香料并没有满足这些贪得无厌的西方人的欲望，他们以不平等的贸易交换骗取宿务岛人的首饰、香料，并强迫当地人接受天主教的洗礼。

于是酷爱自由的宿务人举起了反抗的旗帜，结果麦哲伦被一位叫拉布·拉布的酋长杀死。

目前，岛上所有的景观与文化几乎都与麦哲伦有关，如麦哲伦纪念碑、十字架、圣婴教堂、拉布·拉布纪念碑等。当地人认为，西方人的到来，毕竟为菲律宾带来了先进的文化与文明。然而，麦哲伦到来的同时，也打开了侵略者的大门，令菲律宾陷入了 300 多年的殖民历史。

（三）旅游名区

图巴塔哈群礁海洋公园——东南亚最大的珊瑚水域

公园位于菲律宾西南部普林塞萨港以东约 180 千米处，由南、北两大珊瑚岛礁组成，面积 332 平方千米。

这里是东南亚地区最大的珊瑚生成水域，其珊瑚之美令其他地区无法可比。此外，这里还生活着种类丰富的海洋生物，仅鱼类就达 379 种之多。

北部岛礁呈椭圆形，长约 16 千米，宽 4.5 千米，因退潮时有一部分露出海面而成为鸟的栖息地。

南部岛礁面积达 260 平方千米，这里生长着形态各异、种类繁多的海洋生物，有长吻双盾尾鱼、海蛇、海豚、大青鲨鱼等稀有海洋生物。

1993 年公园被列入《世界遗产名录》。

第 十 节　印度——宗教博物馆

印度共和国是世界上四大文明古国之一，最早于公元前 3500 年，印度河谷地区就已经出现人类文明。后来雅利安人入侵，在印度河流域及恒河流域建立起奴隶制国家，再后来逐渐形成以人种和社会分工不同为基础的种姓制度，出现了婆罗门、刹帝利、吠舍、首陀罗四个种姓。

印度历史上出现过三个最著名、最强盛的王朝，分别是孔雀王朝、笈多王朝和莫卧儿王朝，三个王朝分别传承了佛教、印度教和伊斯兰教文化。

孔雀王朝是印度历史上第一个统一印度次大陆的王朝，建于公元前 325 年，因其创造者旃陀罗·笈多出身于孔雀家族而得名孔雀王朝，孔雀王朝时代盛行佛教文化，这个王朝最伟大的君主阿育王，他在位期间，南亚大陆基本上全部囊括在孔雀王朝的版图内。

8 世纪时，阿拉伯人开始入侵，伊斯兰文化开始传播到印度各地。

1526 年，建立了莫卧儿帝国，成为当时世界强国之一，1660 年英国人入侵，建立了东印度公司，直至 1849 年英国占领印度全境。

1947 年 6 月，英国把印度分为印度和巴基斯坦两个自治领，同年 8 月 15 日，印、巴分治，1950 年 1 月 26 日，印度共和国成立。

一、国情概述

（一）位置、面积和人口

1. 位　置

位于亚洲南部，独占印度次大陆的国家，北枕喜马拉雅山，南接浩瀚的印度洋，西北与巴基斯坦接壤，西濒阿拉伯海，东临孟加拉湾。

2. 面　积

印度全国总面积约 298 万平方千米（不包括中印边境印占区和克什米尔印度实际控制区等），为世界上领土面积排名第 7 位的国家。

3. 人　口

印度是个多达 12.1 亿（2011 年）的人口大国，仅次于中国而名列世界第二位。其中城市人口占总人口的不足 1/3，全国近一半的人口分布在恒河流域及沿海地带。

（二）民族、语言及宗教

1. 民　族

印度属于多民族国家，现有 300 多个民族。其中印度斯坦人占 46.3%，泰卢固人占8.6%，孟加拉人占 7.7%，马拉地人占 7.6%，泰米尔人占 7.4%，此外还有古吉拉特人、坎拿达人等。

2. 语　言

全国共有部族语言和方言多达 844 种，其中主要语言 15 种，印地语和英语同为官方语言。

3. 宗　教

印度有82%的人信奉印度教，12%的居民信奉伊斯兰教，其余的信仰锡克教、佛教、耆那教、犹太教等。

虔诚的印度教徒一生中有四大夙愿：居住在圣城瓦拉纳西，结交圣人，朝拜湿婆神，用恒河水洗涤罪孽。

（三）国家标志与释义

1. 国　名

印度国名由境内的印度河而来，梵文音意为"信度"，波斯文变音为"兴都"，含有"海"之意。印度人自称"婆罗多"，含有"月亮"之意，是一切美好事物的象征，所以印度也有"月亮之国"的称谓。中国古代称印度为身毒、贤豆、天竺、盈丢等。

宗教博物馆：世界许多著名的宗教都来源于印度，如婆罗门教、佛教、印度教、耆那教、锡克教、拜火教等，因此印度又被誉为"宗教博物馆"。

2. 国　旗

是由橙、白、绿3色组成的长方形国旗，最上一条为橙黄色，是佛教法衣的颜色，象征勇敢与牺牲；中间为白色，代表真理与和平；下方是绿色，隐喻为信仰、富庶和品质。正中央白色绘有一个24根轴条的蓝色法轮，象征神圣之轮、真理之轮、进步之轮。

3. 国　花

莲花，象征出淤泥而不染，于污浊之世中保持高尚的佛教精神。

4. 国　鸟

孔雀，冠花似扇，身形优雅，尤其雄孔雀开屏求爱时的姿态，更是绚丽夺目，因而深受印度人钟爱。

5. 国　兽

老虎，因其动作优美、敏捷强壮、力大无比，而深得印度人民青睐。

二、文化习俗

（一）礼仪礼节

印度是一个十分讲究礼仪的国家，印度教徒见面通常行合十礼（与佛教徒一样）或举手，口中念道"纳玛斯代"（梵文原意为"向您点头"，现为"问好或祝福"），双手举的高度因对方辈分、地位的高低而有所不同，对特别受尊重的长者，见面的最高礼节是吻足或摸脚跟。

到印度教寺庙参观或印度人家中做客，进门应先脱鞋，鞠躬并行合十礼。对妇女不宜主动握手。厨房是神圣的地方，外人或未淋浴的家人不能入内。

印度人每日有必须淋浴的习俗，绝不在浴缸内洗澡，因为浴缸里的水是不流动的，因而也是不清洁的。富裕而有教养的家庭主妇做饭前必须淋浴并换上干净衣服。

印度人迎接客人时，喜欢将用茉莉花制作的花环挂在客人的脖子上，有的献上一束玫瑰花，还有的在贵宾的身上撒些花瓣，以示友好。

用右手拿食物、礼品、敬茶，绝不用左手，也不用双手。就餐时，印度教徒最忌讳在同一容器内取食。

过新年时，妇女们都要随身携带红粉去拜年，问好后，取出红粉点在对方前额上，祝福吉祥如意。

妻子送丈夫出远门，最高的礼节是摸丈夫的脚跟和吻脚。

（二）饮食服饰

1. 饮　食

印度人以大米为主食，口味特点是淡而清滑，喜爱辣味食物。北方地区多食用谷物、面包、肉类。南方地区多喜素食，以米饭和咖喱为主。等级越高的人越是喜欢素食，只有等级较低的人才吃各种肉类。

多数家庭中最基本的食品为米饭、家常饼、小扁豆、佐料及两三碟小菜。普通佐料是干青酸辣泡菜和香菜叶，轻易不用酱油和酱类调料，但离不开咖喱。

多数人有饮红茶、咖啡、酸奶的习惯。多数地区，尤其是穆斯林地区严禁饮酒。印度人还有饭前洗澡的习惯，进餐时切忌两人同时夹一盘菜。

2. 服　饰

一般百姓爱穿轻便、宽松的白色印式衬衣，或穿一件拖地的围裤，受过欧式教育的男士多穿西装。

无论男女，均爱好装饰，尤其是女性，经常佩戴鼻环、手镯、戒指、脚铃等。女性最流行的服装叫纱丽，是一块长约5—6米的长方形布料，样式、色彩、质地多种多样，不用裁剪，随意搭配，大多数妇女喜欢将纱丽搭在左肩上。纱丽的穿着方式不同，体现了穿衣者的地位、年龄、职业、地域及宗教信仰的差异。

（三）节日民俗

印度节日众多，其中比较大的就多达上百个，除了政治性、季节性、历史性节日外，宗教性节日最受人们重视。

1. 新　年

印度的新年是从10月31日起，共计5天，第四天为元旦。新年第一天，谁也不能对人生气，发脾气。有的地区，元旦早上，家家户户哭声不断，个个脸上涕泪横流，感叹岁月易逝、人生苦短。还有的地区以禁食迎接新一年的到来，从元旦早晨一直到午夜为止禁止进食。这些传统习俗被世人誉为"痛苦元旦"或"禁食元旦"。

新年期间，家家户户门前挂上各式各样的彩灯，通宵不息，晚7点左右每家每户还要举行敬神仪式，祈求吉祥天女降福，然后全家团聚，共吃节日大餐，燃放鞭炮，为此新年也称"灯节"，重视程度相当于中国人的春节。

2. 霍利节

印度教重要节日之一，也叫洒红节，在公历2—3月份、印历12月的望月举行。是依据古代印度的一个传说故事而来，为庆祝战胜女魔头霍利卡，并向与女魔头拼死决战、被烈火焚烧的英雄身上喷洒红水的节日，象征邪不侵正，多行不义必自毙。

节日期间，男人们换上洁白衣装，女人们披上艳丽的纱丽，清早走出家门，一路上敲锣打鼓，载歌载舞，互相祝贺。无论男女老少、熟人或是陌生人，经常是一盆红颜色的水劈头盖脑泼过来，有的人手持红色花粉，往脸上涂抹一气，即使汽车内的人，也难免遭遇"不幸"，雪白的衣裳不一会儿变成了色彩斑斓的花布衫，一直闹腾到深夜。

3. 杜尔迦节

印度教节日之一，也是西孟加拉邦最大的节日，每年 10 月初举行。主要是为了庆祝恒河女神杜尔迦下凡而举行的活动。届时要举行庙会、演戏、跳舞和游神等一系列活动。

位于三教圣城瓦拉纳西市有一座杜尔迦女神庙，但是庙内供奉的不是恒河女神，而是印度教大神之一湿婆妻子的神像。节日期间，教徒们杀羊举行祭祀。令人不可思议的是，庙内还栖息着数量众多的猴子，因此人们又称杜尔迦女神庙为"灵猴庙"。

4. 象头神节

顾名思义，是一个崇拜大象的节日，也是源于印度教的一个传说，节期在 9 月份。只不过这头大象长着象头，而身体却是人的身子。节日期间，人们把象头神的塑像先是摆在家里供奉几天，然后将神像抬到海边，在海滩游行，默默地祈祷，最后举行海葬。场面热烈而壮观，为此有人说："一个人如果没有看到象头神节，等于虚度一生。"

5. 十胜节

印度教重大节日之一，时间大约在 9—10 月份，连续庆祝 10 个夜晚。是为欢庆印度英雄、大神毗湿奴的化身罗摩历经千辛万苦，终于杀死十首魔王罗波那的节日。第 10 天晚上为节日的最高潮，也称"胜利的第十天"，人们在广场上竖起 3 个面目狰狞、丑恶可怕的纸人，象征罗波那和他的弟弟及儿子，在他们的肚子里面塞满了焰火或鞭炮。时辰一到，只见罗摩弯弓射出带有火焰的箭，正好射中罗波那等 3 个恶魔的肚子，随后纸人肚内的鞭炮焰火被引爆，3 个恶魔顿时四分五裂，灰飞烟灭。

6. 蛇 节

举办时间约在 7 月底至 8 月初，人们把蛇放在草地上，用牛奶、稻米、鲜花供奉，以示对蛇的虔诚、敬意和爱护之情。

（四）行为禁忌

印度人由于宗教信仰不同，禁忌也各不相同。

普通的忌讳有：出门或途中忌讳猫或蛇拦路，晚上也不能谈论蛇。

睡觉时忌讳头北脚南，民间传说阎罗王住在南方；节日或喜庆日子忌讳烙饼；父亲在世时，儿子头上不能缠着白头巾或剃头。

与人见面时，不可以触摸他人的头部，尤其是小孩子的头。

忌讳使用左手接递东西，也不可以用左手抓饭或给他人递送物品。

穆斯林严禁食用猪肉或使用猪的制品，禁酒，但可以食用牛肉。

印度教视牛为神，严禁食用牛肉，无论何时何地，对牛不可驱赶，鞭打，即使牛横行霸道，或者闯入农田吃毁农作物，光临食杂店等，一概不可干预，否则会招致"亵渎神明"之责，也不可当着印度人的面说牛以及猴子的坏话。

三、旅游资源

印度号称世界四大文明古国之一，几千年的文明积淀使其成为一个充满神奇色彩，扑朔迷离的国度，拥有异常丰富的旅游资源，尤以人文古迹为特色。

印度的旅游资源具有历史悠久、种类齐全、古迹繁多的特点，石窟、古塔、城堡、教堂、神庙、陵墓、古迹群、修道院、佛寺、公园、自然保护区等等，无一不备。

被列入《世界遗产名录》的有：泰姬陵；阿格拉古堡；阿旃陀石窟；埃洛拉石窟；科纳拉克太阳神庙；马纳斯野生生物保护区；加济兰加国家公园；默哈伯利布勒姆古迹群；盖奥拉德奥国家公园；果阿教堂和修道院；克久拉霍古迹群；法塔赫布尔•西格里、亨比古迹群；孙德尔本斯国家公园；卡朱拉霍神庙；帕塔达卡尔石雕群；象岛石窟；楠达德维和花卉山谷国家公园；桑吉佛教古迹；德里的顾特卜塔；德里的胡马雍陵墓；印度山区铁路；菩提伽耶大觉寺；比莫贝卡特石窟；贾特拉帕蒂•希瓦吉终点站；尚庞—巴瓦加德考古公园……

（一）旅游名城

1. 新德里——古今风貌并存的首都

"德里"一词来自波斯文，意思为"门槛"、"山冈"、"流沙"。人们习惯上把新旧德里统称为德里。新德里建于1911年，是一座既有现代气息又有古代风貌的花园城市。旧城已有3 000多年的历史，先后有7个王朝在此建都，留下了众多历史古迹。

1947年独立后，这里就成为了全国政治、经济、文化中心和交通枢纽。德里最重要的人文景观有红堡、阿育王柱、顾特卜塔、总统府、甘地陵、尼赫鲁纪念馆、贾玛清真寺、国家博物馆等。

红堡：坐落于新德里，紧邻亚穆纳河，是莫卧儿帝国时期的皇宫，印度最大的故宫。从沙杰汗皇帝时代开始，莫卧儿首都从阿格拉堡迁于此。红堡属于典型的莫卧儿风格的伊斯兰建筑，因整个建筑主体呈红色而得名红堡，与阿格拉市的红堡齐名。

阿育王柱：距离红堡不远处的阿育王石柱，高高地耸立在一座古堡之上，石柱高达近13米，底部直径约1米，重27吨，石柱表面原为镏金，目前已脱落，这一石柱于19世纪出土，被视为印度民族精神的象征。

顾特卜塔：1193年由奴隶王朝第一个国王顾特卜德丁•艾巴克开始建造而得名，后由其继承人于13世纪完工。塔高近73米，底层高29米，使用红色砂岩建成。塔身上镌刻着阿拉伯文的《古兰经》经文及各种花纹图案，塔内有台阶397级，可直达塔顶悬台，属于印度教文化与伊斯兰教文化相互融合的产物。

2. 孟买——美丽的海湾

位于印度西海岸，城市名意为"美丽的海湾"，印度的第二大城市，最大的港口城市，工业、金融中心，因每年电影出产量大，还被称为"印度的好莱坞"。

著名的旅游景观有威尔士亲王博物馆、花神泉、孟买门等。其中孟买门又名印度门，与法国凯旋门极为相似，是印度标志性的建筑，顶部还建有四座高耸的塔楼。这里是游客必到之地，也是政府迎接各国贵宾的重要场所。

孟买附近海域中的象岛上，有四座在岩石上开凿出的印度教寺庙。焦伯蒂海滩是孟买市民夜间散步的最佳去处，摊贩云集，出售各种水果或纪念品，也是举行象神祭奠的重要场所。

3. 瓦拉纳西——三教圣地

印度北方邦的一座城市，坐落在恒河西岸，被视为印度最古老最神圣的城市，圣城中的圣城，不仅是印度教的圣地，也是佛教及耆那教的圣地。

印度教徒人生四大夙愿中首要一条就是居住在瓦拉纳西，或一生中至少要去瓦拉纳西朝拜一次，如果死后能在瓦拉纳西升天，死也瞑目。因为他们笃信恒河水纯洁无比，能消除任何污秽，尤其是在瓦拉纳西这个最神圣的地方，死后骨灰能撒在河水中，就可直接升入天堂（距离天堂最近的地方），免受轮回之苦。

瓦拉纳西据说也是佛教圣地，当年释迦牟尼就在瓦拉纳西西郊的鹿野苑开始了修炼，终于修成正果，得道成佛，初转法轮，因此这里也是佛家弟子们向往的圣地之一。

此外，瓦拉纳西据说也是耆那教两位教长（长老）的出生地，因而也被耆那教奉为圣地。

4. 斋普尔——粉红色城市

印度拉贾斯坦邦的首府，距离德里西南约 260 千米，曾是 300 多年前一个土邦王国的旧都，是一座由红色和粉红色砂岩建造的城市，因此有"粉红色之城"的称谓。

整个城市拥有庄严肃穆的宫殿，五彩缤纷的集市，处处弥漫着浓厚的中世纪的气氛。城内闻名遐迩的"风宫"是一座五层楼高的建筑，数百扇窗户设计得十分巧妙，当年土邦王建造这座宫殿的初衷是为了让王后们观赏繁华街道的风景。今天，无论是身着艳丽纱衣、披金戴银、优雅俏丽的女士，还是裹着头巾、满脸络腮胡须的威武男士，都会让游人感受到浓郁的异域风情。

5. 乌代浦尔——多湖之城

与斋普尔同属拉贾斯坦邦，被誉为印度境内最富风情的美丽城市之一，与周围那些干旱的地区相比，在群山环绕当中，那高耸的充满神话色彩的白色大理石建造的宫殿，碧波荡漾的湖泊，五颜六色的花园，庄严肃穆的寺庙，如同镶嵌在戈壁荒漠中的一块绿洲。

乌代浦尔最引人入胜的景观是一座水上宫殿，被视为世界上最美的宫殿之一，如同在碧绿的宝石般的湖面上升起的白色奇迹。这座完成于 1754 年的石头建筑，是当地最耀眼的招牌和设计典范，如今被改建成一座豪华的大酒店，吸引着来自国内外的无数旅游者。

6. 加尔各答——东部最大城市

印度最大城市，为西孟加拉首府，印度的主要港口和重要铁路、航空枢纽。1912 年前，这里曾是英属印度的首府，留下了许多历史性建筑，如著名的威廉要塞、维多利亚纪念馆、伊甸花园、印度博物馆、哥特式建筑的保罗大教堂以及东方最大的跑马场等。

（二）旅游名胜

1. 泰姬陵——世界七大建筑奇迹之一

全称"泰姬·玛哈尔陵"，莫卧儿帝国时期著名的建筑。位于印度北方邦的阿格拉城内、亚穆纳河右岸，是莫卧儿帝国第五代皇帝沙杰汗为其死去的爱妃修建的陵墓，于公元1631年始建，1653年竣工。

泰姬·玛哈尔美貌聪慧，多才多艺，19岁时嫁给沙杰汗为妃，沙杰汗登上皇位后，泰姬自然而然成为了集三千宠爱于一身的皇后。自古红颜多薄命，上天嫉妒貌美人，1631年泰姬在陪同沙杰汗出巡途中，因生第十四个孩子时难产而死，年仅39岁，临死前要求沙杰汗为其建造一座人世间最美的陵墓。

整个陵墓由殿堂、钟楼、尖塔、水池等构成，全部使用白色大理石建造，用玻璃、玛瑙镶嵌，绚丽夺目，洁白晶莹，是伊斯兰建筑的代表作，被印度大诗人泰戈尔称为"永恒面颊上的一滴眼泪"，被世人誉为世界七大建筑奇迹之一、举世瞩目的爱情丰碑、大理石之梦、浪漫和美丽的化身。

泰姬陵建成以后的第十年，沙杰汗的第三个儿子奥朗则篡夺了王位，把父亲囚禁起来，几年后沙杰汗抑郁而死，死后附葬于泰姬陵内。

2. 阿格拉堡——北方邦旅游胜地

历史名城，以古迹众多而著称。阿格拉在历史上曾是印度的首都，1526年印度历史上著名的莫卧儿王朝曾定都于此。阿格拉堡与世界其他城堡一样，具有宫殿和堡垒的双重功能，城堡周围的护城河长2.5千米，城墙高20余米，因为整个建筑材料均采用临近出产的红色砂岩，因此又称红堡。

3. 金庙——锡克教圣庙

金庙是印度锡克教最神圣的庙宇，位于印度西北部旁遮普邦的阿姆利则市。锡克教糅合了伊斯兰教和印度教的某些教义，反对种姓制度、祭司制度和偶像崇拜，不主张苦行和消极遁世。

1574年，锡克教的第四代领袖在阿姆利则发现了一泓泉水，这位虔诚的锡克教徒认为这水具有无限的神力，而泉水周围是建造庙宇的风水宝地，于是他买下了这块宝地。第五代锡克教领袖继承了前任的遗志，在这块希望的土地上建造了庙宇，历经12年的辛勤劳作，1601年，一座体现锡克族人民智慧和聪明才智的举世瞩目的宗教建筑——金庙矗立在苍茫的天宇之下了。

金庙总面积约有10公顷，整个建筑为长方形，呈乳白色，有大小19个贴金大圆顶，所以号称"金庙"。庙宇完全掩映在苍翠高大的菩提树、榕树丛中，远眺酷似一座绿色山庄，近看犹如白色城堡。

金庙内有一个长方形、平如镜面的深绿色湖泊，湖中央屹立着一座两层楼高的正圣殿，圣殿的一楼存放着锡克教10位祖师的经典，二楼存放着善男信女赠送的琳琅满目的珠宝。

4. 胡马雍陵——伊斯兰教与印度教建筑典范

位于德里东部的穆纳河畔，是莫卧儿王朝第二代皇帝胡马雍的陵墓，也是伊斯兰教与印度教建筑风格的典型结合，共安放莫卧儿王朝六个帝王和一个王妃的石棺。陵墓位于德里东南郊亚穆纳河畔，坐落在一个宽敞的大院内，规模宏大。主体用红色砂岩建成，白色大理石屋顶，胡马雍的石棺在寝宫中央。1993 年被列入《世界遗产名录》。

5. 阿旃陀石窟——艺术宝库

位于印度西南部马哈拉斯特拉邦，"阿旃陀"一词源于梵文，意为"无想"、"无思"。石窟最早开凿于公元前 2 世纪，此时正值印度历史上的孔雀王朝阿育王时期，前后凿造时间达上千年。公元 7 世纪，佛教在印度逐渐衰落，开凿石窟的锤声也逐渐消失，直至石窟被废弃。1819 年，英国的马德拉斯军团士兵因追逐老虎进入山谷，发现了阿旃陀石窟。石窟共有 29 窟，其中 25 窟是僧房，其余 4 窟为佛殿，内有大量精美绝伦的石雕和壁画，其题材以宣扬佛教内容为主，少部分反映古代印度宫廷及人民生活。阿旃陀石窟既是古印度的佛教圣地，又是南亚佛教石窟的代表性建筑。

6. 科纳拉克太阳神庙——古印度历史文化的象征

神庙耸立在孟加拉湾荒凉的沙滩上，曾经是一座相当宏伟壮观的宗教圣殿，印度 13 世纪婆罗门教最著名的圣殿之一，无数虔诚的婆罗门教徒在这里顶礼膜拜，祈求太阳神赐予他们平安和幸福。

走进神庙大院，迎面是青石砌成的宽敞大厅，雄伟的墙基巍然屹立，粗大的石柱昂首苍天，墙壁上雕刻着人们载歌载舞的欢快场面，人物形象姿态万千，神情各异，栩栩如生。

神庙主殿的造型十分奇特，它是由一辆巨大的战车所组成的圣殿，墙壁厚达 2 米，全部使用红褐色石头雕砌而成。整个战车长 50 米，宽 40 米，共 24 个车轮，每个车轮直径约 2 米，七匹战马奋蹄长嘶，跑在最前面的那匹马的铁蹄下践踏着一名垂死的武士。七匹战马表示一个星期有 7 天，24 个车轮表示一天有 24 个小时。墙壁四周刻满的是首尾相接的 2 000 头大象。

庙门两侧的墙边各有一尊黑石雕成的太阳神：正面是创造之神梵天，代表朝阳；两侧是保护之神毗湿奴，代表正午的太阳以及破坏和再造之神湿婆，代表夕阳。每天清晨，从海上升起的朝阳把第一束和煦的阳光照射在主殿的太阳神头上，然后太阳围绕神庙一周，始终照射在这三尊婆罗门教主神身上。1984 年神庙被列入《世界文化遗产名录》。

（三）旅游名区

1. 加济兰加国家公园——动物天堂

位于印度东北部阿萨姆邦的中心地带，坐落在布拉马普特拉河谷，每年 11 月到次年 4 月对外开放，公园内没有村庄，游人需乘车游览。加济兰加被誉为"动物的天堂"，是印度最早建立的国家公园。

园内最著名的景观是印度独角犀牛，它是印度半岛上最凶猛的动物。尽管是一种食草动物，但体积庞大，就连老虎、大象见到它也要退避三舍，因此在这里几乎没有任何天敌。犀牛角是一味名贵的中药，甚至有人认为服用犀牛角粉末茶水，可以长生不老，返老还童。因此犀牛角的价格也扶摇直上，远远高于黄金价格，在高额利润驱动下，犀牛几经惨遭捕杀，几近灭绝。

园内除了独角犀牛外，还分布着许多其他动物，如大象、野牛、长毛熊、老虎、鹿以及上百种候鸟。

游人可以享受骑象的乐趣，观看大象盛装表演、大象足球赛等。

2. 恒河——印度文明的摇篮

恒河发源于喜马拉雅南坡，流经印度北部和中部地区，全长2 700千米。仅从长度上看，恒河不值一提，但它闻名于世。恒河用它丰沛的河水灌溉着两岸的土地，哺育着勤劳朴实的人民，创造出灿烂的印度文明。

如今，恒河中上游是印度经济最发达、人口最稠密的地区，印度人民尊称恒河为"圣河"、"印度的母亲河"。

在印度教徒的心目中，恒河水可以洗涤罪孽，净化灵魂，为求死后灵魂被引渡到彼岸世界，全国各地的朝圣者络绎不绝，不辞辛苦万里迢迢来到河边洗浴，并在河边完成人生最后的夙愿，将骨灰撒在水中，直接升入天堂，免受轮回之苦。尤其是在瓦拉纳西，恒河被教徒视为最接近天堂的地方——"天堂的入口"。

3. 孙德尔本斯国家公园——最美的森林

孙德尔本斯的原意就是"最美的森林"，这一坐落于恒河三角洲的自然保护区，早在1987年便被列入《世界自然遗产名录》。这里拥有世界最大的水上红树林带，面积达上百万公顷。被称为红树林，是因为能从树皮中提炼红色的染料。

红树林最大的特点是生长在水面上，是地球上最奇妙的生物群落，生长于泥泞的潮间带，日复一日地经受着潮起潮落的冲刷，因此有"潮汐林"的称谓。

红树林是一种胎生植物，当种子没有离开母体时就已经在果实中萌发，发育到一定程度，掉落到泥泞的海滩淤泥里，几个小时就可以扎根长出新的植株。此外，园区内还生活着大量的野生动物，其中最为珍贵的是孟加拉虎。

小 结

文明大国古印度，独踞南亚次大陆，宗教工厂名无愧，世界遗产难计数。国旗色彩橙白绿，孔雀莲花国兽虎。双手合十宗教礼，点头YES不算数。禁食痛哭迎新年，岁月流逝人生苦。动物崇拜何其多，黄牛猴子蛇老鼠。

浇灌文明恒河水，爱情丰碑泰姬陵，首都德里是中心，瓦拉纳西圣中圣。阿格拉堡胡马雍，阿育王柱是象征。乌代浦尔多湖城，水上宫殿最有名。最大清真贾马寺，暗红城堡是故宫。第二大城叫孟买，商业金融之都城，城市地标孟买门，法国凯旋是孪生。

本章小结

亚洲是我国最重要的洲际客源市场，尤其是东亚的韩国、日本、蒙古，东南亚的新加坡、马来西亚、菲律宾、印尼、泰国、越南，南亚的印度等国家，对于我国而言客源地位举足轻重。

重点把握这些国家的基础概况，如礼仪礼节、饮食习俗、民族风情、宗教信仰、行为禁忌、旅游资源等，有助于加深对其旅游需求的了解，进而提供针对性的接待与服务，赢得市场的占有率和美誉度。

亚洲享誉世界的旅游岛屿及特色景观；亚洲名扬天下的古代建筑。没有任何历史古迹的新加坡何以成为世界性的旅游胜地？亚洲人对头、手、脚以及寺庙的理解；详尽了解韩国、日本国旗和国花的寓意。

《中国旅游客源国概况》（王兴斌）、《世界旅游地理》（孙克勤）、《客源地概况》（张金霞）、《客源国概况》（李志勇）、《中国旅游客源国与目的地国概况》（胡华）、《游遍世界》（上、中、下）、《世界文化与自然遗产》（上、中、下）。

第三章
欧洲客源国概况

学习目标

　　欧洲位于东半球的西北部，亚洲的西面。北临北冰洋，西濒大西洋，南隔地中海与非洲相望，东以乌拉尔山脉、乌拉尔河、大高加索山脉、博斯普鲁斯海峡、达达尼尔海峡同亚洲分界，西北隔格陵兰海、丹麦海峡与北美洲相对。面积 1 016 万平方千米，约占世界陆地面积的 6.8%，超过大洋洲，是世界第六大洲。欧洲旅游区有 45 个国家和地区。按地理方位，通常把欧洲旅游区分为北欧、南欧、西欧、中欧和东欧等五个部分。欧洲客源国是我国仅次于亚洲客源国的重要客源市场。作为东亚地区的重要目的地，中国在欧洲游客的远程旅游中扮演着重要角色。20 世纪 90 年代中期以来欧洲各国来华旅游，除 2008年受欧洲金融危机的影响出现负增长外，其他年份均平稳增长，其旅游人数占来华旅游者的比例在 20% 以上，形成了英、法、意、俄等主要客源国，其中英、德、法、俄是我国四大较稳定的客源国，特别是俄罗斯，跃居为我国四大客源国之列，尤以远东地区游客为多，边境旅游占有较大比重，且以购物为主，而住在游船上仅前往我国沿海口岸观光购物的游客也占有一定比例。

　　本章应重点掌握欧洲主要国家的旅游环境及旅游环境与旅游的关系；熟悉了解各主要国家的民俗风情；把握主要国家旅游热点的基本特征；学会设计经典旅游线路。

第 一 节　俄罗斯——跨洲大国

　　俄罗斯联邦简称俄罗斯，其国名源于中世纪的罗斯。俄罗斯是一个古老的国家，其祖先为东斯拉夫人，公元 6 世纪，一些东斯拉夫人的部落联合成立了基辅公国或"基辅罗斯"。到公元 9 世纪初，基辅罗斯联合了几乎一半的东斯拉夫部落，成立了一个大国。13世纪初，成吉思汗在统一蒙古各部落后，开始征服邻近各国，先后征服了罗斯全境、波兰和匈牙利，由其长子建立了"金帐汗国"。从 1240 年到 1480 年，蒙古鞑靼人统治罗斯各公国长达 240 年之久，使罗斯的经济、文化远远落后于西欧。1917 年 2 月革命（公历 3月），沙皇专制制度被推翻，取得了资产阶级民主革命的胜利，成立了资产阶级临时政府。同年 11 月 7 日（俄历 10 月 25 日），以列宁为首的布尔什维克领导工人、水兵和士兵举行武装起义，攻占临时政府所在地冬宫，取得了十月革命的胜利，建立了俄罗斯苏维埃联邦社会主义共和国。第二次世界大战期间，苏联人民在斯大林的领导下，英勇奋战，付出了巨大牺牲，为反法西斯战争作出了巨大贡献。1991 年 12 月 21 日，独立国家联合体成立，俄罗斯联邦成为独立国家，并在国际上成为苏联的继承者。

一、国情概述

（一）位置、面积与人口

1. 位 置

俄罗斯位于欧洲的东部和亚洲的北部，东濒太平洋，西临波罗的海，西南连黑海，北靠北冰洋。东西时差 11 个小时。濒临 12 个海，此外还有一个内海。共有邻国 16 个，陆地邻国西北面有挪威、芬兰，西面有爱沙尼亚、拉脱维亚、立陶宛、波兰、白俄罗斯，西南面是乌克兰，南面有格鲁吉亚、阿塞拜疆、哈萨克斯坦，东南面有中国、蒙古和朝鲜。东面与日本和美国隔海相望，海岸线长 37 653 千米。

2. 面 积

领土面积 1 707.54 万平方千米，占苏联领土面积（2 200 万平方千米）的 76%，东西最长为 9 000 千米，南北最宽为 4 000 千米，是世界上领土面积最大的国家。

3. 人 口

俄罗斯人口 1.431 亿（截至 2012 年 4 月 1 日），城市人口占全国的 73%。人口密度 8.3 人/平方千米。

（二）民族、语言和宗教

1. 民 族

俄罗斯共有民族 150 多个，大的民族人口过亿，小的民族人口不足 1 000 人。俄罗斯族是国内最大的民族，占全国人口总数的 79.8%。其他少数民族中，人口超过 50 万的有 15 个，鞑靼族是全国人口最多的少数民族，有 550 万，主要居住在中伏尔加河流域的鞑靼斯坦共和国及周边地区。其他比较大的民族有乌克兰族、楚瓦什族、巴什基尔族、白俄罗斯族、摩尔多瓦族、日耳曼族、乌德穆尔特族、马里族、哈萨克族等。车臣族是俄罗斯联邦境内第五大少数民族，信奉伊斯兰教，主要居住在北高加索地区的车臣共和国境内。目前，俄罗斯设有 21 个共和国、9 个边疆区、46 个州、莫斯科和圣彼得堡 2 个联邦直辖市、1 个自治州、4 个民族自治区。

2. 语 言

俄语是俄罗斯联邦的官方语言，属于印欧语系。各共和国有权规定自己的国语，有 30 多种语言，并在该共和国境内与俄语一起使用，全国 89% 的居民讲俄语。目前俄语是四个独联体国家的官方语言。俄语是世界上最大的语种之一，使用人数仅少于汉语和英语。它是联合国规定会议使用的工作语言之一，在国际事务中发挥着重要作用。

3. 宗 教

俄罗斯原始宗教是多神教。现今俄罗斯主要教派是东正教，其次为伊斯兰教。俄居民 50%—53% 信奉东正教，10% 信奉伊斯兰教，信奉天主教和犹太教的各为 1%，0.8% 信奉佛教，其余信奉其他宗教。

东正教对俄罗斯文化影响深远，其宗教思想已经渗透进日常生活，成为传统思想的组成部分。以宗教为媒介传入俄罗斯的还有拜占庭的宗教艺术和希腊文化。在俄罗斯建有大批的拜占庭风格的教堂建筑，教堂内汇集了大量精美的宗教题材的圣像画、壁画、镶嵌画和雕塑等艺术作品。在语言文字方面，9 世纪希腊传教士西里尔兄弟创制了一套字母，记录斯拉夫语，翻译和编撰宗教文献，现代俄语字母正是由此发展而来的，故又称为西里尔字母。

除东正教外，俄罗斯各民族信仰的宗教还有伊斯兰教、萨满教、佛教（藏传佛教）、犹太教等。信仰伊斯兰教的主要是分布在中亚和高加索地区的一些民族。萨满教是一种原始宗教，多神崇拜是其主要特征之一。"萨满"一词为通古斯语的音译，意为"巫"。萨满主持祭祀，并为人"驱邪治病"。信仰萨满教的主要是西伯利亚和北部的一些民族。信奉佛教（藏传佛教）的主要有卡尔梅克人、东布里亚特人等，而信仰犹太教的是一些移居俄罗斯的犹太人。

（三）国家标志及释义

1. 国　旗

俄罗斯联邦的国旗采用传统的泛斯拉夫色，旗面由三个平行且相等的横长方形组成，由上到下依次是白、蓝、红三色。旗帜中的白色代表寒带一年四季的白雪茫茫，蓝色代表亚寒带，又象征俄罗斯丰富的地下矿藏和森林、水力等自然资源，红色是温带的标志，也象征俄罗斯历史的悠久和对人类文明的贡献。三色的排列显示了俄罗斯幅员的辽阔。但另一方面，白色又是真理的象征，蓝色代表了纯洁与忠诚，红色则是美好和勇敢的标志。三色旗来自 1697 年彼得大帝在位期间所采用的沙皇俄国的旗帜。1883 年 5 月 7 日，这面旗帜正式成为俄国国旗，1917 年十月革命后三色旗被取消。1991 年 8 月 21 日，这面旗帜再次被采用，成为独立的俄罗斯联邦的国旗。

现在的俄罗斯国徽是一个盾徽：红盾上饰一只金色双头鹰，头上是彼得大帝的三顶皇冠，鹰爪上的权杖和金球象征皇权，鹰的胸部是一只小红盾，盾中间是一位白马勇士。

2. 国　花

俄罗斯国花为葵花。

3. 国鸟、国树、国兽

国鸟——双头鹰。

国树——白桦树。白桦树在东斯拉夫人的神话传说中是神圣的树，在俄罗斯人的心目中是祖国、故乡的象征。

国兽——熊。它是俄罗斯的图腾崇拜，被视为俄罗斯的森林之王。它比喻身强体壮、心地善良的人。

4. 国　歌

《俄罗斯，我们神圣的祖国》。

二、文化习俗

（一）礼仪礼节

在人际交往中，俄罗斯人素来以热情、豪放、勇敢、耿直而著称于世。在交际场合，俄罗斯人惯于和初次会面的人行握手礼。但对于熟悉的人，尤其是在久别重逢时，他们则大多要与对方热情拥抱。亲吻也是俄罗斯人的重要礼节。在比较隆重的场合，男人要弯腰亲吻女子的右手背。

迎接贵宾时，俄罗斯人通常会向对方献上"面包和盐"。这是给予对方的一种极高的礼遇，来宾必须对其欣然笑纳。

称呼方面，在正式场合，也采用"先生"、"小姐"、"夫人"之类的叫法。在俄罗斯，人们非常看重人的社会地位。因此，对有职务、学衔、军衔的人，最好以其职务、学衔、军衔相称。依照俄罗斯民俗，在用姓名称呼俄罗斯人时，可按彼此之间的不同关系，具体采用不同的方法。只有与初次见面之人打交道时，或在极为正规的场合，才有必要将俄罗斯人的姓名的三个部分连在一起称呼。

良好的文化素质使俄罗斯人非常重视仪表、举止。在社交生活中，俄罗斯人总是站有站相，坐有坐姿。站立时保持身体正直。等候人不论时间长短，都不蹲在地上，也不席地而坐。同时，他们在社交场合还忌讳剔牙等不良动作。参加俄罗斯人的宴请时，宜对其菜肴加以称道，并且尽量多吃一些。用餐之时，俄罗斯人多用刀叉。他们忌讳用餐发出声响，并且不能用匙直接饮茶，或让其直立于杯中。通常，他们吃饭时只用盘子，而不用碗。俄罗斯人将手放在喉部，一般表示已经吃饱。

（二）饮食服饰

1. 饮 食

在饮食习惯上，俄罗斯人讲究量大实惠，油大味浓。他们喜欢酸、辣、咸味，偏爱炸、煎、烤、炒的食物，尤其爱吃冷菜。总的讲起来，他们的食物在制作上较为粗糙一些。

面包是主食。面包种类多，风味俱全，且形状各式各样，最普通的面包被称为"巴顿"，其次是黑面包。俄罗斯人喜欢黑面包胜过白面包。古往今来，俄罗斯人将面包和盐作为迎接客人的最高礼仪，以表示自己的善良慷慨，而且这种传统待客的风俗已经作为俄罗斯国家的迎宾礼。每当外国首脑来访，俄罗斯姑娘便端着新出炉的面包和盐款款走上前，请客人品尝。

"第二面包"——土豆。俄罗斯人喜爱吃土豆。据统计，每年人均土豆消费量为100多千克，几乎与粮食制品的消费量差不多。土豆、白菜、胡萝卜和洋葱头是普通人的看家菜，一年四季不断。

一日三餐肉奶多。俄罗斯人多吃肉奶与其寒冷气候有关，肉奶中所含的卡路里高，脂肪厚了可以抵御严寒。

伏特加情结。俄罗斯人爱喝伏特加和啤酒，特别是对具有该国特色的烈酒伏特加更是情有独钟。每年的伏特加消费量为人均18升，远远超过了"饮酒大国"瑞典和芬兰。当然，这也滋生了酗酒问题。

俄罗斯人很能喝冷饮。饮茶也是俄罗斯人的嗜好，尤其是喝红茶，但其饮茶习惯与中国人不同，茶水中一般要放糖，也有放盐的，喝茶时还就着果酱、蜂蜜、糖果和甜点心。此外，他们还喜欢喝一种叫"格瓦斯"的饮料。俄罗斯人大名远扬的特色食品还有鱼子酱、酸黄瓜、酸牛奶等。吃水果时，他们多不削皮。

2. 服饰礼仪

俄罗斯人大都讲究仪表，注重服饰。整体的穿衣风格是整洁、端庄、高雅、和谐。主要穿衣特点为：

女士穿裙。俄罗斯妇女有一年四季穿裙的传统，尤其在交际、应酬的场合，女士都穿裙，穿长裤被视为对客人的不尊重。

崇尚皮装。皮衣色彩丰富，款式新颖别致，且有皮帽、皮围巾、皮手套与之匹配。

注重服装的长短。寒冷地区冬季多选长装，尤其是女性。至于男士，全凭个人喜好，不苛求统一。

在俄罗斯民间，已婚妇女必须戴头巾，并以白色为主；未婚姑娘则不戴头巾，但常戴帽子。

（三）节日风情

俄罗斯节日繁多，有政治的节日、宗教的节日，全国的节日、地方的节日，还有国民经济各部门和武装力量各兵种的节日。

1. 大众化节日

独立日：即国庆节，6月12日。

新年：12月31日—1月3日，是俄罗斯人心目中最传统的节日。

圣诞节：12月25日。但比西方国家气氛平淡。1月7日是东正教的圣诞节，是举家团聚，共同庆贺的日子。

胜利节：胜利节定在5月9日。这是苏联时期卫国战争胜利纪念日，是战胜德国法西斯的纪念日。俄罗斯独立之后保留了这个节日，并改称为胜利节。每年这一天，莫斯科都要举行隆重的集会和阅兵式庆祝胜利。国家领导人前往红场的无名烈士墓前敬献花圈，进行哀悼。夜晚，莫斯科和各英雄城市鸣放礼炮，纪念死难者。同时，燃放焰火，庆祝反法西斯战争取得伟大的胜利。

2. 特殊性节日

行业性节日在俄罗斯很多。几乎各行各业的人都有自己的节日。比如：宇航节——4月12日；印刷节——5月5日；无线电节——5月6日；边防战士节——5月28日。这类节日中：一部分具有全国性质，有固定日期，一般是在与其邻近的休息日举行庆祝活动；一部分只具有地方性质，在某种行业最为发达和有历史传统的地方才有重要意义；一部分则没有固定日期。这类节日的庆祝活动包括两部分，即庆典和群众性娱乐。

三圣节：三圣节在复活节后第50天，又称圣降灵节，是东正教中的一个重大节日，和斯拉夫人的悼亡节结合在一起，民族色彩浓重，流传很广，是俄罗斯民间最重要的夏季节日，最受青年人喜欢。节前，屋内外、院内外和街道上都收拾得干干净净、整整齐齐，家家房前都摆着桦树，室内也用桦树枝装饰起来。姑娘们成群结队到森林里去采集各种药草。节日这天，青年们从教堂出来后，吃点儿饭，稍事休息，就聚在一起到林中去编织花环，游戏，跳圆圈舞并把编好的花环挂到桦树上，放声高歌，然后各自回家。这是庆祝活动的第一部分，称为编花环。此外，要烧篝火，准备一定的菜肴，如鸡蛋、火腿、奶酪、酸奶以招待客人。第二部分是解花环。一个星期后，人们重新聚到同一空地上，唱歌，游艺，跳圆圈舞，然后开怀大吃。吃饱喝足之后，从桦树上取下节日那天编织的花环，戴在头上，而后做个木偶，并将其穿戴起来，称为伊凡·古巴拉。大伙儿载歌载舞，欢乐地走到附近的江、河、湖、塘边，把伊凡·古巴拉扔入水中，接着把花环也扔入水中。在扔花环入水时，还伴有"猜猜看"游戏。谁的花环沉入水底，谁心中的愿望就能实现。

　　送冬节（谢肉节）：新年后第二个最热闹的节日是送冬节。送冬节是四季节日之一，节期约在 2 月末、3 月初，为时一周。送冬节的前身是古斯拉夫人的春耕节。人们认为冬去春来是春神雅利洛战胜严寒和黑夜的结果，因此每年 2 月底 3 月初都要举行隆重的送冬迎春仪式。人们用烤成金黄色的圆形小薄饼祭祀太阳，晚上则燃起篝火，烧掉用稻草扎成的寒冬女王像。人们以此欢庆经过漫长的严冬，明亮的太阳又开始为大地送来温暖。节日期间吃黑麦烤制的犁形、耙形大面包。第一天播种时，人们带着面包、盐和鸡蛋下地，当牛马犁出三条垄沟时，人们吃掉一部分面包和盐，其余的喂牛马。又把鸡蛋埋入土中，表示祭祀大地，祈求保佑。东正教传入俄罗斯后，无力取消这一异教的民间节日，只好把春耕节改称谢肉节，节期安排在春季大斋前一周。教会把这一周称为无肉周或干酪周，因为在这一周里人们仍然可以吃荤食或乳制品，这一周过后，进入大斋期，人们将不得吃肉食和乳制品，故称谢肉节，意为大斋之前向肉食告别。谢肉节持续 7 天，每天各有其名，庆祝方式不尽相同。星期一为迎春节。家家户户煎制圆薄饼，作为节日的必备食品，吃时佐以鱼子、酸牛奶等。星期二为始欢节。人们邀请亲朋好友家的未婚姑娘和小伙子们一起娱乐，为他们牵线搭桥，提供挑选意中人的机会。星期三为宴请日，岳母宴请女婿。星期四为狂欢日，庆祝活动达到高潮。人们在大街上举行各种狂欢活动，开怀吃喝，尽情欢乐。星期五为新姑爷上门日。新女婿宴请岳母及其家人吃薄饼。星期六为欢送日。人们载歌载舞，把象征寒冬女神的草人用雪橇送往村外烧毁，在这一天新媳妇要拜访丈夫的姐妹。星期日为宽恕日。人们走亲访友，拜访邻里，请求他人原谅自己的过错。60 年代末，苏联政府将这个节日改为送冬节，又叫俄罗斯之冬狂欢节。节日的古老习俗和宗教意义都淡化了。但这个节日仍然是俄罗斯人的重要节日，象征太阳的圆薄饼依然是节日的必备食品，节日期间跳的圆圈舞依然是俄罗斯最主要的民间舞蹈形式。节日里，各地还举行化装游行，彩车上载着人们装扮的寒冬女神、俄罗斯三勇士等神话中的人物，人们载歌载舞送别寒冷的冬天，迎接温暖的春天。

　　桦树节：四季节日的第二个节日是桦树节，节期在俄历每年 6 月 24 日。桦树节源自古代的夏至节。夏至节本在 6 月 22 日，这一天太阳在空中达到最高点，此节日带有太阳崇拜的色彩。在农村，此时夏季来临不久，农民辛劳一春，稍得清闲，因此要欢庆一番。民间的庆祝活动体现了水火崇拜。人们身着节日盛装，头戴花环，围着篝火唱歌跳舞。有人从篝火上跳过，或烧掉旧衣服，以消灾辟邪，强身祛病。人们还把桦树枝与祭品一起投入湖中，祈求神灵保佑丰收。少女们将点燃的蜡烛放在花冠上，放进河水中，谁的蜡烛燃得最久，谁就被视为将来最幸福的人，她们还按照花环漂动的方向占卜自己的婚事。古代，俄罗斯过夏至节时还要到森林中寻找两株距离很近的小白桦树做祭祀用。有的地方则有用花环、彩带装饰一株小白桦的风俗。后来东正教把夏至节与圣三主日结合在一起，将时间改在 6 月 24 日，因为东正教在这一天纪念施礼约翰诞辰。节日期间教堂用桦树枝装饰起来，教徒们也手持桦树枝来做礼拜。民间还把这一天看做悼亡节，都要去上坟。夏至期间正是草木繁盛、气候宜人的季节，人们都在户外举行欢庆活动，特别是青年人，因此到了苏维埃时期夏至节变成了苏联青年节。这一天欢庆又离不开桦树，于是从 1964 年起又被称为桦树节，或者"俄罗斯小白桦节"。白桦树成为俄罗斯民族的象征是有其历史渊源的。11—15 世纪，许多古罗斯文献就是刻写在桦树皮上的。不少俄罗斯作家都怀着深厚的感情描写过白桦树。在俄罗斯人看来，桦树是那么秀美，挺拔。桦树节的时候，家家户户都用桦树枝、矢车菊、铃铛装饰房间。节日里还要举行联欢会，女主持人被称为"小白桦"，还有化装游行，游行队伍簇拥着桦树，真是处处有白桦树。

诗歌节：6月6日是俄罗斯伟大的诗人——普希金的诞生日。这天，成千上万的人聚集在一起，参加诗歌节纪念仪式和赛诗会。全国各地也都举行形式多样的纪念活动。

（四）行为禁忌

俄罗斯人忌讳的话题有政治矛盾、经济难题、宗教矛盾、民族纠纷、苏联解体、阿富汗战争，以及大国地位问题。

俄罗斯人视"葵花"为国花，最讨厌"13"这个数字，最忌讳13个人聚在一起，而数字"7"却意味着幸福或成功。黑色表示肃穆、不祥或晦气。镜子被视为"神圣物品"，打碎镜子意味着个人生活将出现疾病和灾难，打翻盐瓶、盐罐是家庭不和的预兆，但打碎盘、碟子则意味着富贵和幸福。俄罗斯人都有两个神灵，左方为凶神，右方为善良的保护神，因此学生忌用左手抽考签，熟人见面不能用左手握手，早晨起来不可左脚先着地。

在俄罗斯，被视为"光明象征"的向日葵最受人们喜爱，被称为"太阳花"，并被定为国花。拜访俄罗斯人时，送给女士的鲜花宜为单数。在数目方面，俄罗斯人最偏爱"7"，认为它是成功、美满的预兆。对于"13"与"星期五"，则十分忌讳。

尊重女子是俄罗斯的社会风尚，女士优先显示了俄罗斯绅士的风度。男士吸烟要先得到女士们的同意，让烟时不能单独递一支，要递上一整盒，相互点烟时，不能连续点三支。俄罗斯人喜欢结交朋友，待人友好亲切，感情真挚热烈。公共场合人们相互谈话低声细语，从不大声喧哗，妨碍他人。与人交谈时，不打断别人讲话，以表示尊重。谈话时不习惯问长问短，听对方讲话时不能左顾右盼或做小动作。初次见面，不宜问生活细节，尤其对妇女，在任何情况下都不能当面问她们的年龄。俄罗斯人十分注重仪表美，外出时衣冠楚楚，他们认为不扣好纽扣或把外衣搭在肩上都是不文明的表现。

三、旅游资源

俄罗斯幅员辽阔，历史悠久，其秀丽迷人的湖光山色，丰富浓郁的民族色彩，别具风格的古迹胜地年年都吸引着无数游人。

（一）旅游名城

1. 莫斯科——大国之都

莫斯科始建于1147年，面积约1 081平方千米，人口约1 151万（根据2010年全国人口普查初步结果），作为首都和欧洲最大的城市，它是俄罗斯政治、经济、金融、科学、艺术中心，又是一座有山有水、树木苍郁、风景优美的园林式古城。莫斯科是俄罗斯一个很著名的旅游城市，绿化面积高，有"森林中的首都"之美誉，市内有11个自然森林区、98个公园、800多处街心花园。名胜古迹主要有克里姆林宫、红场、莫斯科大剧院、俄罗斯国家图书馆等。

克里姆林宫：800多年前，俄国一位名叫尤里·多尔戈鲁基的王公在这里建了一座城堡（"克里姆林"一词的原意是"内城"），它就是克里姆林宫的雏形。在这里，保存了俄罗斯最优秀的古典建筑和文化遗产，分别有钟王、炮王、圣母安息大教堂、天使长大教堂、圣母领报大教堂、教堂广场伊凡大帝钟楼、大克里姆林宫、兵器馆等。

红场：位于市中心，占地 9.1 万平方米，"红场"名称系沙皇 1658 年确认，意为"美丽的广场"。它的西面是克里姆林宫的红墙及三座高塔，南面是西里教堂，北面是一座红砖银顶的历史博物馆。

列宁墓：1924 年列宁逝世后长眠于此，庄严肃穆的红色花岗岩建筑，位于红场西侧中央。列宁遗体安葬在水晶棺内，定期对外开放。列宁墓后的红墙下葬有斯大林等苏联著名领导人的遗体和骨灰。无名烈士墓和亚历山大花园：亚历山大花园位于克里姆林宫红墙外，是莫斯科人休息游玩最喜欢去的场所之一。花园内，建于 1967 年的无名烈士墓前有不灭的火炬，外国代表团来访，一般都要来此敬献花圈。莫斯科河：莫斯科河全长 502 千米，流经整个莫斯科约 80 千米，河宽一般 200 米，最宽 1 千米，乘游艇漫游莫斯科河，沿途景色秀丽，别有风情。

麻雀山、观景台、莫斯科大学：麻雀山是著名的风景区，观景台位于麻雀山上，正对莫斯科大学正门，可由此俯瞰莫斯科河和市区景色；莫斯科大学建于 1755 年，规模十分宏大，主楼高 240 米，共 33 层，有 3 万多间房间，有人计算，如果一个人一天住一间，一辈子也住不完。

博物馆：主要有莫斯科国立博物馆，普希金造型艺术博物馆（收藏 54.3 万件古代艺术品，3 000 多幅名画），特列季亚科夫美术馆，东方各族人民艺术博物馆，中央列宁博物馆，卫国战争博物馆（胜利公园内），中央武装力量博物馆，凯旋门和全景画博物馆，综合技术博物馆，农奴创作博物馆等。

全俄展览中心（前国民经济成就展览馆）：该馆占地 300 公顷，围墙周长 35 千米，是规模十分宏大的展览馆，它展示最新科技成就，是开阔眼界、增长见识的好地方，同时是一处风景优美的游览胜地。该中心的喷泉十分著名，设计新颖，独具匠心。人类历史上第一颗人造卫星，第一位宇航员穿的宇航服等是世界绝无仅有的珍品。

莫斯科电视塔：建于 1967 年，塔高 573.5 米，是欧洲最高和世界第二高的建筑，有"七重天"旋转餐厅，有世界各地商品销售。

大剧院：位于中心剧院广场，被誉为"俄罗斯之光"、"俄罗斯民族珍珠"，它是世界著名的大剧院之一。

阿尔巴特艺术街：街头有很多各具特色的工艺品、小吃店、咖啡店。街头画家除卖油画外，还为游客画像，很有民族特色。

莫斯科还有以建筑宏伟及豪华闻名的地铁，每一站的设计犹如皇宫、博物馆、教堂和艺术院等，令人大开眼界，是游客必游之地。

2. 圣彼得堡——北极良港

圣彼得堡位于俄罗斯西北部，波罗的海沿岸，建于 1703 年，面积 1 439 多平方千米，人口 500 余万，是列宁格勒州的首府，也是仅次于莫斯科的俄罗斯第二大城市。圣彼得堡在世界所有国际大城市中的综合竞争力、影响力与哈萨克斯坦城市阿拉木图并列全球第 100 位。现有人口约 540 多万。圣彼得堡是座与威尼斯齐名的水城，素有"北方威尼斯"之称，是世界上最美丽的城市之一。整座城市由 40 多个岛屿组成，70 多条天然河流和运河迂回其间，鳞鳞碧水与典雅建筑相映成趣，古风古韵的大小桥梁宛若长虹卧波。圣彼得堡是名副其实的桥梁博物馆，除铁路公路桥外，300 多座桥梁将这座水城连成一片。

彼得宫坐落于市郊西面的芬兰湾南岸，占地 800 公顷，是沙皇的夏宫，在富丽豪华的花园中，有各种布局巧妙的喷泉和金像，有的喷泉还会戏弄人，若不慎踏中机关，水柱便由四面八方喷来，其乐无穷。彼得宫更被誉为"俄罗斯的凡尔赛宫"。世界三大博物馆之一的艾尔米塔什博物馆亦位于圣彼得堡，这也是以往的沙皇冬宫，现为俄罗斯国立博物馆的一部分，内藏有世界珍贵的名画和雕塑，如达·芬奇、毕加索、凡·高等名家的油画。名贵钟表器皿达 270 万件，集世界各地之大成。此外，市内之名胜如尼华河、皇宫大广场、列宁纪念像等也是值得一游的。

圣彼得堡市涅瓦河岸边的著名古建筑彼得保罗要塞：1712 年，俄罗斯将首都从莫斯科迁到这里定都 200 多年，直到 1914 年，这一时期一直叫圣彼得堡。1914 年第一次世界大战爆发，当时俄罗斯同德国是敌对国，因为圣彼得堡的"堡"字源自德语发音，当局决定把城市改名叫彼得格勒。1917 年，随着"阿芙乐尔号"巡洋舰的一声炮响，列宁领导的十月革命在这里获得成功，从此开创了一个全新的苏联时代。1918 年 3 月，首都从这里又迁回莫斯科。1924 年列宁逝世后，人们深切怀念这位革命领袖，正如诗人马雅可夫斯基所说：这里每一块石头都记得列宁。为了纪念他，1924 年城市改名为列宁格勒，"格勒"在俄语中为城市的意思。直到 1992 年 1 月，为了给城市重新命名，圣彼得堡市又举行了一次全民投票。结果，大多数人赞同改回圣彼得堡老名。这样做，一是为了纪念彼得大帝，同时，也标志着苏联时代的结束。

"阿芙乐尔号"巡洋舰：原为沙俄帝国海军主力军舰之一。1917 年俄国十月革命时，由革命军队掌握的"阿芙乐尔号"巡洋舰向沙皇王朝的最后堡垒——冬宫发起了进攻。冬宫的被攻克，标志着统治俄国几个世纪的沙皇王朝被彻底推翻，十月革命取得了完全的胜利。作为十月革命的功勋舰，"阿芙乐尔号"巡洋舰被固定在涅瓦河上，作为永久性的纪念。

（二）旅游名胜

克里姆林宫（Kremlin）：在莫斯科市中心，濒莫斯科河，曾为莫斯科公国和 18 世纪以前的沙皇皇宫。十月革命胜利后，成为苏联党政领导机关所在地。始建于 1156 年，初为木墙，后屡经扩建，至 19 世纪 40 年代建大克里姆林宫，为一古老建筑群，主要包括大克里姆林宫、多宫、圣母九天教堂、参议院大厦、伊凡大帝钟楼等。宫内最宏伟的有斯巴达克、尼古拉、特罗伊茨克、保罗维茨、沃多夫兹沃德等塔楼，1937 年，在塔楼上装置五角红宝石星。

彼得大帝夏宫（Peter the Great's Summer Palace）：位于芬兰湾南岸的森林中，距圣彼得堡市约 30 千米，占地近千公顷，是历代俄国沙皇的郊外离宫。夏宫是圣彼得堡的早期建筑。18 世纪初，俄国沙皇彼得大帝下令兴建夏宫，其外貌简朴庄重，内部装饰华贵。当时的许多大型舞会、宫廷庆典等活动都在这里举行，彼得大帝生前每年必来此度夏。1934 年以后，夏宫辟为民俗史博物馆。如今，夏宫已成为包括 18 世纪和 19 世纪宫殿花园的建筑群，由于它的建筑豪华壮丽，因而被人们誉为"俄罗斯的凡尔赛"。夏宫的主要代表性建筑是一座双层楼的宫殿，当年彼得大帝住在一楼，他的妻子叶卡捷琳娜一世（彼得大帝的第二个妻子）住在二楼，楼上装饰极为华丽，舞厅的圆柱之间，都以威尼斯的镜子做装饰。

冬宫（Winter Palace）：坐落在圣彼得堡宫殿广场上，原为俄国沙皇的皇宫，十月革命后辟为圣彼得堡国立艾尔米塔奇博物馆的一部分。冬宫初建于 1754—1762 年，是 18 世纪中叶俄国巴洛克式建筑艺术最伟大的纪念物。1837 年一场大火将其焚毁，1838—1839 年重建。第二次世界大战期间，冬宫再次遭到严重破坏，战后修复。1917 年 11 月 7 日（俄历 10 月 25 日），参加十月革命的起义群众攻下冬宫，在这里逮捕了资产阶级临时政府各部部长，这座昔日皇宫回到人民手中。

斯莫尔尼宫（Smolny）：位于圣彼得堡市的斯莫尔尼宫建于 19 世纪初叶，是一座外观典雅的三层建筑。原为贵族女子学院，曾是苏共列宁格勒州委和市委机关所在地。斯莫尔尼宫正面长 300 米，主体建筑的两翼伸出，每翼各长 40 米，组成宫中的主要庭院。20 世纪 60 年代又在正门增建 8 根壮丽的圆柱和 7 个拱形门廊，和其右侧巴洛克式建筑风格的斯莫尔尼修道院浑为一体，形成巧妙的组合，合称斯莫尔尼建筑群。"斯莫尔尼"一词来自俄语"沥青"，初建时这里属沥青厂。1917 年十月革命期间，布尔什维克党军事革命委员会设在斯莫尔尼宫，为十月革命司令部。1917 年 11 月 7 日—9 日在大厅内举行第二次全俄苏维埃代表大会。1917 年 11 月中旬—1918 年 3 月列宁曾在这里办公和居住。

莫斯科大彼得罗夫大剧院（简称大剧院，Bolshoi Theatre of Russia）：始建于 1776 年，是俄罗斯历史最悠久的剧院，坐落在莫斯科斯维尔德洛夫广场上。建筑既雄伟壮丽，又朴素典雅，内部设备完善，具有极佳的音响效果。剧场呈椭圆形，正面是大舞台，高达 18 米，台前是深深的乐池，中间是一排排的观众席。其他三面是贴墙的包厢，总共五层，高 21 米。总统包厢在二层正中央，还有两个贵宾包厢设在舞台的左右两侧。包厢里放着几把鎏金包缎椅子，平时只供观赏。剧场可容纳 2 200 名观众，整个内部装饰完全是宫廷式的，仅房顶的那个大吊灯就把 13 000 块水晶和无数小烛台照得闪闪发光。

普希金广场（Pushkin Square）：位于莫斯科市中心，旧称苦行广场，因旧时广场上建有苦行修道院而得此名。1937 年，为纪念俄国伟大诗人普希金逝世 100 周年，当时的苏联政府把苦行广场改名为普希金广场。广场上耸立着 4 米多高的普希金青铜纪念像。广场上有个小花园，园中有花岗石台阶、红色大理石喷泉、饰灯等，景色优美。

莫斯科地铁（Moscow Metro）：是世界上规模最大的地铁之一，它一直被公认为世界上最漂亮的地铁，享有"地下的艺术殿堂"之美称。1935 年 5 月 15 日，苏联政府出于军事方面的考虑，正式开通莫斯科地铁。

阿尔巴特街（Arbat Street）：是莫斯科市中心的一条著名步行街，紧邻莫斯科河，是莫斯科的象征之一。著名诗人普希金从 1830 年起居住在这条大街上，普希金故居就坐落在阿尔巴特街 53 号。阿尔巴特街曾是艺人和画家荟萃的天堂，保存有许多古色古香的建筑。阿尔巴特街的小店铺一家挨一家，商品种类极其繁多，如暖和的护耳皮帽，精心编制的大草鞋，琳琅满目的耳环、坠子，各种古怪的护身符，别致的小包，印有明星头像的 T 恤衫，年代久远的宣传画，伪造的证件，古董，雕塑，绘有俄罗斯历届领导人形象的玩偶套人……街头作画的艺人是阿尔巴特街上一道不灭的风景。

俄罗斯国家大剧院：俄罗斯历史最悠久的剧院——俄罗斯国家大剧院是世界著名的音

乐、戏剧、文化中心，也是俄罗斯及其文化艺术的象征。1825年，俄罗斯著名设计师博韦对剧院进行了改建，改建后的国家大剧院既雄伟壮丽，又朴素典雅，其内部设施完备，音响效果极佳。观赏大厅共6层，可容纳2 000多名观众。

（三）旅游名区

俄罗斯的自然风光在世界上享有盛名，山川湖岛众多，除了著名的伏尔加河、贝加尔湖（全世界最深、最大的淡水湖贝加尔湖的最大深度为1 620米，清澈，人们能看到湖面下40米的东西）、拉多加湖、奥涅加湖、叶尼塞河、顿河等，还有一些特殊的自然风景。

北极风光——位于北极圈内的最大城市摩尔曼斯克素有北极城之称，它以奇特的北极风光吸引着无数游人。

疗养胜地索契——东倚高加索山脉，西濒里海，阳光充足，气候温和湿润，风景秀丽如画，是俄罗斯最大的矿泉疗养、泥疗和气候性疗养地。

五层湖——位于北部巴伦支海上基里岛的麦奇里湖，湖中水域分五层，层次分明，各层都具有独特的水质、水色和生物群，堪称地理学奇迹。

归纳起来，俄罗斯主要有以下几个大的旅游区：

欧洲中心区——最主要的两个旅游城市，即莫斯科和圣彼得堡。

伏尔加地区——伏尔加河沿岸到处是疗养胜地，也是风景优美的游览区，重要城市有喀山、乌里扬诺夫斯克和伏尔加格勒等。

西伯利亚及远东地区——有广阔的森林、全球最深的淡水湖贝加尔湖，以及全世界最高大的活火山、风景优美的海滨等。

自然保护区——俄几十个自然保护区分布于全国，各具特色，并以其独特的自然景色吸引着众多游人。

第 二 节 法兰西——西餐王国

法兰西共和国，简称"法兰西"或"法国"。法兰西由法兰克部落演变而来，它在日耳曼语中意为"勇敢的、自由的"。公元前10世纪左右，来自黑海沿岸的凯尔特人进入法兰西，即高卢人是古代世界中最为骁勇好战的民族之一，曾经征服过中欧大部分地区，但高卢人并非一个整体，从未形成一个国家，而是分为各个部落，各个部落各自独立。公元前1世纪时，时任高卢总督的恺撒占领了全部高卢，从此受罗马统治达500年之久。公元5世纪，法兰克人征服高卢，建立法兰克王国。其中西法兰克是法国的雏形。10世纪后，封建社会迅速发展。1337年英王觊觎法国王位，爆发"百年战争"。后法国人民进行反侵略战争，于1453年结束百年战争，15世纪末到16世纪初形成中央集权国家。1789年7月14日，手持武器的巴黎市民攻占巴士底狱。1789年8月26日，法国大革命的纲领《人权和公民权宣言》正式通过。17世纪晚期，法国盛极一时，称霸欧洲。现代法国以工业为主导，是工农业都很发达的资本主义发达国家。

一、国情概述

(一) 位置、面积与人口

1. 位 置

法国位于欧洲大陆的最西端，整个国土形状，除科西嘉岛外，略呈六边形，地形相当丰满。其国土三面临海，三面靠陆，西濒大西洋的比斯开湾，西北隔多佛尔海峡、英吉利海峡与英国相望，东南濒地中海。东、东北与摩纳哥、意大利、瑞士、德国、卢森堡、比利时相接，西南同西班牙、安道尔接壤。地中海上的科西嘉岛是法国最大岛屿。

2. 面 积

国土面积为 632 834 平方千米（包括 4 个海外省，其中本土面积 543 965 平方千米），国境线共长 5 300 千米，海岸线长约 3 120 千米，是西欧面积最大的国家。

3. 人 口

人口数量为 6 535 万（2012 年 1 月）。

(二) 民族、语言和宗教

1. 民 族

法国是一个以法兰西民族为主体的国家，法兰西人占全国人口的 83%，少数民族有阿尔萨斯人、布列塔尼人、科西嘉人、伊拉芒人和巴斯克人等，大约占人口总数的 7.9%，还有约 8% 来自非洲和欧洲其他国家的移民。

2. 语 言

官方语言为法语属拉丁语系的法语，也是联合国工作语言之一，它以其准确、严谨、优雅、国际性成为世界上最优美的语言。目前使用人口超过 1 亿，而阿尔萨斯人的英语正在成为法国第二语言。

3. 宗 教

法国早期宗教信奉自然之神，山峰、河流、树木、泉水都被认为有神附着。现在，法国的主要宗教是天主教，据统计，居民中 62% 的人信奉天主教，3% 的人信奉伊斯兰教，其他人信奉新教、犹太教、佛教等宗教。

(三) 国家标志及释义

1. 国 旗

三色旗原是法国大革命时巴黎国民自卫队队旗。白色代表国王，蓝、红色代表巴黎市民，是王室和巴黎资产阶级联盟的象征。今天的法国人民也认为，三色旗上的蓝色是平等的象征，白色是自由的象征，而红色代表了博爱，正如法国人民"自由、平等、博爱"的宣言。1946 年宪法确认其为国旗。三色带的宽度比为 30∶33∶37。

2. 国 花

法国人把鸢尾作为国花，其意有三种说法：一说"是象征古代法国王室的权力"；二说"是宗教上的象征"；三说"法国人民用鸢尾花表示光明和自由，象征民族纯洁、庄严和光明磊落"。

3. 国鸟、国树、国兽

分别是公鸡、雪松、公鸡。

法国人民喜爱公鸡，不仅是由于它的观赏价值和经济价值，更主要的是因为它那勇敢、顽强的性格。好斗是公鸡的本性。人们利用公鸡的这种性格，使斗鸡成为一种相当普及的娱乐活动。

二、文化习俗

(一) 礼仪礼节

与英国人和德国人相比，法国人在待人接物上是大不相同的。主要有以下特点：

第一，爱好社交，善于交际。对于法国人来说，社交是人生的重要内容，没有社交活动的生活是难以想象的。

第二，诙谐幽默，天性浪漫。他们在人际交往中大都爽朗热情。善于雄辩，高谈阔论，好开玩笑，讨厌不爱讲话的人，对愁眉苦脸者难以接受。受传统文化的影响，法国人不仅爱冒险，而且喜欢浪漫的经历。

第三，渴求自由。在世界上法国人是最著名的"自由主义者"。"自由、平等、博爱"不仅被法国宪法定为本国的国家箴言，而且在国徽上明文写出。他们虽然讲究法制，但是一般纪律较差，不大喜欢集体行动。与法国人打交道，约会必须提前约定，并且准时赴约，但是也要对他们可能的姗姗来迟事先有所准备。

第四，自尊心强，偏爱"国货"。法国的时装、美食和艺术是世人有口皆碑的，在此影响之下，法国人拥有极强的民族自尊心和民族自豪感，在他们看来，世间的一切都是法国最棒。与法国人交谈时，如能讲几句法语，一定会使对方热情有加。

第五，骑士风度，尊重妇女。在人际交往中，法国人所采取的礼节主要有握手礼、拥抱礼和吻面礼。

(二) 饮食服饰

1. 饮 食

作为举世皆知的世界三大烹饪王国之一，法国人十分讲究饮食。法式大菜用料讲究，花色品种繁多，其特点是香味浓厚，鲜嫩味美，讲究色、形和营养。法国最名贵的菜是鹅肝，最爱吃的菜是蜗牛和青蛙腿。法国餐的特点是：始于开胃酒，上菜的顺序是第一道是浓汤；第二道是冷盘；第三道是正菜，通常为配有蔬菜的肉类或家禽、海鲜；第四道是蔬菜；第五道为各式各样的奶酪；第六道是甜点心和冷饮；第七道是时鲜水果和咖啡；最后一道是烈酒或香槟酒，作为饭后酒。

法国人爱吃面食，面包的种类很多；他们大都爱吃奶酪；在肉食方面，他们爱吃牛肉、猪肉、鸡肉、鱼子酱、鹅肝，不吃肥肉、动物内脏、无鳞鱼和带刺骨的鱼。法国生产360多种干鲜奶酪，它们是法国人午餐、晚餐必不可少的食品，每年人均奶酪消费量为18.6千克，居世界首位，是名副其实的"奶酪之国"。法国是香槟酒、白兰地酒的故乡，香槟酒、葡萄酒种类繁多，产量很高，质量上乘，每年人均饮用葡萄酒106升，居世界首位。

2. 服　饰

法国时装在世界上享有盛誉，选料丰富，优异，设计大胆，制作技术高超，一直引导世界时装潮流。法国人对于衣饰的讲究，在世界上是最为有名的。所谓"式样"，在世人耳中即与时尚、流行含义相同。法国人一般很注意服装方面的鉴赏力，也接受比较便宜的而不十分讲究的仿制品。在正式场合，法国人通常要穿西装、套裙或连衣裙，颜色多为蓝色、灰色或黑色，质地则多为纯毛。出席庆典仪式时一般要穿礼服。男士所穿的多为配以蝴蝶结的燕尾服，或是黑色西装套装；女士所穿的则多为连衣裙式的单色大礼服或小礼服。

（三）节日风情

主要有圣诞节、复活节、圣灵降临节、圣母升天节、元旦、国庆节和一些只限于教徒们在教堂内举行的节日，如主显节、圣灰礼仪节、四旬节等。

1. 主要节日

圣诞节：是法国最为重大的宗教节日之一。节日前夕，亲朋好友之间还要互相寄赠圣诞贺卡，以表节日的祝贺和问候。如同我国的春节一样，法国的圣诞节是个合家团聚的日子，节日前，身在异地的人们纷纷赶回家里过节。要说圣诞节最为快乐的，还是孩子们。12月24日晚上11点左右，天真的孩子们满怀希望地将新袜子放到壁炉前，等待着"圣诞老人"将礼物放到袜子里或圣诞树下。

复活节：亦称"耶稣复活瞻礼"或"主复活节"，是为纪念耶稣复活的节日。复活节的主要特征是复活节彩蛋。

圣灵降临节：亦译"圣神降临瞻礼"，基督教重大节日之一。教会规定，每年复活节后第50日为"圣灵降临节"，又称"五旬节"（犹太人的）。圣灵降临节为复活节后第七个星期日，该节法国放假两天。

国庆节：7月14日为法国的国庆节。这天，全国放假一天。为庆祝国庆节，每年都要在香榭丽舍大街上举行大规模的阅兵仪式。

圣母升天节：亦称"圣母升天瞻礼"或译"圣母安息日"。天主教定于公历8月15日举行，东正教由于历法不同，相当于公历8月27日或28日举行。

2. 特殊性节日

诸圣节——就是万灵节，全国放假一天，最初该节仅为纪念殉道的圣者，后逐渐扩展到纪念所有得救的"圣徒"。

圣诞节——全国放假两天，是法国最为重大的宗教节日之一。

圣母升天节——天主教定为公历8月15日，东正教定为公历8月27日或28日，一般放假一天。

（四）行为禁忌

1. 数字忌讳

法国人所忌讳的数字是"13"与"星期五"，认为这些数字隐含着凶险。法国女子在社会生活中地位较高，同她们握手时，一定要等其先伸手，她们可戴着手套，而男士一定要摘下手套。无论在何处，男士都要让女士先行。

2. 交谈忌讳

主要的禁忌是在谈话时不能问及别人的婚姻、财产情况，特别是和女人说话时不能问及对方的年龄。虽然法国人，特别是年轻人非常喜欢说脏话，但是也有人不喜欢，特别是和长辈说话的时候不能说脏话，不能不敬。说话的时候最开始称呼别人用您，如果得到别人的同意可以用你。

3. 民间忌讳

忌送菊花、康乃馨等黄色花，认为黄花象征不忠诚，玫瑰花只能送单数，除了表达爱情外，不能送红色花。

4. 饮食忌讳

法国人用餐时，两手允许放在餐桌上，却不许将两肘支在桌子上，放下刀叉时，他们习惯于将其一半放在碟子上，一半放在餐桌上。

三、旅游资源

(一) 旅游名城

1. 巴黎——世界的花都

巴黎位于法国北部盆地的中央，横跨塞纳河两岸，市区面积 105 平方千米，包括巴黎市区及周围 7 个省的大巴黎区，总面积达 12 万平方千米。巴黎市人口大约 223 万（2010年），大巴黎区人口约 1 007 万多，是世界上人口最多的大都市之一。巴黎不仅是法国，也是西欧的一个政治、经济、文化和交通中心。巴黎是欧洲最大的城市，它是时尚流行、文明、艺术、知识殿堂的代名词，被称为"世界的花都"。宏伟庄严的凯旋门，雄伟屹立的法国标志——埃菲尔铁塔，巴黎圣母院和巴黎法院，协和广场、马德兰大教堂、巴黎歌剧院、杜伊勒里公园以及卢浮宫等都集中在这里。夜晚泛舟塞纳河，耳边恍然响起肖邦的夜曲，浪漫而凄美。还有红磨坊和巴黎歌剧院的艺术魅力让人心动。正如文学家里尔克曾说过的："巴黎是一座无与伦比的城市。"巴黎是一个有着如此浓厚的艺术气氛的都市，即使走在街道上，随处也可见到流浪艺人们表演的身影。

巴黎圣母院大教堂：是一座位于法国巴黎市中心、西堤岛上的教堂建筑，也是天主教巴黎总教区的主教座堂。圣母院约建造于 1163—1250 年间，它是世界上哥特式建筑中最庄严、最完美、最富丽堂皇的典型，建筑的最大特点是高而尖，且由竖直的线条构成。正面有三重哥特式拱门，门上装点着犹太和以色列的 28 位国王的全身像，院内装饰着许多精美的雕刻，栏杆上也分别饰有不同形象的魔鬼雕像，状似奇禽异兽，这就是著名的"希魅尔"。

凯旋门：是欧洲纪念战争胜利的一种建筑。始建于古罗马时期，当时统治者以此炫耀自己的功绩。后为欧洲其他国家所效仿。常建在城市主要街道中或广场上。用石块砌筑，形似门楼，有一个或三个拱券门洞，上刻宣扬统治者战绩的浮雕。法国巴黎的星形广场凯旋门，又称戴高乐广场凯旋门，始建于法国皇帝拿破仑一世政权鼎盛时期的 1806 年。由建筑师夏尔格兰设计，高约 50 米，宽 45 米，厚 22 米，凯旋门的四周都有门，门内刻有跟随拿破仑远征的 386 位将军的名字，门上刻有 1792—1815 年间的法国战事史，其中最杰出的是右侧石柱上刻有驰名的《马赛曲》。这是欧洲 100 多座凯旋门中最大的一座，为巴黎四大代表建筑之一，是法国政府重点保护的名胜古迹。

埃菲尔铁塔：从 1887 年起建，分为三楼，分别在离地面 57.6 米、115.7 米和 276.1 米处，其中一、二楼设有餐厅，三楼建有观景台。1889 年 5 月 15 日，为给世界博览会开幕式剪彩，铁塔的设计师居斯塔夫·埃菲尔亲手将法国国旗升上铁塔的 300 米高空，由此，人们为了纪念他对法国和巴黎的这一贡献，特别还在塔下为他塑造了一座半身铜像。直到 2004 年 1 月 16 日，为申办 2012 年夏季奥运会，法国巴黎市政府特意在埃菲尔铁塔上介绍了其为申奥所作出的准备情况，而埃菲尔铁塔更成为了该国申奥的"天然广告"。埃菲尔铁塔是巴黎的标志之一，被法国人爱称为"铁娘子"。它和纽约的帝国大厦、东京的电视塔同被誉为西方三大著名建筑。

卢浮宫：是世界上最古老、最大、最著名的博物馆之一。位于法国巴黎市中心的塞纳河北岸（右岸），始建于 1204 年，历经 800 多年扩建、重修达到今天的规模。卢浮宫共分 6 个部分，希腊罗马艺术馆、埃及艺术馆、东方艺术馆、绘画艺术馆、雕塑馆和装饰艺术馆。其宫中之宝是雕塑"爱神维纳斯"、"胜利女神尼卡"和油画《蒙娜丽莎》。卢浮宫也是法国历史最悠久的王宫。

2. 普罗旺斯——骑士之城

普罗旺斯位于法国东南部，毗邻地中海和意大利，从地中海沿岸延伸到内陆的丘陵地区，中间有大河"Rhone"流过。自古就以靓丽的阳光和蔚蓝的天空，迷人的地中海和心醉的薰衣草令世人惊艳。

蔚蓝海岸：普罗旺斯是中世纪诗人在诗歌中时常称道的"快活王国"；今天的人们常称它为"蔚蓝海岸"。较具代表性的几处景点是马赛、尼斯、摩纳哥、蒙地卡洛等。

但蔚蓝海岸一年四季的美景，还要数寒冬，北部高山如屏障挡住刺骨的朔风，不能侵越，使山南一片煦日阳光。去蔚蓝海岸，可以从马赛港向东出发，沿途橄榄成林，青葱不绝，老枝权桠，姿态奇特。林中村舍散立，顶红灰墙。幸运或遇上跨着毛驴的村女，几疑时光倒退。康城在蔚蓝海岸的城镇中历史最久，而且有最浓厚的贵族气息。

尼斯：环绕地中海的城市都带着令人憧憬的色彩。而尼斯更堪称其中最大、名气最盛的度假城市。尼斯机场也是仅次于巴黎的法国第二大机场。尼斯以其全年温和的地中海气候、灿烂的阳光、悠长的石滩，以及晒太阳的美女而闻名。有人这样形容尼斯："尼斯是个懒人城、闲人城、老人城、无聊城。"过了复活节，当人们刚刚感受到初夏阳光时，便有众多喜好日光浴的美女们来这里，一展美妙的身姿。这里也是尼斯人的乐园，尼斯人在此放狗的放狗，钓鱼的钓鱼，跑步的跑步，游泳的游泳，各有欢愉，更多的是闲坐，惬意地享受阳光。

尼采之路埃兹：这是尼斯与摩纳哥之间的一个小站。沿着与铁路平行的车道右侧步行不久，便可看到写着 VILLAGE 的路标竖立在细窄的山路入口处，上面还写着"尼采之路"的文字。据说这里是尼采得到"查拉图司特拉"灵感的地方。浓郁的绿色与白色的岩石相映照，从绿树之间望过去，远处的大海景色十分壮丽，真是一个郊游的绝好场所。用白石子铺成的狭窄道路，与以石头建成的众多房屋搭配，显得格外有趣。由此眺望菲拉海峡和地中海，景色极佳。

香水之城葛拉斯：说蔚蓝海岸是金迷纸醉之都，那是一点也没有错的，王孙公子、巨贾富商，在那里开派对，饮香槟，狂欢买乐。蔚蓝海岸也有清洁场所，在那里可以享受软绵绵的阳光，沁人心脾的花气——玫瑰香、茉莉香、薰衣草……这里农民的财产就是花。漫山遍野都栽植着花卉。山上开梯田做花圃，残冬将尽，农民就担土上山，培植苗圃。这里种的有淡紫花的杜蘅，成畦成畦的玫瑰，一望无际的粉红荷兰兰、石竹和紫罗兰，行销世界各地市场。离尼斯西北部有一个小山城，叫葛拉斯，为举世驰名的法国香水城市。环绕着该城的香水工厂不下 30 家。差不多在巴黎出售的香水大都在此生产。在这一带的山野幽谷中种满了各种香花，用做制香水的原料。葛拉斯是世界一流名牌香水香精的故乡，据说巴黎乃至世界的著名调香师大部分出身于葛拉斯，由此不难想象，葛拉斯是一年四季盛开着玫瑰、茉莉、合欢草等香料花草的城镇。

3. 尼斯——蓝色海岸

地中海沿岸法国南部城市，位于普罗旺斯－阿尔卑斯－蔚蓝海岸大区，地处法国马赛和意大利热那亚之间，为滨海阿尔卑斯省首府，是法国仅次于巴黎的第二大旅游胜地，全欧洲最具魅力的黄金海岸。尼斯也是欧洲主要旅游中心之一和蔚蓝海岸地区的首选度假地。

尼斯有丰富的文化遗产，如博物馆、罗马遗迹，以及世界一流的歌剧院，同时将普罗旺斯风格融合在大街小巷。尼斯四季花常开，各式美丽的鲜花装饰街头巷尾和阳台，漫步其中，恍若花团锦簇的童话世界。

尼斯被人称为"世界富豪聚集的中心"。海边豪华别墅、比比皆是的昂贵商店和艺术气息的交织使尼斯形成富丽堂皇与典雅优美的独特美。

4. 里昂——文化之城、内衣之城、世界人文遗产之城

里昂是法国中东部罗讷省省会，位于索恩河和罗讷河交汇处的多丘陵地带。其四周是工厂区和住宅郊区。索恩河右岸的旧里昂保留着文艺复兴时代最精致的建筑群。里昂是除巴黎以外法国最重要的教育中心，有一所大学。当地有众多博物馆，文化生活丰富。

里昂装饰艺术博物馆：改建自 18 世纪贵族的宅邸，是欧洲少数具有独特氛围的博物馆，有着典型城镇建筑的精美装饰，馆中陈列着 17 世纪各式各样的家具、饰品、陶瓷器物以及精致的手表、珠宝时钟等，其中包括大量的装饰性青铜像和一个由里昂人 1716 年制作的双重键盘的大键琴，另外亦展出中国和日本的物品，而壁毯的收藏也十分有名。

里昂老城：位于索恩河的右岸，古时是渔村，15 世纪时成为世界上最大的丝织品产地之一，17 世纪曾是法国的政治、经济和文化中心。古色古香的老城区，依然呈现着文艺复兴时期的建筑风格。狭窄的街道，弯曲而起伏；大部分民居为红瓦屋顶，极具特色。建在弗尔布爱尔山顶上的白色的圣母教堂，高 281 米，是里昂老城具有象征意义的景观。1933 年，在里昂发掘出一座希腊－罗马式露天剧场。

古罗马大剧院：早在公元前 43 年，古罗马人就在里昂建成了豪华的大剧场。公元 2 世纪时，剧场内增加了 11 000 个座位，可见当时剧场演出的盛大景象。如今，里昂的考古学者几经研究，重建了当时可以增进音响效果的舞台结构，其等比例缩小模型展示在博物馆中。古罗马大剧场是一大一小两个半圆形剧场，至今仍然保存完好，并不仅仅是供游客参观的出土文物，不时还会举办大型音乐会、演奏会、歌剧等演出。可以容纳一万名

观众。

白菜果广场：一度被称为皇家广场。同一般中心广场不太一样的是，它的地面全部由红土铺成，虽然这样并没有使它非常美丽，却给人留下了深刻的印象。广场的红色调同里昂旧城建筑的红屋顶极为和谐。有意思的是，广场还曾是19世纪中期里昂纺织工人暴动的重要舞台。广场上有一座高大的路易十四骑马雕像，是在里昂诞生的雕塑家卢蒙的作品。广场周围林立着19世纪初建造的楼房，以及花店、咖啡座和餐馆等，是市民的最佳休憩场所。

高卢罗马文化博物馆：它依山而建，极富创造力。入口处设在五楼，每经一朝代，便下一层楼。一路蜿蜒下来，便走过了历史的长河。镇馆之宝是1528年发现的克劳狄青铜板，上面铭刻着罗马皇帝克劳狄一世公元48年在元老院的演说。还可以欣赏到许多艺术品，例如战车车轮或青铜海神塑像。从窗户望出去是两座罗马露天剧场，恰似中国园林的借景手法，使人恍如置身于罗马时代。

5. 戛纳——大地的乐园

戛纳是地中海沿岸风光明媚的休闲地区，它有5千米长的沙滩，四时有不谢之花，在蔚蓝海岸的观光胜地中与尼斯齐名。法国人称这里为"大地的乐园"。这里一年四季皆有多姿多彩的活动。戛纳在19世纪中叶成为避暑和避寒胜地后，举世知名。戛纳小城依偎在青山脚下，濒临地中海之滨，占据了得天独厚的地理位置。漫步城中，白色的楼房、蔚蓝的大海，以及一排排高大翠绿的棕榈树相互映衬，构成一幅美丽的自然风光。

戛纳因每年5月份举行的国际电影节而蜚声世界。来到戛纳，就会明白为什么会选择这样的小城举办国际性的盛会。"精巧、典雅、迷人"是大多数人对戛纳的评价。对浪漫成瘾的法国人来说，戛纳既是过冬的胜地，也是避暑的天堂，这里冬天有和煦的阳光，夏天有凉爽的海风，以及风景优美的长沙滩。

戛纳最引人入胜的是美丽的海滨大道宽阔整洁，一边是沙滩海湾，一边是雅致的酒店，既有古建筑群，也有非常现代化的楼宇。在街道中间的绿化带，全年皆有繁花盛开，阳光下生机勃勃的棕榈树，给小城更增添了魅惑的元素。

（二）旅游名胜

1. 勃朗峰

它是阿尔卑斯山脉主峰，海拔4 810米，为西欧最高峰，位于法意边境，其中2/3在法国境内，1/3在意大利境内。它是久负盛名的旅游中心。一年四季均可开展旅游活动。冬季为赏雪与滑雪的好时机，夏季是不可多得的避暑胜地，春季可游泳，钓鱼，打高尔夫球等。

2. 凡尔赛宫

坐落于巴黎西南郊18千米的凡尔赛镇，曾是法国的王宫，是典型的洛可可式建筑风格，被联合国教科文组织列为世界遗产的重点文物。它以东西为轴，南北对称，宫中最为富丽堂皇的殿堂是镜廊，长73米，宽10.5米，高12.3米，长廊一侧是17扇通向花园的巨大拱形窗门；另一侧是17面落地镜，由483块镜片组成。由大运河、瑞士湖和大小特里亚农宫组成的凡尔赛宫花园是典型的法国式园林艺术的体现，园内有雕像、喷泉、草坪、花坛、柱廊等。

第 三 节　英格兰——天使之地

英国全称为大不列颠及北爱尔兰联合王国，简称联合王国。它由英格兰、威尔士、苏格兰和北爱尔兰四部分组成，其中以英格兰人口最多，经济最发达，也是首都伦敦的所在地，所以人们非正式地以"英格兰"来代替整个"联合王国"，再经简化，就变成了"英国"这个名称。

2 000 多年前，这里居住着土著居民，过着原始的生活。9 世纪初（公元 829 年）统一为英格兰王国。11 世纪初，英格兰又被另一支日耳曼民族征服，英国历史进入"诺曼征服时期"，英国也步入了封建社会。1640 年英国爆发资产阶级革命，1688 年英国发生"光荣革命"，建立了资产阶级新贵族专政的君主立宪制度。并于 1707 年间与苏格兰正式合并，改称"大不列颠王国"。从此，英国成为世界上最强大的海上帝国。18 世纪 60 年代—19 世纪 30 年代英国成为世界上第一个完成工业革命的国家，从而成为最先进的资本主义国家。英国在世界工业和贸易中取得垄断地位，有"世界工厂"之称。第二次世界大战后，英国的殖民地纷纷独立，"日不落帝国"不可避免地走向瓦解。1997 年 9 月 12 日和 9 月 18 日，苏格兰和威尔士分别通过全民投票，确定了有限自治的体制。1999 年 12月 1 日，英国女王批准向北爱尔兰移交权力法案，从而结束了英国对北爱尔兰的直接统治。

一、国情概述

（一）位置、面积与人口

1. 位　置

英国位于欧洲西部，东濒北海，面对比利时、荷兰、德国、丹麦、挪威等国，南隔英吉利海峡与法国为邻，西邻爱尔兰共和国，横隔大西洋与美国、加拿大遥遥相对，北过大西洋可达冰岛。

2. 面　积

英国的面积大约为 24.41 万平方千米（包括内陆水域）。全境是由大不列颠岛和爱尔兰岛东北部及附近许多岛屿组成的岛国。

3. 人　口

截至 2010 年底，英国人口为 6 235 万。英国是一个人口稠密的国家，人口密度每平方千米平均为 229 人，但分布极不平衡，80% 以上居住在城市。

（二）民族、语言和宗教

1. 民　族

英国主要有四个民族，即英格兰、威尔士、苏格兰、爱尔兰。这些民族都带有凯尔特人的血统，融合了日耳曼人的成分。其中英格兰人口占英国总人口的 83.9%，此外还有盖尔人、奥尔斯特人、犹太人、华人等。

2. 语　言

英语为官方语言，也是国内乃至世界上许多国家的通用语。

3. 宗　教

英国大多数居民信奉基督教新教，根据规定，英王要严守英国国教的教义，即位时要宣誓效忠英国国教。英王为教会最高首脑。此外，还有罗马天主教、伊斯兰教、佛教、印度教、锡克教、犹太教等。

（三）国家标志及释义

1. 国　旗

英国国旗为长方形，由深蓝底色和红、白"米"字形图案组成。国旗正中是带白边的红色正十字，代表英格兰守护神乔治；白色的交叉十字代表苏格兰守护神安德鲁；红色交叉十字代表爱尔兰守护神圣帕特里克。

2. 国　花

英国把玫瑰（月季）定为国花，以表示亲爱，又因茎上有刺，表示严肃。基督教中，相传耶稣被出卖后，被钉在十字架上，鲜血滴在泥土中，十字架下便生长出玫瑰花。

3. 国鸟、国树

分别是知更鸟、玫瑰树。

二、文化习俗

（一）礼仪礼节

英国是典型的绅男淑女之乡，言谈举止彬彬有礼，尊重女性，女士优先是英国男士绅士风度的主要表现之一。英国人崇尚彬彬有礼、举止得体的绅士和淑女风度。尊重妇女、女士优先成为时尚，无论是同行、进门、乘车、出入电梯等都遵循女士优先的原则。若走在街上，男人应在外侧，以保证女士不受伤害。

握手礼节：英国人见面也相互握手，但一般只在初次相识，久别重逢和将长期分别的情况下握手。男子间从不相互拥抱。

做客礼节：登门访客，必须先敲门，经允许后才能入内，并敬语不离口。接受他人邀请或收到请柬，应马上有回音，若复信应寄给女主人，赴宴提前到达，不能迟到。最好备一份薄礼：一小瓶酒或一束鲜花，送贵重礼物有行贿之嫌。

英国人生活保守且讲传统，克制温和中饱含着固执，他们习惯于按以往的规矩办事，往往不愿意作出也不愿意看到突然变化。因此，在旅游活动中应避免对既定活动日程作出突然变更。当然，他们思想宽容，也尊重个人自由。

英国人时间观念很强。接到邀请之后，应明确告诉邀请人，以便于其安排，在英国造访朋友，最好先与他们联系一下，突然造访被视为打扰他人私生活的行为。

英国人不爱交际，不喜欢将自己的事情随便告诉别人，也无意打探别人的私事。为了避免与他人寒暄，他们乘车时常常埋头读报或读书。"不要管别人的闲事"已成为英国人处事的座右铭。

英国人存在着大国意识，有一股傲气。他们有很强的民族自豪感，心理上排外性很强，看不起别国人。他们对人或物的最高表达为"So-English"，言外之意，世界上的人和物都是英国最好。

英国人喜欢谈天气，这是见面时最普遍的话题，也是熟人间互相致意的客套。

（二）饮食服饰

1. 饮 食

英国菜的特点是油少而清淡，量少而精，讲究花色，注意色、香、味、形。饮食习惯是一日三餐加茶点。口味清淡，喜鲜嫩，不爱辣味。早餐丰盛，喜欢吃麦片、三明治、奶油、煮鸡蛋、果汁牛奶、可可等；午餐简单，喝茶不饮酒，通常是以冷肉和凉菜为主；晚餐一般为一天的正餐，比较丰盛。此外，每天上午 10 时和下午 4 时要喝"早茶"和"午茶"，晚饭后要喝"晚饭茶"，早晨要喝红茶，称为"床茶"。不喜欢味精做调料品，不吃狗肉，喜欢我国的京菜、川菜和粤菜。英国人从 19 世纪起就信服"人为生存而吃"的信条，因此不大讲究美食，所以烹调技术在国际上无竞争力。总体而言，英国人的饮食比较简单，但是他们创造的炸鱼、土豆条和三明治等对现代快餐业作出了重要贡献。

2. 服 饰

英国人一向注重服饰的得体与美观。在政府机关或大工商企业工作的职员，一般都穿一身"公务套服"，以灰暗的颜色为主，白衬衫，打领带；工人多穿蓝色工作服。每逢星期日，人们则穿上最好的衣服，去教堂做礼拜或访亲会友。

英国人重视传统服饰。在某些特定的场合，如法院正式开庭时，法官头戴假发，身穿黑袍。教堂做礼拜时，牧师要穿上长袍；而苏格兰至今仍保持着穿花格子裙的传统。他们头戴小黑呢帽，身着花格裙及短袜，手上拿着管风笛，这是苏格兰男人引以为傲的打扮。苏格兰男人爱穿花格裙，是因为不同图案的花格布代表着不同的氏族，每一个氏族都为自己设计一种代表氏族人精神及血缘关系的花格布。英国人也讲究舒适、多样。现代英国，非正式服装渐渐占了上风，在街上，你很难凭服装来判断一个人的身份。英国人穿西服时，双排扣的要把扣全扣上；单排扣的平时可不扣，正式场合也只扣一个，衬衣的袖口要扣上。访问客人时，男人进门须脱帽，进入教堂也须如此，而妇人进教堂必须戴帽或头巾，至少得有面纱。

（三）节日风情

1. 大众化节日

（1）圣诞节

每年的 12 月 25 日是基督教会中的圣诞节（Christmas），是纪念耶稣基督诞生的日子。但是，一些学者认为，这个节日的根源是古代人类庆祝冬季结束，期待春天再度来临的日子。这种说法的根据是，每年白天最短，黑夜最长的日子——冬至就在 12 月 21 日或者 22 日。传统的圣诞期在 12 月 25 日开始，一直到翌年的 1 月 6 日的所谓"第 12 夜"（Twelfth Night）结束。在这段时间，不少英国人会张灯结彩，装饰家居，以示庆祝。现在不少英国人可能在 12 月初已经购置圣诞树等装饰，放在家中，但按照古老传统，装饰是圣诞前夕才放在家中的。

（2）复活节

作为一个基督教国家，纪念耶稣受难后复活的复活节（Easter）是英国仅次于圣诞节的第二大节日。按照西方基督教会的传统，通常这个日子是在 3 月 21 日—4 月 25 日之间。这是因为复活节好像一些其他个别的教会日子一样，都是按照阴历计算的。复活节是在 3 月 21 日或以后的第一个月圆日之后的星期日。

2. 特殊性节日

除了以上法定假日外，还有其他全国性和地方性节日。如情人节（2 月 14 日）、愚人节（4 月 1 日）、圣帕特里克节（3 月 17 日）、莎士比亚戏剧节（4 月 23 日）、爱丁堡艺术节（8 月 9 日）等。

（1）愚人节

每年的 4 月 1 日是愚人节（April Fool's Day，All Fools' Day）。这个节日的确实来源已经不大清楚，但是，有资料显示，在 16 世纪的法国，一种类似的传统已经存在。无论如何，英国各地现在都有类似的习俗。在这一天，人们可以尽情地愚弄周遭的人，但最终都是一些无伤大雅的玩意。只不过，如果你在这天看英国的报纸，或者听电台广播，听到或看到什么特别的消息时，得千万小心，以免受愚弄。

（2）情人节

每年的 2 月 14 日是所谓的情人节（Valentine's Day）。现在这个节日已经成为了年轻人热切期待的一天，让他们有机会可以同心上人共庆良辰。不过，这个日子其实本来是教会中的一个圣人的纪念日，纪念圣瓦伦丁（St Valentine）。这位圣人据说是公元 3 世纪的一个人物，后来在罗马殉道。有传说说，他生前曾经极力协助一些有情人成为眷属，因此他的纪念日被用做所谓的情人节。无论此说是真是假，不少英国人都会在这一天发情人卡给心上人，但英国的传统是，发卡人不得在卡上签名或者留下任何可以显示自己身份的印记，以免遭厄运。

（四）行为禁忌

1. 称　呼

英国人对初识的人根据不同情况采取不同的称呼方式。对地位高或年龄较长的男女，称"先生"或"夫人"，而不带姓，这是相当正式、带有疏远意味的敬意的称呼。一般情况下则带上对方的姓，称"某某先生"、"某某夫人"、"某某小姐"，这些称呼都可冠以头衔，如"议员先生"、"市长先生"、"秘书小姐"等，在正式场合一般要有全称。英国人最怕别人称自己老，所以称呼英国老年人时，最好不要加"老"字。为了书写或称呼方便，英国人常常把长名缩写或简写；亲朋好友之间也常用昵称。

2. 禁　忌

（1）数字禁忌

同所有欧美国家相同，禁忌数字"13"和"星期五"。同时"3"也是一个不祥的数，有一火不点三支烟的说法。在英国，朋友相会或道别，要互相握手，但不能越过另两个人拉着的手去和第四个人握，因为这正好形成一个十字架，会带来不幸。

（2）颜色禁忌

厌恶墨绿色、黑色，也不喜欢红色。

图案禁忌：禁用山羊图案、大象图案、孔雀图案、黑猪图案、菊花图案、百合花图案、蝙蝠图案，送礼时也不送菊花、百合花。

（3）其他禁忌

不打听别人的私事，如年龄、工作、信仰、党派等。禁忌在老年人面前提及年龄，轻易不能上前搀扶。吃饭时，认为如果刀叉碰响了水杯而任它响个不停是不幸的。就餐时忌食胡萝卜；餐具也不能发出碰撞的声响，否则会带来不幸。交往中不要称"英国人"，不全面也不准确，说"不列颠人"，会令所有的英国人感到满意。有些英国人把打碎镜子看做自己的运气就要变坏的先兆。即将做新娘的姑娘，往往在婚礼之前拒绝裁缝要她试穿结婚礼服的请求，原因是怕婚姻破裂。此外，在英国人的家宴上，除女主人外，别人不能碰茶壶。与英国人交往，最大忌讳是把英国皇家的事作为笑料。

三、旅游资源

英国是现代旅游业的发源地，在19世纪上半叶，英国就开始发展旅游业。目前英国不仅是世界旅游收入大国，也是重要的旅游输出国。英国有宁静的湖泊、苍翠的幽谷、岩石崎岖的海岸与水流和缓的海湾，到处是未经破坏的天然景色，田园风光处处不同；而历史胜迹也同样丰富迷人，单是大英博物馆所收藏的举世珍奇就足以令人神往。主要旅游城市有伦敦、爱丁堡、伯明翰、利物浦。著名的旅游景观有伦敦塔、白金汉宫、圣保罗大教堂、唐宁街、温莎古堡、海德公园、大英博物馆、格林尼治天文台以及大本钟等。

（一）旅游名城

1. 伦　敦

伦敦位于英格兰东南部，跨泰晤士河下游两岸，距河口88千米。面积1 580平方千米，人口近1 000万。是英国大不列颠首都、英国第一大城及第一大港，欧洲最大的都会区之一兼四大世界级城市之一，与美国纽约、法国巴黎和日本东京并称为当今全球四大都市。大体呈四个圈层的同心圆式，包括伦敦城、内伦敦（伦敦城外的12个市区）、外伦敦（内伦敦以外的20个市区），伦敦未获英国城市地位，正式来说算不上是城市（其心脏地带伦敦市和西敏市才是城市），但因为自18世纪起它就一直是世界上最重要的政治、经济、文化、艺术和娱乐中心之一，一般人都误以为它是一座城市。从两千多年前罗马人成立这座都市起，伦敦一直在世界上具有极大的影响力。城市的核心地区伦敦市，仍保持着自中世纪起就划分的界限。然而，最晚自19世纪起，"伦敦"这个名称同时也代表围绕着伦敦市开发的周遭地区。这些卫星城市构成了伦敦的都会区和大伦敦区。从1801年到20世纪初，作为大英帝国的首都，伦敦因其在政治、经济、人文文化、科技发明等领域的卓越成就，而成为全世界最大的都市，伦敦也是迄今为止举办夏季奥运会次数最多的城市。还是历史上首座三度举办奥运会的城市，第一次：1908年伦敦奥运会；第二次：1948年伦敦奥运会；第三次：2012年伦敦奥运会。伦敦是一个非常多元化的大都市，其居民来自世界各地，具有多元的种族、宗教和文化；城市中使用的语言超过300种。同时，伦敦还是世界闻名的旅游胜地，拥有数量众多的名胜景点与博物馆等。伦敦被选为 2011 全球时尚之都，一举击败法国巴黎、美国纽约，其部分原因也是因为威廉王子和凯特王妃的大婚，但伦敦是一座名副其实的有着多年历史的时尚之都。

伦敦的主要景点有：

白金汉宫——是英国当代的王宫，英国王室生活和工作的地方，现今女王伊丽莎白二世的一些重要的国事活动都在这里举行。它位于西伦敦的中心地区，1703 年为白金汉公爵所建，故名。这是一座围着四方形的四条边砌成的三层建筑群，宫内有各种厅室 600 多个。王宫正门由皇家近卫队守卫着，每天上午 11：30，身穿全套古代御林军礼服的皇家卫队，都要举行一次十分庄重的换岗仪式，成为闻名的一景。

威斯敏斯特宫——是英国议会大厦，位于白厅大街南段泰晤士河畔。它是世界上最大的哥特式建筑物，主体建筑为 3 排长达 287 米的宫廷大楼，由 7 座横楼相连。宫内共有 14 座大厅和 1 100 多个房间，走廊总长达 3 000 米。东北角的方塔是钟楼，高 97 米，著名的"大本钟"安放于此。大本钟表盘直径达 7 米，时针和分针为 2.75 米和 4.27 米，钟摆的重量达 305 千克，而整个钟竟有 21 吨重。大钟每走一刻钟就会奏出一节优美的音乐。

伦敦塔桥——是泰晤士河上 28 座桥梁之一，建于 1886—1894 年，因桥身由 4 座塔形建筑连接而得名。两个桥墩是两座高耸的方塔，中间一段桥洞长 76 米，分上、下两层，可通行车辆。海轮通过时，下层桥面自动向上翻起。在历史上，伦敦塔桥被称为伦敦的正门，也是伦敦的标志，每年前来参观的游客有 300 多万人次。

唐宁街 10 号——它是乔治·唐宁爵士于 17 世纪建造的私人房产。其外观很普通，黑色木门上有个狮头铁门扣，上面是阿拉伯数字"10"，下面是锃亮的黄铜信箱口和球形捏手。特别之处是：它的临街窗口永远悬挂着窗帘，门口日夜肃立着头戴黑色高帽的守卫警察。自 1732 年以来，这里一直是英国首相官邸，震惊世界的许多重大决定都源于这座普通而神秘的楼房。

大英博物馆——又称不列颠博物馆，位于城北罗素广场。它建于 18 世纪中叶，是英国最大的综合性博物馆，和纽约的大都会艺术博物馆、巴黎的卢浮宫同列为世界三大博物馆。博物馆内保存着最能代表英国艺术和文学的珍品。

牛津大学和剑桥大学——牛津大学所在地牛津城，在伦敦西北 78 千米处，它是建于 1167 年的英国最古老的大学，没有围墙，没有统一的校园，实际上是遍布于牛津城各地 35 个学院的总称。剑桥大学在伦敦城正北 80 千米处。剑桥的历史虽比牛津短一点，但几个世纪以来，它自认为比牛津少一点保守，多一点激进。剑桥有 20 多个学院，三一学院是剑桥最大的学府，发现经典力学三定律的伟大物理学家牛顿就曾在这里学习过。这两所大学历史悠久，几乎是英国大学的代名词。它们是师资雄厚，英才辈出的学府。牛津大学注重人文、社会、政治等学科，第二次世界大战后担任首相而又进过大学的英国政治家几乎都出自牛津，仅担任首相的就有 21 人；剑桥大学则继承了牛顿和达尔文的传统，更侧重于自然科学的教学和研究，它的诺贝尔奖获得者数量为世界第一。

这两所大学气氛极不相同，人们称牛津是"大学中有城市"，而称剑桥是"城市中有大学"。

2. 爱丁堡

是苏格兰首府，也是一座保存完好的中世纪古城，历史可追溯到罗马时代，处处有古迹，文化气息甚浓。人口约 50 万。爱丁堡有新城与旧城之分。每年 8 月在此举办的军乐队分列式（Military Tattoo），更将爱丁堡城堡庄严雄伟的气氛表露无遗。新城在北，设计合理，为乔治时代（1714—1811）的建筑风格，其杰作为夏洛特广场，有人称其为"欧洲最高贵的广场"。新城北部有皇家植物园，园内杜鹃品种之多，数量之大，号称天下第一。老城是古堡所在地，古堡因城而得名，是爱丁堡最古老的建筑，也是全苏格兰最古老的教堂。作为一个大都会，这里经常举行国际性活动，其中世界著名的爱丁堡艺术节每年 8 月在这里举行，吸引了大批游客。

（二）旅游名胜

1. 尼斯湖

位于苏格兰高原北部的大峡谷中，湖身呈长条形，湖水平滑如镜。湖长 38.6 千米，两岸平均距离则只有 1.6 千米，有些地方水深达 274 米，8 条河流和多条溪水在此汇集，然后经尼斯湖出海。尼斯湖是上水湖，终年不冻，加上青山环绕，冬暖夏凉，故冬天也有游人慕名而来。当然，吸引游人的还有尼斯湖水怪之谜。关于尼斯湖水怪的记载可追溯到公元 565 年，从此以后，就不断传出水怪的消息，它每年都吸引着无数游客前来观光游览。

2. 格林尼治天文台

位于英国首都伦敦东南 8 千米处，是坐落在泰晤士河畔的小镇，人口 8 万多。它是从泰晤士河进入伦敦的必经之地，素有"伦敦咽喉"之称。本初子午线就镶嵌在子午馆的大理石中，铜线两边，标志着"东经"和"西经"字样，到此旅游者，身跨铜线拍照留念，以示脚踏东西两个半球。

3. 温 莎

位于伦敦以西约 32 千米的温莎镇，900 多年来一直是英国王室的居地，范围广阔，是世界上最大的古堡。温莎城原为威廉征服英国后在此建立的城堡，爱德华二世时，将城堡拆除，重新修建，成为今日所见的温莎古堡。20 世纪初，爱德华八世为忠贞于自己所选择的爱情，于 1936 年毅然摘下王冠，由一国之君降为温莎公爵，偕同爱妻住在温莎，使温莎古堡自此盛名远播，平添一份罗曼蒂克的气息。

第 四 节 荷兰——低地之国

1463 年正式成为国家，16 世纪前长期处于封建割据状态。16 世纪初受西班牙统治。1568 年爆发延续 80 年的反抗西班牙统治的战争。1581 年北部七省成立荷兰共和国（正式名称为尼德兰联合共和国）。1648 年西班牙正式承认荷兰独立。

17 世纪曾为海上殖民强国，继西班牙之后成为世界上最大的殖民国家。

18 世纪后，荷兰殖民体系逐渐瓦解。1795 年法军入侵。1806 年拿破仑之弟任国王，荷兰被封为王国。1810 年并入法国。1814 年脱离法国，翌年成立荷兰王国（1830 年比利时脱离荷兰独立）。1848 年成为君主立宪国。"一战"期间保持中立。"二战"初期宣布中立。1940 年 5 月被德国军队侵占，王室和政府迁至英国，成立流亡政府。1945 年恢复独立，战后放弃中立政策，加入北约和欧共体及后来的欧盟。

一、国情概述

（一）位置、面积、人口

1. 位　置

位于欧洲西北部，东面与德国为邻，南接比利时。西、北濒临北海，地处莱茵河、马斯河和斯凯尔特河三角洲，海岸线长 1 075 千米。全境为低地，1/4 的土地海拔不到 1 米，1/4 的土地低于海面，沿海有 1 800 多千米长的海坝和岸堤。13 世纪以来共围垦约 7 100 多平方千米的土地，相当于全国陆地面积的 1/5。境内河流纵横，主要有莱茵河、马斯河。西北濒海处有艾瑟尔湖。

2. 人　口

2012 年人口达到 1 673.37 万，是世界上人口密度最高的国家之一，超过 400 人/平方千米。

3. 面　积

荷兰国土总面积为 41 526 平方千米。

（二）民族、语言和宗教

1. 民　族

80% 以上为荷兰族，此外还有弗里斯族。印度尼西亚人 2.4%，德国人 2.4%，土耳其人 2.2%，苏里南人 2.0%，摩洛哥人 1.9%，荷属安第列斯人和阿鲁巴人 0.8%，其他种族 6.0%。

2. 语　言

官方语言为荷兰语，弗里斯兰省讲弗里斯语。

3. 宗　教

荷兰宪法规定宗教信仰自由。对荷兰社会影响最大的是罗马天主教和荷兰新教。63% 的荷兰人不参加教会。天主教主要在南部地区，而新教（主要是荷兰革新教会）在北方较为普遍。荷兰居民穆斯林约占 6%，29% 信奉天主教，19% 信奉基督教。

自从 16 世纪的宗教改革以来，荷兰的宗教分为罗马天主教与新教。从西南部的泽兰省到东北部的格罗宁根省大致可划出一条粗分线。该线的北边传统上为新教占优势，南边则为天主教区。新教本身又可进一步分成许多组别，譬如革新教、自由新教和路德教等等。

（三）国家标志及释义

1. 国　名

关于荷兰国名的由来，有两种主流说法：

一种为：从日耳曼语"霍特兰"一词演变而来。"霍特"意为"森林"，"兰"意为"土地"或"国家"，合起来就是"森林之地"的意思。因为古代这里林木参天，绿茵遍地。

另一种为：由丹麦语 ollant 的拼写演变而来，是潮湿之意。荷兰原为省名，指今荷兰多德雷赫特及其附近地区。16 世纪，为反对西班牙的统治，荷兰联合周围几个省，组成"尼德兰联合省"，而荷兰是其中最重要的一个省（州），在政治、经济方面都处于领导地位，于是，人们逐渐将"荷兰"和"尼德兰"等同起来，后来"荷兰"就成为了这个国家的代称。但是在国际、外交正式场合，还需用尼德兰这个国名。"尼德"是"低地"的意思，"兰"是"国家、地方"的意思，合起来就是"低地之国"（因其境内 1/4 的土地低于海平面）。

2. 国　旗

呈长方形，长与宽之比为 3∶2。自上而下由红、白、蓝三个平行相等的横长方形相连而成。蓝色表示国家面临海洋，象征人民的幸福；白色象征自由、平等、民主，代表人民淳朴的性格特征；红色代表革命胜利。

3. 国　花

郁金香。在荷兰，郁金香是美好、庄严、华贵和成功的象征。

4. 国　鸟

荷兰的国鸟，嘴极像琵琶，故得名。目前世界上白琵鹭的种群数量约有 31 000—34 500只，冬季有过千只成群于鄱阳湖（江西）越冬的记录。

5. 国　歌

Wilhelmus van Nassouwe（荷兰语）（"William of Nassau"），汉语意思就是《威廉·凡·那叟》，常常被人们简称为 Het Wilhelmus（The William）。为世界上最古老的国歌，歌词大致写于 1568 和 1572 年间，是为纪念威廉·凡·那叟而写的，据考证，这首歌曲的旋律实际上是一个法国士兵哼唱的曲子，后被改编，到了 1932 年被正式定为国歌。

二、文化习俗

（一）礼仪礼节

荷兰人在官方场合与客人相见时，一般惯行握手礼。与一般朋友相见时，大多惯施拥抱礼。在与亲密好友相见时，有人也施吻礼（一般是亲吻双颊）。

1. 一般礼仪

不必给出租汽车驾驶员小费。

2. 称谓与问候

正式信函来往要用头衔称号；在其他情况下可以不拘形式。见面时要与在场的人一一握手，包括孩子。

3. 约会与准时

对约会讲究信义，并有准时赴约的好习惯。

4. 款待与馈赠

送鲜花、巧克力或类似的礼物是当地习俗。新颖别致的礼物最受欢迎。礼物都要精心包装。不要把其他食品作为礼物。

在啜第一口酒之前或之后进行祝酒。

5．交　谈

荷兰人喜欢人们赞美他们的家具、艺术品、地毯以及其他的室内陈设。

应回避的话题：美国的政治、金钱和物价。

恰当的话题：荷兰的政治、旅行和体育运动。

（二）饮食与木鞋

1．饮　食

牛奶、土豆、面包是荷兰的主要食品。

荷兰人的早午两餐多吃冷餐。荷兰人早餐只是面包涂奶油或奶酪，喝些牛奶或咖啡。荷兰人不怎么喜欢喝茶，平常以喝牛奶来解渴。午餐也很简单，大多只是面包夹火腿。

荷兰人的晚餐才是正餐。正正经经地在餐桌上铺上台布、餐巾，放上刀叉、汤匙、杯碟与调味品等。通常是两道菜、一道汤：第一道是汤，常常是粟米粉调成稀糊；第二道常常是蔬菜，这些蔬菜烧时都不加油盐调料，吃时用奶油、肉汁混合浇在这些蔬菜上；第三道通常是肉，大多是牛排。荷兰人用奶油煎牛排，牛排放在平底锅里略微煎一下就拿起来。放在盘子里再放精盐、胡椒粉、番茄酱等调味品。牛排切开时还带血。

2．服　饰

如果你要寻找荷兰独具本地风光之物，那么，抬头望去的是风车，低头看到的就是木鞋。木鞋在荷兰已有几百年的历史，现在它已从原先的实用功能，演变为一种工艺，成为一种代表着荷兰的文化符号。从繁华都城阿姆斯特丹到海滨小镇沃伦丹，每到一处，总有木鞋的影子在身边出现，它们或静静地躺在荷兰人家的阳台上，甘心充当插满郁金香的花瓶，或拥挤在吵闹的市场中，成为游客们竞相挑选的旅游纪念品。当然，在某些小镇的田间，你或许还能看到脚踩木鞋耕作的农民伯伯。

（三）节日风情

荷兰除了宗教节日外，具有地方特色的节日主要有：

（1）女皇国会游行

每年9月的第3个星期二。荷兰女王会乘坐镀金马车到中世纪骑士楼发表皇室演讲，这个特殊的日子被称为女皇国会游行，因为这也标志着荷兰国会正式开会。皇家马车将于下午1点左右由皇宫出发前往中世纪骑士楼，沿途马车受到成千上万群众的夹道欢迎。

（2）荷兰舞蹈节

时间为每年10月30日—11月17日。舞蹈节汇聚了数万名观众和众多来自世界各地的舞蹈家。节日的高潮是于10月30日举行的舞蹈大游行。

（3）豪达烛光之夜

时间为每年12月19日。中世纪古城豪达自15世纪以来就以生产蜡烛而闻名于世。每年圣诞节前，哥特式建筑的市政府大楼前，巨大的圣诞树上装饰了无数闪烁的蜡烛。大家围着圣诞树唱响颂歌，为节日增添了庄重而温馨的气氛。

（四）行为禁忌

1. 数字禁忌

荷兰人忌讳"13"、"星期五"。他们认为"13"象征着厄运，"星期五"象征着灾难。

2. 交谈禁忌

荷兰人在相互交往中，不愿谈论美国、钱和物价等方面的问题。

3. 民俗忌讳

荷兰的古城史塔荷斯特被视为"神秘的女人村"。这里的妇女对现代化设施、器械以及社会风尚都很反感，甚至表示憎恶。另外，她们还特别忌讳别人对她们拍照。荷兰人忌讳询问宗教信仰、工资情况、婚姻状况、个人去向等问题。他们认为私人事宜不需要他人过问。他们喝咖啡忌讳一杯倒满。他们视倒满为失礼的行为和缺乏教养，认为只有倒到杯子的 2/3 处才合适。

三、旅游资源

荷兰是一个著名的旅游国度，被称为风车王国、花卉之国，它由风车、木屐、郁金香所串起的如织美景，带给人们无数的梦幻与想象。

（一）旅游名城

1. 阿姆斯特丹

作为荷兰首都，阿姆斯特丹占尽了各种优势，成为任何时候都可以去游玩的城市。来到荷兰，只需到阿姆斯特丹一游，就可将从古典到现代的各式各样的荷兰尽收眼底。阿姆斯特丹是欧洲文化艺术名城。全市有 40 家博物馆。国家博物馆收藏有各种艺术品 100 多万件，其中不乏蜚声全球的大师的杰作。

（1）艾尔米塔日博物馆

艾尔米塔日博物馆现位于新绅士运河河畔。自 2004 年 2 月以来博物馆已接待了超过 50 万名参观者，举办了 8 次成功的展览。

2009 年春，艾尔米塔日博物馆新馆重新揭幕。新馆位于阿姆斯托霍夫大楼内，是一座 17 世纪的古老建筑。届时俄罗斯的艺术品将在阿姆斯特丹展出。

（2）阿姆斯特丹市立博物馆

阿姆斯特丹市立博物馆现收藏了世界上最重要的现代艺术和设计藏品，其中包括艾波、夏卡尔、德·库宁、马列维奇、马蒂斯（Matisse）、蒙德里安、毕加索（Picasso）、里特维尔德和沃荷（Warhol）等艺术大师的大量作品。这些藏品使市立博物馆在世界上与纽约的现代艺术博物馆（Museum of Modern Art）、古根汉美术馆（Guggenheim Museum）以及伦敦的泰特现代美术馆（Tate Modern）和巴黎的蓬皮杜艺术中心（Centre Pompidou）齐名。市立博物馆于 2009 年 12 月在阿姆斯特丹博物馆广场重新揭幕。原来的历史建筑被进行了全面的装修，并延伸出了一座新翼馆和一个新的主要接待入口。新市立博物馆将成为一座当代平台上的古典博物馆：在原来编年陈列的藏品以外，开设了一个新的部分"浴缸"，通过一个个令人兴奋的新近艺术展感触当代潮流的脉搏。

（3）凡·高美术馆

参观凡·高美术馆将是一次独一无二的体验。超过 200 幅油画、600 幅素描以及约 750 封亲笔书信，相信世界上没有任何一家博物馆能够收藏如此多的凡·高作品。参观者可以紧紧跟随着凡·高的绘画生涯，体会画家的成长，比较与同时期画家作品的差异。19 世纪画家如图卢兹－劳特累克（Toulouse－Lautrec）、高更（Gauguin）和雷东（Redon）的作品均在其列。此外，美术馆还经常举办关于 19 世纪艺术史的不同主题的展览。

（4）国立博物馆

在博物馆主建筑装修期间，国立博物馆在飞利浦翼楼举办黄金时代精品展，包括精美的玩偶屋、价值连城的银器、精品代尔夫特陶器、最大的神枪手画像，以及大量绘画大师的作品，例如简·斯蒂恩（Jan Steen）、弗兰兹·哈尔斯（Frans Hals）、维米尔、伦勃朗等。共有超过 400 幅绘画精品在国立博物馆展出，特别是伦勃朗的旷世名画《夜巡》尤为引人注目。如此多的绘画精品集中在一起堪称独一无二。

2. 海　牙

海牙是荷兰的政府和议会所在地，全国第三大城市，南荷兰省首府。位于荷兰西海岸距北海 6.4 千米的砂地平原上。面积 100 平方千米，人口 50 万（2012 年），属温带海洋性气候。文化机构设施包括博物馆、美术馆（藏有伦勃朗等大师的作品）、艺术学校、音乐学校、交响乐团、剧团和芭蕾舞团等。公园、绿地、运动场众多。辟有欧洲最大的野营公园。著名建筑有诺尔登德宫、毛里修斯宫（均为 17 世纪建）等。附近的斯赫维宁根是荷兰最大的海滨浴场之一，在此可饱览碧波万顷的北海，是著名的旅游胜地。

（1）莫里茨皇家美术馆

莫里茨皇家美术馆位于海牙美丽的老城中心，比邻国会大厦（Binnenhof）。维米尔的《戴珍珠耳环的女孩》收藏于此，每天吸引并感染着络绎不绝的参观者。

莫里茨皇家美术馆是一座 17 世纪的宫殿，藏有独一无二的皇家绘画收藏。荷兰绘画大师维米尔的《代尔夫特风景》、伦勃朗的《杜尔普教授的解剖课》、鲁本斯的《圣母升天图》，以及弗兰兹·哈尔斯和简·斯蒂恩的作品都是展览的精品。

（2）海牙市立博物馆

海牙市立博物馆由荷兰建筑设计大师伯尔拉赫（H. P. Berlage）于 1935 年设计建造完成。它独特的设计风格令每一位参观者眼前为之一亮。多方面的收藏、众多的展品，以及世界上最多的风格派创始人皮埃特·蒙德里安（Piet Mondrian）的作品收藏同样不断带给人们以惊喜。

蒙德里安的最后一幅抽象画《胜利之舞》堪称镇馆之宝。海牙画派、毕加索、凡·高、托岁普，以及当代德国画家丹尼尔·里希特、约尔格·伊门道夫和奥尔格·巴泽利茨等的著名作品也都是精品中的精品。其他展厅还收藏了海牙银器、代尔夫特陶器、玩偶屋和 7 个不同时期的房间等。更多惊奇等您来亲自探索。

3. 乌特勒支

乌特勒支位于荷兰中部，是荷兰交通系统相当重要的枢纽，有近两千年的建城历史。旧城区仍保留了数百年不变的风光，处处弥漫着一股幽静沉稳的气息。乌特勒支的建城历史可远溯至公元 47 年，当时是罗马人为了保护莱茵河口所建的军事要塞，称为莱茵渡口。3 世纪时，日耳曼人从东边进攻，摧毁了这座要塞，结束了罗马帝国的统治。到了 7 世纪后期，改信基督教的法兰克王丕平二世掌权，命荷兰传教士为第一任大主教，并以乌特勒支为中心，致力于教区人民改信基督教。在一代代主教的努力下，乌特勒支在 13 世纪兴建了一座大教堂，后来又以大教堂为中心，在东西南北四面各建一座呈十字形布局的教堂。自此，乌特勒支的基督教大本营地位得以奠定，今天仍存留在城内的众多教堂及修道院遗迹便能证明基督教对这座古城的深远影响。自 17 世纪开始，乌特勒支逐渐发展成为商业与工业重镇，19 世纪更因为铁路与公路的开发，而升级为省一级的城市。乌特勒支这个名词不仅代表城市的名字，也是一个省的名字——乌特勒支省，省会就是乌特勒支市。

（1）圣凯瑟琳女修道院博物馆

精美的金器和银器、圣像、品牌牛仔裤 GSUS、伦勃朗等大师的绘画作品、影像艺术作品以及有数百年历史的手稿——所有这些，还有更多的展品，您都可以在乌特勒支的圣凯瑟琳女修道院博物馆看到。博物馆的建筑原为一座 15 世纪修建的修道院。这座博物馆因为收集了新教和天主教两大教派的艺术作品，在世界上具有无可比拟的地位。

在修道院的宴会厅中，您可以欣赏到顶级的中世纪藏品；在修道院的走廊，您可以走过基督教的历史。通过观看展览，参观者可以全面了解为什么要庆祝复活节和圣灵降临日，还有他们的名字是以哪个圣人命名的。从 2009 年年初开始，乌特勒支翼馆专门举办了一次关于乌特勒支教会当局和艺术生产的展览。

欧洲城市的《米其林指南》（2006 年）评价圣凯瑟琳女修道院博物馆"值得一游"，并给出它最高评级——3 星级。博物馆在 2008 年 1 月，还获得了欧洲博物馆年度奖的提名。

（2）乌特勒支中央博物馆

中央博物馆的主要部分坐落在一个中世纪的修道院中，并以拥有非同寻常的各种各样的藏品为傲。博物馆不但拥有传统艺术品，包括文艺复兴时期的画家扬·凡·斯霍勒尔的作品，还拥有留给人深刻印象的应用艺术品，流行时装及现代和当代艺术品。

除了主馆之外，博物馆还拥有许多独特的分馆，包括迪克·布鲁纳之家，其中藏有1 200多幅布鲁纳的作品，包括布鲁纳早期的素描、米菲兔的书籍封面，以及为国际大赦组织和红十字会创作的儿童书籍。

里特维尔德之家被视为中央博物馆一个绝对顶级的分馆。里特维尔德之家由里特维尔德在 1924 年修建，并是唯一的一座完全按照荷兰风格派运动的建筑原则修建的建筑物。里特维尔德之家已经被列入联合国教科文组织的《世界遗产名录》。

4. 鹿特丹

鹿特丹是荷兰第二大城市，欧洲第一大港口，位于欧洲莱茵河与马斯河汇合处。整座城市展布在马斯河两岸，距北海约 25 千米，由新水道与北海相连。港区水域深广，内河航船可通行无阻，外港深水码头可停泊巨型货轮和超级油轮。鹿特丹是连接欧、美、亚、非、澳五大洲的重要港口，素有"欧洲门户"之称。城市市区面积 200 多平方千米，港区100 多平方千米。市区人口 57 万，包括周围卫星城共有 102.4 万。鹿特丹地势平坦，位于荷兰低地区，低于海平面 1 米左右。其东北部的卫星城亚历山大斯塔德附近低于海平面6.7 米，为荷兰最低点，该处有居民 17.5 万。鹿特丹气候冬季温和，夏季凉爽，1 月最冷，平均气温 1 ℃，7 月最热，平均气温 17 ℃，年降水量 700 毫米。

（1）博伊曼斯·范伯宁恩美术馆

参观博伊曼斯·范伯宁恩美术馆就是享受一次穿越，从中世纪早期到 21 世纪的艺术史的旅行。从布鲁格尔的《巴别塔》、伦勃朗的《提图斯》到达利的《红唇沙发》，每位参观者总能找到一些您感兴趣的藏品。

欣赏这些古代画家的名作的同时，您可以看到印象派与现代主义的诞生和发展历程。你的想象力将被超现实主义艺术家所激发出来，并且充分感受现代艺术的多样性，品味当代设计，欣赏与简·斯蒂恩画中一模一样的盘子和汤匙。该博物馆拥有世界一流的艺术作品，并举办多种临时展览。值得一提的是，博物馆还设有一家精美的建于 20 世纪 30 年代的餐厅。不但可以俯瞰雕塑花园，还可以保证您享受几小时的视觉盛宴。

（2）鹿特丹 Kunsthal 艺术中心

鹿特丹 Kunsthal 艺术中心是由鹿特丹的建筑师 Rem Koolhaas 设计的一栋吸引眼球的建筑，展览馆面积超过 3 300 平方米。单单这座惊人的建筑，就足够能成为您走访 Kunsthal 艺术中心的理由。

这座博物馆是一个展览中心，每年大概要举办 25 场左右的展览。Kunsthal 艺术中心从世界最宽广的视角展示了艺术和文化，涵盖传统与当代艺术、设计与摄影，兼顾顶级精英与流行品位。这种做法产生了一系列有趣而不断变化的保留展览，其中包括新艺术大师阿方斯·慕夏、图卢兹—劳特累克、印象主义、浪漫主义、日本春宫版画、德·库宁和亨利·摩尔的作品。

（二）旅游名胜

1. 罗宫庄——昔日荷兰皇室炎夏最爱到阿培尔顿（Apeldoorn）的"罗宫"避暑，现在游客也有这个荣幸一睹这座建筑的风范。从 1984 年开始，这里成为了博物馆，珍藏许多皇室的用品，皇宫本身和周围的庭园，则保持它 17 世纪时的模样。走入罗宫，可以看到富丽堂皇的内部装饰，而室外庭园有绿草如茵的雕塑环绕。在经过荷兰政府的重整之后，无论是皇宫本身，或是周围的庭园，几乎都恢复了 17 世纪时的旧观。进入罗宫之后，记得一定要仔细欣赏每个房间，因为它真实生动地展现出了从威廉和玛丽到威廉明娜女王（Queen Wilhelmina）在位时，皇室 300 年来的家居生活。在这些房间内，有永久与暂时展出的皇家物品，包括文件、绘画、瓷器、银器，以及皇家和宫廷服饰，都呈现出以橙色为代表色彩的拿骚家族与荷兰的渊源。马厩内展出的，则是皇家御用马车、猎车、雪橇和老爷车等收藏品。走到户外的庭园中，巴洛克风格的庭园完全被阶梯、藤架、雕刻与花瓶所环绕，这里的花花草草在有心栽培之下，每年春夏时所呈现的美景，跟 17 世纪时皇室所欣赏到的完全一样。而园内的喷泉和人造瀑布也犹如 17 世纪般，随时有精彩的演出。

2. 羊角村——羊角村风情独具，村庄里的房舍又各个经典别致，不少荷兰人都想在那里买栋房子作为度假时的别墅。不过，由于村落里的人口不多，政府为了维持当地的人口数量，规定只有把羊角村的住房视为"第一住宅"的人家，才有资格在这儿置产。如果不打算长住羊角村，只想买个房子度假用的人，大概永远都只能坐在船上远远观望了。

3. 荷兰民俗村——位于荷兰赞丹市北郊的 Zaans 河边，距阿姆斯特丹仅 20 千米，至今仍保留着 16、17 世纪的旧式建筑、传统文化与工艺，并融和了现代化生产方式。该民俗村集生活与旅游于一体，以其优美的自然环境、庄重古朴的旧式建筑、丰富的展品及传统工艺展示和古老的风车每年吸引了大量的游客。

4. 阿姆斯特丹国立博物馆——是荷兰在历史与艺术方面最大的博物馆。该馆始建于19世纪初。其藏品包括著名画家伦勃朗、维米尔、弗兰兹·哈尔斯、斯蒂恩等人的经典作品以及代尔夫特陶器、银器、家具、武器、印刷品、船模型、佛像等数量众多的文物和艺术品。

5. 库肯霍夫郁金香公园——是全世界规模最大的郁金香公园,位于荷兰利瑟附近,介于阿姆斯特丹和海牙之间,距莱顿很近。该公园的历史可追溯到1840年。在那里,您能感受到自然与文化的和谐交融。库肯霍夫郁金香公园每年春季开放,从3月23日到5月21日,每日8:00—19:00(售票处18:00关闭)。

6. "小人国"——小人国位于海牙,是一浓缩了荷兰各大城市和著名景点的微缩景园。在那里,您可一览荷兰的全貌:阿姆斯特丹的运河、阿尔克马尔的奶酪市场、三角洲工程以及风车、帆船、火车、铁路等等。所有景点均按照1:25的比例建造。除此之外,该景园还不时推出一些展览项目,比如中国冰雕展等。

第五节 意大利——靴型岛国

意大利,国名释义为"小牛生长的乐园",它是一个美丽而具有古老文明的国家,也是西方社会经济最发达的七个国家之一。意大利是从古罗马逐步演变发展起来的。古罗马从公元前753年开始,直至公元476年西罗马帝国灭亡,前后共1 229年的漫长历史。在这期间又可分为古罗马王政时期、古罗马共和时期。14世纪和15世纪,在地中海沿岸的某些城市开始出现资本主义的最初萌芽。从16世纪到18世纪中叶,专制主义制度在意大利各城市确立,并形成了强大的中央集权国家。意大利在此期间不断遭受外族入侵,争取民族独立的斗争也此起彼伏。1870年,意大利统一后资本主义经济得以迅速发展。20世纪初,进入帝国主义阶段并开始殖民扩张。1922年墨索里尼上台,同德国、日本结成同盟,参加第二次世界大战,三年后战败。1946年6月2日,废除君主制,成立意大利共和国。1970年11月6日同我国建交。

一、国情概述

(一)位置、面积、人口

1. 位 置

意大利地处欧洲南部地中海北岸,其领土包括阿尔卑斯山南麓和波河平原、亚平宁半岛、西西里岛、撒丁岛及其他小岛。亚平宁半岛南北长1 300千米,东西宽600千米,它像一只巨大的长筒靴伸入蔚蓝色的地中海之中。西西里岛南面是马耳他海峡,濒临地中海中的岛国马耳他。在意大利境内还有两个独立的国家:一个是地处东北部的圣马力诺共和国,它是欧洲最古老的共和国,也是世界上最小的共和国;另一个是梵蒂冈,它位于意大利的首都罗马,是罗马天主教会的中心。

2. 面 积

面积301 333平方千米。海岸线长7 200多千米。

3. 人 口

意大利现有人口6 074万（2011年），居欧洲第五位，人口变化趋势中女性略高于男性，劳动人口比例下降，人口结构趋于老化。平均寿命为77岁。城市人口占72％，农村人口占28％，主要集中在现代化大城市、平原和沿海地区。意大利是世界上移民最多的国家之一。

（二）民族、语言和宗教

1. 民 族

在意大利的民族构成中，95％以上是意大利人，此外还有法兰西人、加泰隆人、弗留里人等，基本上是单一民族的国家。

2. 语 言

意大利的官方语言是意大利语，它属于印欧语系新拉丁语族（或称为罗曼语族）。意大利语还是圣马力诺、梵蒂冈的官方语言，也是瑞士四种正式语言之一。意大利语是世界上使用人口较多的语言。个别地区讲法语和德语。

3. 宗 教

意大利90％以上的居民信奉天主教。宗教在意大利有2 000多年的历史，它与意大利人的关系极为密切，并对意大利的政治、经济、文化、教育及人民等各个方面带来很深的影响。

（三）国家标志及释义

1. 国旗国徽

意大利国旗由绿、白、红三个垂直相等的长方形组成。绿色代表葱郁的山谷，白色代表皑皑的白雪，红色象征着烈士们的鲜血。意大利国徽是由五角星、齿轮、树枝、彩带四个部分组成的圆形徽章。国徽图案中心是一颗镶有红边的白色五角星，五角星象征意大利共和国。五角星背后是一个银灰色的大齿轮，齿轮象征劳动人民和国家的工业。大齿轮周围由橄榄树枝和橡树枝环绕，两种树枝下部呈十字交叉形，橄榄枝象征和平，橡树象征力量与强盛。树枝下有红色彩带，带上写有"意大利共和国"字样。

2. 国 歌

意大利国歌是《马梅利之歌》，原名为《意大利人之歌》。1946年6月2日意大利共和国成立后，《马梅利之歌》被定为国歌。

3. 国 花

意大利国花是雏菊，又名五月菊。它是1789年从中国传入欧洲的。

二、文化习俗

（一）礼仪礼节

多变的地形和宜人的气候塑造了意大利人"热情有余，严肃不足"的民族性格。他们开朗，热情，浪漫，特别值得称道的是意大利人的热心肠，你要是遇到什么难处，他们绝不会袖手旁观，一定会卷起袖子帮助你。当然，意大利人的热情有时会让人受不了。

意大利人说话时喜欢靠得近些，双方的间隔一般在 30—40 厘米，有时几乎靠在一起。他们不喜欢交谈时别人盯视自己，认为这种目光是不礼貌的。他们喜欢用手势来表达个人的意愿，常用的有用手轻捏下巴表示不感兴趣，快走等。意大利人请客吃饭，通常是到饭馆里去，有时也会在家中宴请亲朋好友。

（二）饮食服饰

1. 饮　食

意大利餐不仅烹调技术历史悠久，菜肴脍炙人口，而且饮食卫生、服务质量都很高。意大利餐与中国餐、法国餐在世界上齐名。意大利菜的特点是味浓、香、烂，以原汁原味闻名。烹调上以炒、煎、炸、红烩、红焖等手法著称，并喜欢把面条、米饭作为菜用，而不作为粮食。意大利人习惯把饭煮成六、七成熟就吃。比萨饼和意大利粉是很出名的食物。意大利人最喜欢吃比萨饼，它是一种最大众化的食品，有数不清的做法和品种，可以说是意大利食品的代名词。最地道的比萨饼一定要用一种特殊的硬质木柴来烤制，烤出的比萨有一种特有的香味。意大利的饮食除了自身的特色外，还与中国有一些相同之处，如中国人喜欢吃面条、饺子，意大利人也喜欢，而且普遍认为面条是由威尼斯商人马可·波罗从中国传入意大利的，只是经过意大利人几个世纪的改造和发展，更加发扬光大；当地人爱喝浓咖啡。意大利的酒吧间很多，人们最喜欢喝一种叫卡普奇诺的饮料，它是意大利特有的一种带泡沫的饮料，喝前加点白糖，十分可口。意大利人不论男女都喜爱饮酒，常饮的品种有啤酒、白兰地等，特别爱喝葡萄酒，很少饮烈性酒，在正式宴会上，每上一道菜便有一种不同的酒。

2. 服　饰

意大利素以服装设计制造、皮鞋生产和首饰加工等闻名于世。意大利服装在世界上久负盛名，在意大利穿流行服装的人不多，流行服装的时间性很强。意大利服装大致可以分为民族服装、普通服装、正式服装和流行服装四类。民族服装代表着各民族的传统习惯，一直保留至今，但只是重大节日、喜庆活动或表演传统节目时才穿，以增添欢乐的情趣。意大利人平时都穿普通服装，男士穿各种衬衫、T 恤衫、便装夹克、牛仔裤及各种长裤，妇女穿绣花衬衣、棉麻丝绸上衣、连衣裙、短裙等。参加重要会议、宴会或观看演出以及在政府机关或重要公共场所工作，男士才穿西服，系领带，喜欢穿三件式西装，女士则穿西服套裙。

（三）节日风情

意大利全年有大约三分之一的日子属节日：有的是宗教节日，有的是民间传统节日，有的是国家纪念日。节日多这一事实是意大利人崇尚自由、浪漫天性的体现，也是意大利人注重传统的见证，同时保障了意大利人可以充分地享受生活，丰富生活。特别是在夏季，人们一般都有两个星期至一个月不等的夏假。这是大家出国旅游、海滨度假、山上湖边回归大自然的好时机。

1. 宗教传统节日

圣诞节：它是意大利全国每年最重要的节日，既是宗教性节日，又是民间的传统节日，为每年的 12 月 25 日。每年圣诞，天主教教皇都要在梵蒂冈举行一系列盛大的宗教仪式以兹庆祝。

主显节：每年 1 月 6 日，纪念耶稣显灵的节日，也是意大利的儿童节。相传，东方三贤士见到一颗代表耶稣的明亮的星星，于是，在 1 月 6 日那天来到伯利恒拜见诞生不久的耶稣，这就是宗教上所说的耶稣显灵和三贤朝圣。

复活节：复活节的日子不是固定的，一般在 4 月初。每年春分第一次月圆后的第一个星期日是复活节。传说耶稣受难三天后复活了。彩蛋、兔子和小鸡是这个节日的象征，代表着新生命的诞生。于是，人们要购买这些形象的装饰品并食用壳为巧克力，内包小礼物的复活节彩蛋。

狂欢节：狂欢节一般在 2 月份。各个城市一般都会组织各种庆祝活动，有化装游行、各种文艺演出等等。人们也穿戴整齐，相拥着来到广场、公园。有的扮成各种动物，有的装成各种明星，有的身着古人的衣物，戴着面具，涂着油彩，汇聚成一个神奇的世界。人们手中拿着彩色的纸条或纸屑、瓶装的液体泡沫、充气的塑料棒，向认识和不认识的人身上撒去、喷去、敲去、撞击出一片片欢乐。意大利以狂欢节著称的城市是位于海滨的维亚雷焦。此外，威尼斯、罗马、米兰、佛罗伦萨的狂欢节也各具特色。

八月节：八月节就是前文所讲的夏假。说起它的历史来可以追溯到两千多年前的古罗马。当年，为了让人们尽情地欢乐，享受生活，皇帝奥古斯都（Augusto）定 8 月 1 日为节日。从 17 世纪末，八月节改为 8 月 15 日。人们要在八月节前后度假，避过在一年中最热的时候工作而充分体味炎热带来的激情与热烈。

国庆节：意大利的国庆节为每年的 6 月 2 日。1946 年 6 月 2 日，意大利全民公决，正式废除君主制，建立了意大利共和国。

元旦：随着圣诞节的到来，新的一年也就要来临了。圣诞节是家人团聚的传统节日，而元旦是一个亲朋好友相聚，共迎新年的时刻。人们要在午夜前赶到城市的中心广场上，带着香槟酒和纸杯。当新年钟声敲响的时候，人们不约而同地举杯，碰杯，互相斟酒。当音乐从广场上的一辆辆彩车中跃动出来时，人们情不自禁地蹦起来跳起来，不分年龄、性别、国籍，互相祝福。

万圣节：每年的 11 月 1 日。类似于我们的清明节，是一个怀念故人的日子。人们要向逝者献菊花。

2. 特殊性节日

威尼斯赛船节：每年 9 月份第一个星期日的下午，赛船节就会在贯穿威尼斯城的大运河上开赛。这是全年若干次赛船活动中最为隆重、最为热闹的一次。早在 13 世纪下半叶，赛船在依水而生的威尼斯已经普遍存在。而到了 15 世纪，一次盛大的欢迎活动后，威尼斯最盛大的节日诞生了。当时，威尼斯贵族女子卡泰丽娜·科尔纳罗与塞浦路斯、耶路撒冷和亚美尼亚国王詹姆斯二世结婚，并在后来成为塞浦路斯女王。1489 年，科尔纳罗回到威尼斯。为了欢迎她，船只在大运河两岸排开，并在仪式结束后展开了竞赛。如今，历史已经不在，赛船却一直延续了下来。不过，今天的比赛中，仍有人模仿当年的情形，穿上华美的古代服饰，坐在贡多拉里游走在大运河上。其他还有两种说法：一是最早记载的一次木桨船比赛于 1247 年 9 月 15 日举行；二是沿袭历史传统，大多数以 9 月第一个星期日这次赛船最为隆重，并且当做赛船节的闭幕式。

（四）行为禁忌

1. 数字忌讳

意大利人忌讳"13"和"星期五"，认为"13"这一数字象征着"厄兆"，"星期五"也是不吉利的象征。现代人对"13"和"星期五"的不祥预兆据说起源于1307年10月13日，星期五。这一天罗马教廷的教皇和法国国王联合执行了一条对圣殿骑士团的秘密处决令。圣殿骑士们因为被说成异教徒而被判处死刑，失去了他们长期以来所拥有的权利。基督教大长老雅克·德沐莱被捕，他死前受尽了折磨，最终被钉死在十字架上。但也有传说认为是起源于基督教徒的信仰，即"13"是最后晚餐中聚会的人数，餐桌上第"13"位弟子是叛徒犹大。

2. 交谈忌讳

意大利人还忌讳别人用目光盯视自己。认为目光盯视人是对人的不尊敬，可能还有不良的企图。在与不认识的人打交道时，忌讳用食指侧面碰击额头，因为这是骂人"笨蛋"、"傻瓜"。一般也忌讳用食指指着对方，讲对方听不懂的语言，这样做造成的后果将不可收拾。

3. 民间忌讳

意大利人忌讳菊花。因为菊花是丧葬场合使用的花，是放在墓前为悼念故人用的花，是扫墓时用的花。因此，人们把它视为"丧花"。如送鲜花，切忌不能送菊花，如送礼品，切忌不能送带有菊花图案的礼品。

意大利人忌讳用手帕作为礼品送人。认为手帕是擦泪水用的，是一种令人悲伤的东西。所以，用手帕送礼是失礼的，也是不礼貌的。

三、旅游资源

意大利是世界上著名的旅游国家，旅游业发达，居世界第三位。同时气候宜人，风景秀丽，旅游资源十分丰富，文物和古迹众多，有良好的海滩和许多旅游点，享有"欧洲的天堂和花园"之美誉。意大利早在19世纪下半叶就成为世界著名的旅游地区，起步较早，现在既是世界重要的旅游接待国，又是重要客源输出国。政府历来对旅游业很重视，管理和开发工作卓有成效，服务质量也非常高，促进了旅游业的发展。旅游业对扩大人们就业机会、增加国家外汇收入、搞活国民经济发挥了重大作用。欧盟是其主要客源地区，奥地利、瑞士、德国、法国和英国等为主要客源国，以历史古迹旅游、海滨旅游和会议旅游为主。

意大利的主要特色为文物古迹、海滨和火山，但最令人神往的还是文物古迹。

（一）旅游名城

1. 罗马——永恒之城

首都罗马是意大利的政治、经济、文化中心。它素以其悠久的历史和绚丽的风光名扬天下，距今已有2 750多年的历史，是西方文明的摇篮、世界天主教圣地。罗马城位于亚平宁半岛西部的台伯河畔，建在风景秀丽的七个山丘上，又称"七丘之城"。相传罗马的创建人罗慕洛是母狼养大的，故罗马城徽图案是母狼哺育婴儿，因而意大利有"狼育之城"之称。也被称为"永恒之城",其意一为罗马立于不败之地,二为罗马文明永存。占城区面积40%的古罗马城拥有规模宏大的罗马古代建筑(如弗拉维安半圆形剧场、科洛西姆大斗兽场、大杂技场、潘提翁神庙、戴克里先公共浴场等)和艺术珍品。同时,罗马也是天主教廷的中心,有700多座教堂与修道院,7所天主教大学,市内的梵蒂冈是天主教教宗和教廷的驻地。罗马的主要景点为:

万神殿:唯一保存完整的罗马帝国时期的建筑物,经历了18个世纪的沧桑后,铜门和拱门屋顶完整如初。这座古建筑是奉马尔科·阿格里帕总督之命于公元前27年—前25年为纪念奥古斯都皇帝远征埃及的战功而兴建的,它的历史比斗兽场还长100多年。万神殿是用来供奉庙宇主要神祇的寺庙。这座圆形建筑物正面是高达14米的8根石柱,都是当时用大木筏从埃及运到罗马的。万神殿迄今依然是罗马城中古典建筑艺术最杰出的代表,米开朗基罗曾赞叹万神殿是"天使的设计",它是简洁几何形体的悦目组合——一个半球体,一个带有三角形墙的长方形,独具创造性。穹顶直径为9米的天窗,是内部唯一的光线来源,光线照射在马赛克的地板上,营造着一种庄严肃穆的气氛。在万神殿里埋葬着一些伟大的意大利艺术家,其中最重要的人物是拉斐尔。意大利统一后,万神殿成为意大利的皇陵。维托里奥·埃马努埃莱二世、翁贝尔托一世和他的妻子玛尔盖丽妲王后就埋葬在万神殿左右两边的后殿里。

罗马竞技场:是罗马帝国的象征。因为此场曾是猛兽相斗供贵族取乐的地方,竞技场又被称为斗兽场。又称科洛塞奥,意即"巨大",因为湖边建有高120英尺(1英尺=0.304 8米)的尼禄镀金铜像,罗马人叫它巨大金像,故得名科洛塞奥。斗兽场外观像一座巨大的碉堡,占地20 000平方米,围墙周长527米,直径188米,墙高57米,相当于一座19层现代楼房的高度,场内可容纳107 000名观众。古罗马一次著名的奴隶起义——斯巴达克起义就是从这里发起的。

西班牙广场:从17世纪到18世纪以来一直是罗马文化和旅游的中心地带。具有艺术特色的大台阶是于1723年建成的。由建筑师德·桑蒂斯和斯佩基设计。李斯特、拜伦、歌德、安杰里科、考夫曼、巴尔扎克、司汤达、安德逊和另外一些名人曾在广场附近的街坊居住过。英国诗人济慈就是在大台阶靠右边的那间屋子里与世长辞的。正面的西班牙台阶因为曾经是电影《罗马假日》的外景地之一,而闻名于世。

卡比托利欧广场:从维克多艾曼纽纪念堂前方通过大理石建的阿拉柯利阶梯、阶梯上方的阿拉柯利的圣玛丽亚教堂,坡道阶梯上即卡比托利欧广场,也就是市政府广场。广场是由米开朗基罗设计的,地面上有放射状的几何图形,为广场添增了一些乐趣。广场的正面是罗马市政府,建于中世纪,是当时罗马元老院开会的地方。广场中央有一尊马可奥来里欧皇帝的骑马铜像,这是罗马骑马铜像中保存得最好的一座,但在广场上的这尊是复制品,真品则保存在新宫的博物馆里。市政府大厦前有三尊雕像,中间为智慧之神,右边母狼与孪生兄弟是象征罗马城的台伯河,而左边的埃及人面狮身像,即为尼罗河,栩栩如生。

威尼斯广场——这里既是罗马旧城地理位置中心、罗马最重要的交通枢纽,又是罗马游览景点最集中之地,它本身以及它的周围都有众多的名胜古迹。罗马的一切重要的庆祝活动都在这里举行。广场上有维托里奥·埃马努埃莱二世骑马雕像和无名烈士墓。意大利人称其为"祖国祭坛",视其为国家独立和统一的象征。

诚实之嘴广场——它是古罗马、中世纪和巴洛克风格的结合，有两座公元前 2 世纪的神殿，它们被改建为基督教教堂。圣母玛利亚·因·科斯梅迪教堂入口左边就是诚实之嘴，广场因其得名，其实它原是一个排水口的盖子。

许愿喷泉（少女喷泉）——罗马以美妙壮观的喷泉闻名于世，全市共有各种喷泉 1 300 多个，其中最有名气、观众最多的就是许愿喷泉了。罗马人有一个美丽的传说，只要背对喷泉将一枚硬币由左心房丢过左肩，让它以美丽的抛物线沉入水底，就可以心想事成。第一个愿望是希望能重回罗马，第二个愿望是希望能百年好合。

奎里纳勒宫：奎里纳勒宫位于奎里纳勒山，奎里纳勒山是罗马七座山丘中最高的一个山头。在古代，这里是供奉奎里诺神的地方（当时这座山丘曾被来自库里城的撒比尼人占领）。奎里纳勒宫是几位教皇在 16 世纪下半叶建造的。1870 年之前，一直是教皇的夏令行宫。意大利统一后直到"二战"末期为止，一直是皇宫，现在是共和国总统府。1787 年，增添了一座从奥古斯都陵墓搬来的方尖碑；1818 年，又增添了灰色的花岗石石盆，石盆原先放在罗马市苑元老院前面。

2. 威尼斯——水上之城

别名"亚得里亚海的女王"、"水都"、"桥之城"及"光之城"，堪称世界最美丽的城市之一。它位于意大利东北部的亚得里亚海海滨，由 118 个弹丸小岛组成。1866 年合并于统一的意大利王国。威尼斯整个城市浮在离陆地 4 000 米的海边浅水滩上，仅西北方向有狭窄的人工堤岸与大陆相连。威尼斯以河为街，以船代车，处处街巷绕碧水，家家都在图画中。它是一座世人仰慕的美丽城市，名胜古迹众多，有 40 011 座宫殿，120 座教堂，120 座钟楼，64 所修道院。每年有 500 万游客。主要景点有：威尼斯的两座桥（一座叫里亚尔托桥，一座叫叹息桥）；圣马可广场，它是威尼斯的心脏，也是威尼斯的象征。

叹息桥：连接着总督府和旁边的地牢有一座非常有名的叹息桥。桥的造型属早期巴洛克式风格，呈房屋状，上部穹隆覆盖，封闭得很严实，只有向运河一侧有两个小窗。叹息桥是一座拱廊桥，架设在总督宫和监狱之间的小河上，当犯人在总督府接受审判之后，重罪犯被带到地牢中，可能就此永别人世，过去临刑死囚走向刑场时必须经过这座密不透气的桥，死囚们只能透过小窗看看蓝天，想到家人在桥下的船上等候诀别，百感交集涌上心头，不由自主地发出叹息之声——再向前走便要告别世间的一切了。

圣马可广场：又称威尼斯中心广场，一直是威尼斯的政治、宗教和传统节日的公共活动中心。圣马可广场是由公爵府、圣马可大教堂、圣马可钟楼、新旧行政官邸大楼、连接两大楼的拿破仑翼大楼、圣马可大教堂的四角形钟楼和圣马可图书馆等建筑以及威尼斯大运河所围成的长方形广场，长约 170 米，东边宽约 80 米，西侧宽约 55 米。广场四周的建筑都是文艺复兴时期的精建筑。1797 年拿破仑进占威尼斯后，赞叹圣马可广场是"欧洲最大的客厅"和"世界上最美的广场"，广场边的拿破仑翼大楼就是他下令建造的舞厅。

圣马可大教堂：始建于公元 829 年，重建于 1043—1071 年，它曾是中世纪欧洲最大的教堂，是威尼斯建筑艺术的经典之作，它也是一座收藏丰富艺术品的宝库。教堂建筑循拜占庭风格，呈希腊十字形，上覆 5 座半球形圆顶，为融拜占庭式、哥特式、伊斯兰式、文艺复兴式各种流派于一体的综合艺术杰作。教堂正面长 51.8 米，有 5 座棱拱形罗马式大门。顶部有东方式与哥特式尖塔及各种大理石塑像、浮雕与花形图案。藏品中的金色铜马身体与真马同大，神形毕具，惟妙惟肖。教堂又被称为"金色大教堂"。圣马可是《新约·马可福音》的作者，公元前 67 年在埃及殉难。828 年，两位威尼斯的富商在当时总督的授意下，成功地把圣马可的干尸从亚历山大港偷出来，运回威尼斯，今天存放在圣马可大教堂的大祭坛下。

3. 米兰——时尚之都

它坐落在意大利北部最富裕的波河流域中心，是意大利最大的工商业都市，被人们称为意大利的经济首都。相传，米兰的建城历史可上溯到公元前 4 世纪，曾为西罗马帝国的都城。米兰是时尚界最有影响力的城市，也被称为世界时尚与设计之都，有世界时装晴雨表之称。城中蒙提拿破仑街是世界最为著名的奢侈品大道。主要景点有：杜奥莫大教堂，它位于米兰市中心最繁华地段的杜奥莫广场上，是世界排名第二的大教堂；斯卡拉歌剧院被誉为"歌剧的麦加"，1943 年被严重炸毁，战后按原貌重建，代表着世界歌剧艺术的最高峰。在艺术方面，米兰拥有众多的美术馆、博物馆，世界著名大师的作品一应俱全，意大利文艺复兴时期最伟大的巨匠之一达·芬奇曾长期居住于此，其杰作《最后的晚餐》就是米兰圣·玛利亚教堂餐厅的壁画。

4. 佛罗伦萨——花之都

佛罗伦萨被视为文艺复兴运动的诞生地，艺术与建筑的摇篮之一，拥有众多的历史建筑和藏品丰富的博物馆。是欧洲文艺的发源地，人们称它为意大利的文化首都。历史上有许多文化名人诞生、活动于此地，比较著名的有诗人但丁、画家列奥纳多·达·芬奇、米开朗基罗、政治理论家马基维利、雕塑家多纳泰罗等。佛罗伦萨历史中心被列为世界文化遗产。徐志摩曾在诗集《翡冷翠的一夜》中将此城名称译为"翡冷翠"，更为它平添了一份高贵与神秘的色彩。它古色古香，其街巷、桥梁、教堂、广场、花园都保留着文艺复兴时的风貌，整个城市弥漫着文艺复兴的气氛，它堪称那个伟大时代留给今天独一无二的标本。主要景点有主教堂广场、花之圣母教堂、大教堂、乔托钟楼、老桥、老宫、乌菲齐博物馆、米开朗基罗广场。

圣母百花大教堂：佛罗伦萨，在意大利语中意为花之都。大诗人徐志摩把它译为"翡冷翠"，翡冷翠最著名的一组建筑——花之圣母大教堂（主教堂）、洗礼堂和钟塔被紧紧包围在 Duomo 广场中心，人们要一直走进广场，抬起头来，才能看清主教堂的立面。花之圣母大教堂最出名的是它那技巧仿自罗马万神殿的圆顶，神乎奇技是最好的形容词。这也是全城建筑的最宏大的交响乐，是天才建筑师布鲁内莱斯基绝世之作。教堂高 91 米，巨大的穹顶直径 45 米，布鲁内莱斯基居然不画一张草图，不作任何计算稿，甚至不搭内部脚手架，完全凭心算和精确的空间想象开始动工。

圣马可修道院：圣马可修道院修建于 13 世纪，并于 1437 年在原来的基础上得到扩建。就在同一年，受柯西莫·艾尔·维奇奥桥的邀请，多米尼加的修道士们从附近的费索移居至此。柯西莫·艾尔·维奇奥桥尽了最大的努力才使这个修道院得以重建，而且是由他最喜爱的建筑师弥开罗佐负责完成的。装饰简洁的回廊和禅房为日后佛罗伦萨画家和多米尼加修道士费拉·安吉列科在此创作一系列伟大的壁画提供了良好的基础。

米开朗基罗广场：米开朗基罗广场中央建有米开朗基罗的巨大大卫像（复制品）。从城市东南处的小山丘上眺望被阿诺河一分为二的佛罗伦萨玫瑰色的街景和大教堂的圆屋顶会给人留下难忘的印象。佛罗伦萨的一切都在这一片风景之中。顺着高利大道从本市南坡盘旋而上大约六千米，即可抵达米开朗基罗广场。大道和大广场都是建筑师朱塞佩·波吉

1868 年设计的。广场犹如一大高台俯视佛罗伦萨。广场中央有一组青铜雕塑，都是根据米开朗基罗的作品铸成的复制品，有《大卫》和梅迪奇家墓的《书》、《夜》、《晨》、《暮》。

5. 比萨——塔城

比萨是意大利中西部城市。临阿诺河，曾是利古里亚海岸港口，现已离海 10 千米，因为它的历史，它的建筑艺术，其无愧于著名的旅游名城。城中的比萨广场汇集了这座城市建筑的精华。不论是用红白相间的大理石砌成，色彩庄重和谐的比萨大教堂，还是斐名世界，斜度为 5°6′的比萨斜塔，都堪称世间精品，建筑的典范。

比萨斜塔：是意大利比萨大教堂的独立式钟楼，位于意大利托斯卡纳省比萨城北面的奇迹广场上。广场的大片草坪上散布着一组宗教建筑，它们是大教堂（建造于 1063 年——13 世纪）、洗礼堂（建造于 1153 年——14 世纪）、钟楼（即比萨斜塔）和墓园（建造于 1174 年），它们的外墙面均为乳白色大理石砌成，各自相对独立但又形成统一罗马式建筑风格。比萨斜塔位于比萨大教堂的后面。

比萨大教堂：是意大利罗马式教堂建筑的典型代表。位于意大利比萨。大教堂始建于 1063 年，由雕塑家布斯凯托·皮萨谨主持设计。教堂平面呈长方的拉丁十字形，长 95 米，纵向四排 68 根科林斯式圆柱。纵深的中堂与宽阔的耳堂相交处为一椭圆形拱顶所覆盖，中堂用轻巧的列柱支撑着木架结构屋顶。

比萨墓园：外墙是白色的大理石墙面，中间是回廊围住的庭院。始建于 1277 年，陆续用了两百多年才建成，是比萨城重要人物的陵园。园内有 600 多块雕有浮雕的墓碑和石棺，回廊中装饰有精美壁画。"二战"中墓园被炮火击中，遭到严重破坏。损毁最严重的是那些壁画，后来修复成如今的样子。

（二）旅游名区

1. 阿尔卑斯山湖区——休闲度假胜地

科莫湖：距离米兰北面约 40 千米。湖两岸环抱着高大的阿尔卑斯山余脉，南北长 47 千米，最宽处 4 千米，最深处有 414 米，是欧洲最深的湖。湖两岸的山坡被茂密的植被覆盖，树种非常丰富，有松树、棕榈树、葡萄树、无花果树、石榴树、橄榄树、栗树和夹竹桃等。从古罗马时代起，这里就是罗马皇帝、墨客、富商们喜爱的休闲度假胜地。此后欧洲各国王室、贵族也相继加入了在湖畔兴建花园别墅的队伍。时至今日，湖畔的豪华别墅仍是世界各地名流的首选，如美国影星乔治克鲁尼、德国赛车王舒马赫及国际米兰队的队员们等都在湖畔有自己的私宅。湖边风景最吸引人的还是一些很有历史价值的花园别墅。这些别墅只有部分对外开放，都附带有精心设计的花园，是典型的意大利式的，多出自名设计师之手，植物错落有致，水池、大理石雕像、柱廊点缀其中。

贝拉焦：是科莫湖畔吸引游客最多的小镇。它位于科莫湖人字形两水湾之间的岬角上。其名源自意大利语的 bi—lacus，意思是"位于两湖之间"。小镇的鹅卵石窄巷，依山势而建，台阶两旁满是礼品店、酒窖和小餐馆。镇上有两处著名的别墅：塞尔贝罗尼别墅和梅尔齐别墅。后者曾经是拿破仑时代著名的政治家梅尔齐的别墅，别墅的花园充满着茂盛的植物，点缀着大理石雕像和阿拉伯风格的凉亭。

贝拉岛：又叫"美丽岛"。17 世纪查里三世开始兴建，以他夫人伊萨贝拉的名字命名。岛不是很大，为了充分利用空间，经过精心的设计，整座岛被花园和宫殿所占满。花园占了岛的大部分，为方形的十层平台堆起，恰似传说中的"空中花园"。花园中最辉煌的建筑是巴洛克风格华丽的水剧场，正面布满洞窟，每个洞窟内以贝壳、雕像做装饰。岛的后面是博洛梅欧宫，典型的伦巴第巴洛克风格。乘坐缆车登上海拔 1 490 米的山顶，可以俯瞰马焦雷湖、伦巴第平原、阿尔卑斯山壮观景色。

2. 庞贝古城——历史遗迹之城

庞贝是古罗马城市。位于意大利南部那不勒斯附近。始建于公元前 6 世纪，公元 79 年毁于维苏威火山大爆发。庞贝在当时属于中小城镇，但由于被火山灰掩埋，街道房屋保存比较完整，从 1748 年起考古发掘持续至今，为了解古罗马社会生活和文化艺术提供了重要资料。古城略呈长方形，有城墙环绕，四面设置城门，城内大街纵横交错，街坊布局有如棋盘。重要建筑围绕市政广场，有朱庇特神庙、阿波罗神庙、大会堂、浴场、商场等，还有剧场、体育馆、斗兽场、引水道等罗马市政建筑必备设施。店铺众多，都按行业分街坊设置，连同大量居民住宅，构成研究罗马民用建筑的重要实物。富裕之家一般均有花园，主宅环绕中央天井布置厅堂居室，花园中有古典柱廊和大理石雕像，厅堂廊庑多施壁画（见庞贝壁画），是古典壁画重要的遗存。这些壁画都有较高水平，它们被发现后，对欧洲的新古典主义艺术影响甚大。

阿波罗神庙：它的主殿是围柱式建筑，正面有六根科林斯式立柱，两边各有九根立柱，大殿坐落在一座宽大的台基上，古人可以从其正面的巨大的中央台阶登上殿堂。在神殿的前面，建有一座大理石祭坛，上面刻有庞贝历史早期殖民时代四人执政团成员的誓愿辞。在神殿台阶的旁边，立有一根依奥尼亚式（也称为爱奥尼亚"Ionic"）石柱，柱顶上有一具日晷。

市苑浴馆：就坐落在神庙的后面。古罗马时代，公共浴馆是社会不同阶层的人相聚的地方，人们常常到这里消磨时光，因此人通常很多。而今天，市苑浴馆作为庞贝古城里保留较为完整的公共浴室，参观的人也是络绎不绝。

3. 托斯卡纳——温泉旅游胜地

托斯卡纳是一个意大利中部大区。面积约 23 000 平方千米，人口约 375 万。该地区首府是佛罗伦萨。托斯卡纳被称为华丽之都，因其丰富的艺术遗产和极高的文化影响力，被视为意大利文艺复兴的发源地，一直有许多有影响力的艺术家和科学家，如彼特拉克、但丁、波提切利、米开朗基罗、尼科洛·马基雅维利、达·芬奇、伽利略和普契尼等。托斯卡纳也有独特的烹饪传统，还是著名的葡萄酒生产大区，盛产著名的红葡萄酒布鲁奈罗和古典奇安帝。

蒙特卡蒂尼：这里气候温和，是意大利著名的温泉旅游胜地，全年都适合旅游。这里有名的温泉包括蒙特卡蒂尼浴场、拉坡迪恩温泉、蒙苏玛努浴场，还有特图库和埃可西奥。这里的温泉水质世界一流，里面含有丰富的硫磺和苏打，可直接饮用并具有解毒的功能，对于缓解肠道疾病、排除肾功能障碍和消除结石疗效显著。土砖陶瓦的托斯卡式别墅安装着颇有特色的绿色百叶窗，依傍着由柱廊支撑的近代希腊式神殿。意大利宫殿式建筑群中掺杂着幸存下来的雄伟的古典式建筑。

蒙特卡蒂尼浴场：现在是意大利最大的温泉之一，曾在罗马时代风靡一时。它位于卢卡到佛罗伦萨路上的皮斯托亚城的西边，从皮斯托亚再往西 15 千米就是意大利最高级的疗养地蒙特卡蒂尼温泉。14 世纪的时候，浴场一度复苏，到了 18 世纪后期，在大公拉坡多二世的赞助下，开始进入全盛时期。后来，19世纪的时候，这里成为了欧洲贵族喜爱的疗养胜地。

卡斯特罗·班菲酒庄：可以说是意大利酒庄中的稀世珍宝，享有"艺术酒庄"之称。占地7 100英亩（1英亩＝0. 404 7公顷），葡萄种植面积达2 400英亩，于1978年由玛瑞安妮家族创建，在短短不到20年内打造为世界一流葡萄酒庄。漂亮的酒庄城堡内设有两家顶级餐馆、一间品酒室，同时提供酒窖旅游服务。班菲酿酒厂一部分建在地面上，一部分建在地面下。地面上的温度由计算机自动控制调节，而地面下的自然温度给陈酿和储存提供了良好的条件。酿酒厂拥有300多个不锈钢铁皮桶和2 000个法国大橡木桶，此外还有专门用来酿制蒙塔尔奇布鲁诺葡萄酒的传统斯拉夫橡木桶。这些木桶每十年修整一次，使用寿命为30—50年。班菲酿酒厂现在共有1 200万升的储存量。

（三）旅游名胜

1. 西西里岛

西西里岛是地中海中最大的岛屿，归属于意大利。从地图上看，西西里岛是意大利那只伸向地中海的皮靴上的一只足球。它位于地中海的中心，辽阔而富饶，气候温暖，风景秀丽，盛产柑橘、柠檬和油橄榄。无论是东海岸还是西海岸，到处都是果实累累的橘林、柠檬园和大片大片的橄榄树林。由于其发展农林业的良好自然条件，历史上这里曾被称为"金盆地"。这个地中海中最大的岛屿，也是意大利面积最大的一个区，其迷人的自然风光与人文风景和谐地融为一体，成为地中海上矗立的一座美丽的花园。

2. 卡普里岛

卡普里岛长期以来就是皇帝、艺术家、作家和外国阔佬阶层的度假胜地。从远古时代起，人们就在感受着卡普里岛的魅力。奥古斯都皇帝把它称为甜蜜的修仙城市。今天，大群的旅行者涌向岛屿，陶醉在它那温和的气候、崎岖的海岸线、石灰水刷白的村庄以及可称得上亚热带的葱翠茂盛花园与山区风景之中。

3. 苏莲托

苏莲托（Sorrento）位于苏莲托半岛的尽头，与意大利南部中心城市那不勒斯只有不到20千米的距离。半岛成弧形，伸入蔚蓝色的地中海。远处曾经埋葬了庞贝古城的维苏威火山（Vesuvius）偶尔冒出的轻烟，仍然傲视着现代文明，没人知道这座活火山下一次的雷霆震怒将会是何时。苏莲托以柠檬著称于世。果园面积不大，也是就着山势搭建。令人惊奇的是柠檬的个头，大到柚子的尺寸，绝无夸张。除了酿酒，柠檬被用在几乎任何场合：巧克力、香水、香皂、甜品等等。这个城镇以夏季作为海水浴场，冬季作为避暑胜地而闻名。

第 六 节　西班牙——阳光国度

西班牙被誉为旅游王国（旅游业收入居世界第一位），其旅游业绩举世无双，它和法国、美国并称世界三大旅游国，联合国旅游组织总部就设在西班牙首都马德里，是一个历史悠久，有着古老文明的国家。大约 20 万年前，尼安德特人，即伊比利亚人就开始居住、生活和繁衍在伊比利亚半岛上了。公元前 9 世纪—公元前 8 世纪期间，居住在中欧的凯尔特人开始向本区各国，尤其是半岛移民，他们除了带来了自己的文化和习俗外，还逐渐与当地人融合，同化，其后裔称凯尔特伊比利亚人。公元前 6 世纪—公元前 5 世纪，开始形成自己的文化和文字。这就是半岛最早的文明。

公元 8 世纪起，西班牙先后遭外族入侵，西班牙人民为反对外族侵略，进行了长达 800 年的斗争，终于在 1492 年赶走了摩尔人，取得了"光复运动"的胜利，建立了统一的封建王朝。同年，哥伦布发现了西印度群岛，此后，西班牙逐渐成为海上强国，对外进行扩张，在欧、美、非、亚四大洲均有殖民地。16 世纪末叶后逐渐衰落。19 世纪，王朝被推翻建立共和国。1936 年 2 月成立了联合政府。1947 年 7 月宣布为君主国。1978 年 12 月 29 日，西班牙宣布实行议会君主立宪制。1973 年 3 月 9 日同我国建交。

一、国情概述

（一）位置、面积与人口

1. 位　置

西班牙位于欧洲西南部伊比利亚半岛上，东临地中海，北濒比斯开湾，东北同法国、安道尔接壤，西部和葡萄牙紧密相连，南隔直布罗陀海峡与非洲的摩洛哥相望（最窄处只有 13.5 千米），扼大西洋和地中海航路的咽喉，被称为通往欧洲、非洲、中东和拉丁美洲的"桥梁"。由于欧洲主要山脉之一的比利牛斯山脉横亘半岛与大陆之间，所以自古以来又被称为比利牛斯半岛。

2. 面　积

面积 505 925 平方千米。海岸线长约 7 800 千米。

3. 人　口

人口 4 616 万，城市化十分突出，且出现人口老年化现象。

（二）民族、语言和宗教

1. 民　族

西班牙是一个多民族的国家，主体民族是卡斯蒂利亚人，即西班牙人，占总人口的 70%。少数民族有加泰罗尼亚人、加里西亚人和巴斯克人。西班牙人的性格是典型的南欧人的性格，热情奔放，乐观向上，无拘无束，讲求实际。

2. 语　言

西班牙语即卡斯蒂利亚语，为西班牙官方语言。西班牙语是世界一个大语种，是国际通用语言和联合国六种语言之一。目前，全世界有 3 亿人使用它，仅次于英语和汉语。

3. 宗　教

西班牙是一个以天主教为主的国家。有 96% 的居民信奉天主教，天主教对西班牙人的生活影响很大，神父和修女仍受到社会的尊重，其圣城圣地亚哥被称为欧洲的"朝圣之路"。此外，西班牙还有 3 万新教徒和少数洗礼教派的信徒。

（三）国家标志及释义

1. 国　旗

为红、黄两色，即中间为黄色，带有国徽，两边为红色，两边的红色宽度加起来正好与中间的黄色宽度相等。红、黄两色是西班牙人民喜爱的传统颜色，并代表西班牙的四个古老王国。

2. 国　歌

西班牙国歌与众不同，至今已有 200 多年的历史，但只有音乐乐曲，没有歌词。它由《西班牙军队进行曲》，后经过《西班牙荣誉进行曲》和《皇家进行曲》的演变，最后逐渐变成了西班牙国歌。

3. 国花和国石

西班牙的国花为石榴花，它不仅色彩鲜艳，美丽多姿，而且芳香四溢，象征富贵吉祥，繁荣昌盛。国石为绿宝石。

二、文化习俗

（一）礼仪礼节

1. 仪态礼仪

当地妇女有"扇语"，如当妇女打开扇子，把脸的下部遮起来，意思为：我是爱你的，你喜欢我吗？若一会儿打开一会儿合上，则表示：我很想念你。因此初到西班牙的妇女，如果不了解扇语，最好不要使用扇子。

2. 相见礼仪

西班牙人通常在正式社交场合与客人相见时，行握手礼。与熟人相见时，男朋友之间常紧紧地拥抱。西班牙人的姓名常有三四节，前一二节为本人姓名，倒数第二节为父姓，最后一节为母姓。通常口头称呼称父姓。

3. 商务礼仪

西班牙人很重视信誉，总是尽可能地履行签订的合同，即便后来发现合同中有对他们不利的地方，也不愿公开承认自己的过失。如在这种情况下，对方能够善意地帮助他们，则会赢得西班牙人的尊重与友谊。西班牙人只有在参加斗牛比赛活动时才严守时间，但客人应当守时，即便对方晚到，也不要加以责怪。

4. 旅游礼仪

西班牙人性格开朗，热情，但容易激动，有时发生争吵是很正常的，他们对此已习以为常。西班牙人吃东西时，通常会礼貌地邀请周围的人与他分享，但这仅是一种礼仪上的表示，不要贸然接受，否则会被他们视为缺乏教养。

5. 用餐礼仪

如果在宴请场合出现失仪或意外，会被对方看做没有教养，往往会影响今后的合作。因此，用餐礼仪是十分重要的。首先，要听从主人安排桌次和座位。如果邻座是女士，一定要协助对方先入座，尽可能与同桌的人（特别是邻座）交谈。在西班牙，大部分开胃小吃或头盘菜（如火腿、奶酪、虾等）均可直接用手取食。吃西餐时，可能会出现不知如何食用饭菜的情况，切记不要着急，可以先等西班牙人开始用餐，然后模仿对方即可。如遇到打翻酒水或其他意外情况，一定不要着急，服务员会帮助你处理，但要向左右两边的人说"对不起"。喝汤时一定不要出声；口中有食物时，不要说话；剔牙时，用手或餐巾遮口。宴请结束时，一定不要忘记向主人表示感谢。

（二）饮食服饰

1. 饮 食

西班牙是世界上最讲究饮食的民族之一。西班牙饭菜种类丰富，做法考究，盛产蔬菜、水果、海产品及牛羊肉，而且质量上乘。到西班牙餐馆就餐，可以吃一些当地的特产，如海鱼、海鲜、烤羊肉、烤羊排、烤羊腿、烤牛排、烧牛尾、海鲜饭等。西班牙最有特色的餐馆第一是海鲜馆。西班牙海鲜很多，特别是巴斯克风味的"盐包烤鱼"，让人回味无穷。第二是牛肉馆。西班牙是斗牛之乡，是盛产牛肉的国家，尤其是烤牛肉，四海闻名，其特点一是嫩，二是鲜。第三是"塔巴"小吃店。其中"哈蒙"最为出名。当然，一定不要忘记在点主菜前点几道地道的当地风味小吃——火腿、奶酪、香肠、土豆蛋饼、炸小鱼、炸鱿鱼圈等，其中"哈蒙"（西班牙特色的风干火腿，西班牙人喜欢生吃）、"托尔大"（鸡蛋土豆煎饼）、"巧里索"（肉肠）是西班牙三大特色小吃。肉菜饭是一种在巴伦西亚地区及整个西班牙经常食用的食物，它是用米、肉、鱼及豆角等制成的，颇受外国旅游者的欢迎。吃西班牙大餐时，当然少不了西班牙产的葡萄酒，如干红葡萄酒、白葡萄酒、雪利酒、白兰地及用水果酿制的餐后酒。

2. 服 饰

西班牙的传统服饰主要有：①披风，也叫披肩。是西班牙妇女特有的传统服饰，讲究面料，且大多绣花，图案典雅美观，色调亮丽；可长可短，一般没有袖子，也没有领子，但左右侧有口袋。②安达卢西亚长裙。是西班牙有民族特色的裙装，其下摆一直坠到双踝处，走起路来雅致而又飘逸。③斗牛裤，又称紧身裤，裤腿很短，是西班牙男子一种传统的裤子，古时的斗牛裤大多为黑色或深蓝色，现时的斗牛裤则带有刺绣的多色花边。做工讲究，结实耐磨，有红色、白色、蓝色等，款式很多。现今的西班牙人的衣着习惯和观念发生了重大变化，除上班男人穿西装，女子着西装裙外，平时追求自然和舒适，青睐纯棉和真丝，喜欢突出个性，风格各异。西班牙人在外出旅游时无不一身休闲装、运动服，富有朝气，充满青春活力。

（三）节日风情

西班牙堪称"节日之邦"，是世界上节日最多的国家之一。民间节日充满激情，一年四季，各个地方总会有人在过节。游客不管何时到来，总能体验到这种调剂日常生活的欢乐和奇异的节庆活动。

1. 大众节日

1979 年，西班牙政府正式作出规定，全国性节假日每年为 8 个，它们是：

新年：1月1日；

三王节：1月6日；

劳动节：5 月 1 日；

圣母升天日：8 月 15 日；

国庆节：10 月 12 日；

万圣节：11 月 1 日；

宪法日：12 月 6 日；

圣诞节：12 月 25 日。

2. 特殊节日

(1) 圣费尔明节奔牛狂欢

斗牛是西班牙的国粹，风靡全国，享誉世界，尽管从动物保护的观点上看目前人们对此存在争议，但是作为西班牙特有的古老传统还是保留到现在，并受到很多人的欢迎。斗牛季节是 3—10 月，斗牛季节里，每逢周四和周日各举行两场。如逢节日和国家庆典，则每天都可观赏。

(2) 西班牙火节

每年 3 月 19 日，在西班牙的巴伦西亚，几名男子身着阿拉伯式服装参加"法雅节"游行。西班牙巴伦西亚"法雅节"又被称为火节，人们在这一天将制作的各式人形玩偶都付之一炬，以迎接春天的到来。该节日起源于中世纪，但直到 19 世纪中叶才渐具今日所见之特色，人像成功地反映出瓦伦西亚人快乐及讽刺的精神，该节庆可谓代表了通俗艺术的成功。据介绍，当时木匠为了纪念他们的保护神圣约瑟夫，形成了燃烧木制塑像的习俗，后来逐渐演变成现在的"火节"。

(3) 西红柿节

西班牙的传统节日西红柿节是南部小镇布尼奥尔拉所特有的。每年 8 月，昔日宁静的小镇都会因为这个节日而变成一片西红柿的战场。西班牙布诺 1945 年发生了一次街头斗殴。此后，每年八月的这个时候，该镇的 1 万名居民以及数倍于该镇人口的游客就会涌上街头，互相投掷熟透的西红柿，欢度西红柿狂欢节。据悉，绝大多数狂欢节参加者在活动之前都会穿上泳衣，戴上潜水镜和浴帽。投掷开始前，满载西红柿的卡车会将熟透的西红柿倾倒在布诺的街道上供人们狂欢。几乎持续一星期的狂欢后，当地居民会和浑身黏糊糊的"西红柿斗士"们一起进行街道清洁工作。

(四) 行为禁忌

1. 数字忌讳

西班牙人最忌讳"13"和"星期五"。

2. 交谈忌讳

恰当的谈话内容包括政治（但最好不要拿西班牙与美国作政治方面的比较）、体育运动和旅行。不要议论宗教、家庭和职业。

3. 民间忌讳

在西班牙当众接吻为败俗，女无耳环受耻笑。小孩在元旦那天打架骂人和哭啼都是不吉利的，是不祥的征兆。忌讳大丽花和菊花，视这两种花为死亡的象征。

4. 饮食忌讳

如果在宴请场合出现失仪或意外，会被对方看做没有教养，往往会影响今后的合作。因此，用餐礼仪是十分重要的。首先，要听从主人安排桌次和座位。如果邻座是女士，一定要协助对方先入座，尽可能与同桌的人（特别是邻座）交谈。在西班牙，大部分开胃小吃或头盘菜（如火腿、奶酪、虾等）均可直接用手取食。吃西餐时，可能会出现不知如何食用饭菜的情况，切记不要着急，可以先等西班牙人开始用餐，然后模仿对方即可。如遇到打翻酒水或其他意外情况，一定不要着急，服务员会帮助你处理，但要向左右两边的人说"对不起"。喝汤时一定不要出声；口中有食物时，不要说话；剔牙时，用手或餐巾遮口。宴请结束时，一定不要忘记向主人表示感谢。

三、旅游资源

（一）旅游名城

1. 马德里——历史文化名城

马德里是西班牙首都，全国第一大城市，位于伊比利亚半岛梅塞塔高原中部，瓜达拉马山脉东南麓的山间高原盆地中，海拔 670 米，为欧洲地势最高的首都。南下可与非洲大陆一水为限的直布罗陀海峡相通，北越比利牛斯山可直抵欧洲腹地，在历史上因战略位置重要而素有"欧洲之门"之称。从 2 000 多年前曼萨那雷斯河畔的一个小镇变成如今的国家首都、政治经济文化中心、世界旅游组织总部所在地。市区面积 607 平方千米，人口约 313 万，包括郊区和卫星城镇在内，面积 1 020 平方千米，人口约 452 万。马德里是座优美摩登的城市。矗立着塞万提斯纪念碑的西班牙广场、皇家气派的雷蒂洛公园、栩栩如生的西布莉女神和尼普顿海神喷泉将它打扮得高贵典雅；25 万公顷绿地、43 座园林使它成为欧洲人均绿地最多的城市；而马德里的长安街卡斯特里亚纳林阴大道上的"小曼哈顿"金融区、建筑新颖的八字形欧洲门、年客流量 7 000 万的巴拉哈斯机场、发达便捷的公交网络以及规模宏大的会展中心，彰显了它现代化大都会的风貌。

皇家赤足女修院：皇家赤足女修院是查理五世的女儿命人在 1559 年建筑的。由于从前哈布斯堡王室的女子多在此隐居，因此其中收藏着许多王室赠送的贵重物品，其质与量都非常可观。历史上有名的奥地利马克西米利安二世去世以后，其皇后玛丽亚及玛嘉烈特公主，都在此度过余生。其间的礼拜堂是 18 世纪重新修建的，有贝拉斯克斯所绘的顶棚画。如今这座修道院的一部分开放为美术馆，最值得参观的是哈布斯堡家族的肖像画，以及苏巴朗、布鲁盖尔、里韦拉、提香等名家的画作。

普拉多博物馆：普拉多美术馆的分量，大概等同于中国的故宫，最值得注意的馆藏是在一楼的维拉格斯和哥雅作品，还有 Bosch 的重要名画 the Garden of Delights。普拉多也有其他西班牙画家甚至其他欧洲中古画家的丰富收藏，可惜的是，馆内缺乏英文说明，为参观上一大不便。

马德里皇宫：这是欧洲第三大皇宫，仅次于凡尔赛宫及维也纳的皇宫。建于 18 世纪中叶加尔罗斯三世统治时期，是波尔多王朝代表性的文化遗迹，其豪华壮丽程度，在欧洲各国皇宫中数一数二。内墙上的刺绣壁画及天花板的绘画都经常维修，保存情况相当好。皇宫建在曼萨莱斯河左岸的山冈上，是世界上保存最完整而且最精美的宫殿之一。它呈正方形结构，每边长 180 米，外观具有卢浮宫的建筑美，内部装潢是意大利式的，整个宫殿豪华绝伦。里面藏有无数的金银器皿和珍宝级的绘画、瓷器、皮货、壁毯、乐器及其他皇室用品。现在西班牙皇宫已被辟为博物院，专供游人参观。皇宫的对面是西班牙广场，它的正中央立着文艺复兴时期著名的西班牙文学大师、《堂·吉诃德》作者——塞万提斯的纪念碑。纪念碑的下面是堂·吉诃德骑着马和仆人桑丘的塑像。

瑞内索菲亚美术馆：瑞内索菲亚美术馆的收藏最为不同，它的方向是现代艺术，基本上含扩 19 世纪末到 20 世纪西班牙现代艺术一系列风格上的转变，包括超现实、抽象主义到二次战后的前卫派等。值得留意的是，馆藏着重的是西班牙本身的艺术风格在欧洲的艺术风潮下的脉络和发展，尤其是几位世界知名现代艺术家如毕加索、米罗、达利等人的作品，均在本美术馆占有重要的分量，为最不可错过的作品。

大广场：广场中央有菲利普三世的骑马雕像。17 世纪时这里是斗牛的场所，也是斗牛活动的发源地；现在则是年轻人聚集的地方，酒吧、餐厅林立。到了夜晚，这里的咖啡座就会挤满了人，星期天早上这里则变成跳蚤市场（El Rastro）。

丽池公园：丽池公园是马德里最著名的公园，在 17 世纪由飞利浦四世（Felipe IV）下令兴建，以作为皇室成员的娱乐场所，占地 350 英亩，种植的植物超过了 15 000 株，园内有许多重要的纪念碑。公园里有一座美丽的玻璃宫，是以铁和玻璃建造的，屋前的喷水池中还有天鹅悠游其中；另外还有一座委拉斯盖兹宫，这两座宫殿均建于 19 世纪末，目前都已经成为展览馆。

皇家剧院：始建于 1818 年，因工程几经中断，直到 1850 年 11 月 1 日才首次启用演出歌剧。1925 年起因安全原因而停止演出，此后进行维修，工程持续了 40 年，1965 年改成交响音乐厅。1991 年决定重建歌剧院，1997 年 10 月 11 日修复工程竣工，再次启用。这次重建，共耗资 210 亿比塞塔，约合近 2 亿美元。其中仅舞台机械装置便耗资 50 亿比塞塔，约占总投资的四分之一，是目前世界上最先进的舞台设备。皇家剧院建筑面积为 7.1 万平方米，舞台空间高 75 米，舞台前后面积为 1 030 平方米。除此之外，还有一个与舞台演出部分同样大小的排练舞台。乐队、合唱队、舞蹈队等排演场所宽敞舒适。座位共 1 700 个，此外还有皇家包厢。整个剧院内部装饰豪华，富丽，既有皇家宫廷风格，又具现代气派。

堂·吉诃德的故乡：堂·吉诃德是西班牙文学大师塞万提斯笔下的人物，他的故乡也就是大师本人的故乡，位于距马德里 170 千米的阿尔卡萨尔镇。从马德里出发，穿过广阔无垠的田野和葡萄园，翻过一座座丘陵，走过一片片白墙红瓦的村落，两小时后就可以到达目的地。这里的面貌与塞万提斯小说中所描绘的图景几乎一模一样，那些古老的风车至今依然挺立在原野上，堂·吉诃德的情人——杜尔西内亚居住过的屋子也完好无损地保存着，在房子的右侧还有一尊堂·吉诃德向杜尔西内亚求婚的塑像。此外，镇上还有塞万提斯本人的故居，里面的陈设与从前并无二致，游人完全可以想象大师当年在此生活和写作的情景。

埃斯科里亚尔王陵：位于马德里西郊约 50 千米处。正名圣·洛伦索修道院，是费利佩二世为纪念 1557 年圣金丁战役中打败法国侵略者而建造的。工程历时 22 年，于 1584 年完工。从空中俯视，整处建筑群就像一个倒扣的烤炉架。相传圣徒圣·洛伦索就是在这种烤炉上被烤死的。圣金丁战役胜利之日正好是圣·洛伦索的命名日，故以他命名，正门有他的塑像。建筑风格庄严肃穆，是复兴主义杰作，在世界建筑史上享有盛名。建筑群呈四方形，由大教堂、修道院、王宫、陵墓、图书馆、博物馆组成，四角建塔楼，共有16个内院、86组楼梯、88个泉井、2 000扇窗户、13个小礼拜堂。内藏大量珍贵文物。陵墓内室四壁用铜和深色大理石装修，西班牙历代君王棺椁均安放在这里。

2. 巴塞罗那——伊比利亚半岛的明珠

位于西班牙东北部的地中海岸，是西班牙第二大城市、最大的工业中心。人口约160万，在西班牙具有重要的经济地位。这里气候宜人，风光旖旎，古迹遍布，素有"伊比利亚半岛的明珠"之称，是西班牙最著名的旅游胜地。

圣家大教堂：圣家大教堂也叫圣家赎罪堂，是由西班牙最伟大的建筑设计师高迪设计的，无论你身处巴塞罗那的哪一方，只要抬起头就能看到它。整个建筑华美异常，令人叹为观止，是建筑史上的奇迹。登上教堂顶部平台，巴塞罗那城区尽收眼底。这是一座充满象征主义符号的建筑，可以说是一部用石头雕刻出的《圣经》。教堂的三个立面，分别描绘出耶稣的诞生、受难和上帝的荣耀，代表着耶稣神性的三个方面，布满描述圣经场景的浮雕。按照高迪的设计，教堂一共有18座尖塔，分别代表基督、圣母玛利亚、12门徒和4位福音使者。墙面主要以当地的动植物形象作为装饰，正面的三道门采用了高迪惯用的彩色瓷片。

菲格拉斯达利博物馆：在巴塞罗那以北离法国20千米的地方，有一个小城叫菲格拉斯，世界级绘画大师萨尔瓦多·达利就出生在这里。1974年，达利在故乡创建了举世闻名的达利博物馆，这里便成为吸引全球艺术爱好者的胜地，是西班牙参观人数最多的博物馆之一。博物馆又名"记忆博物馆"，达利称它为"超现实主义世界"，里面收藏着达利在各个阶段创作的不计其数的作品，如《挂钟》、《维纳斯的幻影》、《纳希瑟斯的蜕变》、《西班牙内战的预感》等。除画作外，博物馆还展出达利设计的雕塑、珠宝、家具等。博物馆的设计是由达利本人完成的，身处其中，观众时刻都会被出人意料的奇思怪想所吸引。最有名的是博物馆的屋顶上或立或倒的巨型鸡蛋，用鸡蛋来表示生命和变化是达利作品中经常出现的形象。达利1989年去世，安葬于博物馆中心的地下室中。

蒙瑟莱特修道院：蒙瑟莱特修道院距离巴塞罗那市区有60千米，以形状奇特的山岩、黑色圣母和欧洲最古老的唱诗班而著称。这里是加泰罗尼亚人精神和灵魂的守护者，自古就有很多人来此朝圣。修道院位于群山的怀抱之中，背倚怪石嶙峋的山岩，显得宁静而崇高。

巴特约之家：巴特约之家是一座公寓楼，位于著名的"不和谐街区"（Mancana de la Discordia），安东尼·高迪于1905—1907年对原建筑进行了彻底的翻修，使之充满魔幻色彩。2004年被授予欧洲文化遗产奖，2005年入选《世界文化遗产名录》。巴特约之家是一座外墙以彩色马赛克装饰的建筑，是加泰罗尼亚家庭艺术运动和现代派艺术的代表作。它的屋顶覆盖着陶瓷板，好像火龙的脊背起伏，据说是在讲述加泰罗尼亚的保护神圣乔治战胜恶龙的传说。面具造型的阳台和骨骼形状的立柱，增强了故事的奇异气氛。整幢建筑具有耀眼的美感，令人不禁要赞叹大师的奇思妙想。

3. 科尔多瓦——西班牙花迷宫

科尔多瓦（西班牙语：Córdoba）是西班牙安达卢西亚自治区的一座城市，也是科尔多瓦省的首府。科尔多瓦还是一座拥有无数文化遗产和古迹的城市。一方面由于它在瓜达尔基维尔河（River Guadalquivir）上的重要战略位置，另一方面由于曾居住在这个城市中的不同民族留下的众多遗迹，科尔多瓦成为了在西方历史的核心地带一座占据特殊位置的城市。其 Caliphal（阿拉伯）文明在中世纪的欧洲是最辉煌的，而这在东方和西方之间架起了永久的桥梁。

百花巷：百花巷位于旧犹太人区，正像它的名字一样，小巷两侧白色的墙壁上无论何时总是装点着当季的鲜花。这里的很多住宅庭院都在庭院节中获过奖，每年 5 月的庭院节期间都会打开大门供人观赏品评。在旧犹太人区，随处可见这样优美的小巷，百花巷正是其中的代表。在附近还有一座犹太教堂，这是西班牙仅存的两座犹太教堂之一，另一座在托莱多。旧犹太人区是历史上犹太人的聚居区，直到 15 世纪犹太人被驱逐出西班牙为止。旧犹太区一般街道狭窄而复杂，两边是建筑围合中庭的住宅，墙面和窗台以瓷砖和栅栏装饰。在西班牙的很多城市都有旧犹太人区的遗迹，科尔多瓦的旧犹太人区比较好地保持了原始风貌，因而被列入世界文化遗产。

大清真寺：科尔多瓦大清真寺曾经是全世界第二大的清真寺，它也代表着科尔多瓦在伊斯兰教世界的地位。这座占地面积 4 000 平方米的宏伟建筑，分为前半部的橘子中庭和后半部的清真寺主体建筑，在大门边还有高达 93 米的钟楼，原为清真寺的宣礼塔，可以登顶俯瞰科尔多瓦城市风光。经过花木繁茂的中庭进入大厅，多达 850 座马蹄形拱门层层叠叠在眼前展开，营造出空旷深邃的空间感。拱顶鲜艳的红白二色线条，充满阿拉伯风情。9 世纪增建的祈祷室位于清真寺最深处，朝向麦加方向，雕饰着花草与阿拉伯文字，装饰尤为华丽。

斗牛博物馆：斗牛博物馆内展示着科尔多瓦历史上著名的斗牛士的遗物，包括华美的斗牛服装，还有用斗牛场上被杀死的斗牛的头制作的标本。有一间展室专门纪念斗牛大师马诺雷特，陈列着他的墓碑的复制品，以及曾经冲撞过他的斗牛的皮毛。

科尔多瓦王宫：像安达卢西亚的很多王宫一样，科尔多瓦的王宫实际上是一座城堡。伊斯兰教的哈里发和基督教的国王都曾在这里居住，费尔南多三世在这里筹划对格拉纳达的最后一击。王宫整体为一座四方形的院落，四周高墙和塔楼显得坚不可摧，但高墙外是美丽的花园，每年庭院节这里都是热门的游玩地点。城堡中最值得参观的是一组罗马时代的马赛克镶嵌画，以及阿拉伯时代的皇家浴室。

4. 塞维利亚——一座遇到便爱上的城市

塞维利亚（西班牙语：Sevilla）是西班牙安达卢西亚自治区和塞维利亚省的首府，是西班牙第四大都市，也是西班牙唯一有内河港口的城市。塞维利亚位于伊比利亚半岛南部、瓜达尔基维尔河下游谷地，南距加的斯湾约 120 千米。瓜达尔基维尔河从市中穿流而过，古市区的建筑仍然保留着几个世纪前摩尔人统治过的痕迹。

塞维利亚王宫：塞维利亚王宫是欧洲最古老的皇家宫殿，已被选为世界文化遗产。王宫始建于 1181 年，持续营建时间长达 500 多年。曾先后作为伊斯兰教和天主教王宫的历史，使塞维利亚王宫呈现出各种不同风格混杂的面貌。

佩德罗一世宫建于 14 世纪。由于当时的天主教国王佩德罗一世和格拉纳达的伊斯兰教国王关系很好，建造宫殿的工匠中既有来自托莱多的基督教工匠，也有参与了阿罕布拉宫建造的阿拉伯工匠。因此在这座建筑中，可以同时看到哥特式建筑元素和伊斯兰黏土建筑风格，成为穆德哈尔式建筑的典范。其中最华丽的是金碧辉煌的大使厅。

基拉尔达大教堂：基拉尔达大教堂 1401—1511 年兴建，位居世界第三大，也是世界最大型的哥特式教堂。其内有 25 个小堂，王室专用的礼拜堂是国王王妃的墓葬地。无论石刻或木雕都极为精美的主堂内，有从 1482 年起雕刻了 82 年的世界最高大的包金木祭坛，45 个基督故事场景的木刻浮雕达 220 平方米。最使人瞩目的是大厅内航海探险家哥伦布的棺椁灵墓。教堂也是哥伦布及其他美洲大陆探险者的地图、手稿文献及印第安人资料的档案馆。

（二）旅游名胜

1. 马拉加

马拉加是太阳海岸的门户，来自欧美各国的度假游客总是先来到这里，再分散到太阳海岸的一座座小镇。最早把马拉加建成一座重要海港的是航海民族腓尼基人，之后古罗马人和摩尔人先后统治这里。

王宫：这是一座摩尔时代的军事堡垒，建于 11 世纪，城堡中心是国王的宫殿。登上城墙，港口的美丽风光一览无余。城堡建在古罗马军事要塞的遗址上，原建筑的石料被直接拿来建造新的堡垒，现在只有入口处的古罗马剧场还保存着大致的轮廓。

大教堂（Catedral）：始建于 16 世纪，最终也没有完成。设计的两座塔楼只完成了一座，教堂因此得到一个"独臂夫人"的绰号。

民俗博物馆：展示 18—20 世纪使用的马车、农耕器具等，还有渔民使用的渔船。博物馆中原貌重现的小酒馆和民居，真实呈现了当时当地居民的生活状况。

毕加索故居博物馆（Casa Natal de Picasso）：毕加索出生在马拉加，并在这里生活到 10 岁，他最早的绘画作品就是描绘马拉加港的风景。离开家乡后，毕加索还是常常回到故居避暑。毕加索故居博物馆中主要展出他的陶器作品和毕加索本人赠给马拉加市的照片等珍贵文献。

2. 古埃尔公园

古埃尔公园建于 1910—1914 年，公园的道路、出入口和大广场等公共部分由高迪设计建造。公园内随处可见自然主义手法的运用，如同童话王国，如入口正面的排柱和拱门，石头和彩色马赛克的装饰，特别是碎瓷拼贴法装饰的蛇形长椅、百柱大厅的天花板和主台阶上的彩色蜥蜴。银行家古埃尔原本想在这里打造一片高级住宅区，共建造了 60 座住宅。但由于离市中心太远，只卖出两座，其中一座由高迪买下，目前已改造成为高迪博物馆。这个在商业上可以说是完全失败的项目之后捐赠给巴塞罗那市成为公园。1984 年，古埃尔公园被选为世界文化遗产。

3. 贝壳湾

贝壳湾因为形状像扇贝而得名，海湾中央的一座岩石就如同贝壳中的明珠。这座小海湾因为湛蓝的海水、平缓的沙滩、宁静的气氛和便利的生活设施而位居西班牙十大度假海滩之首，每年夏天来自附近英国和法国的游客都会蜂拥而至。据说伊丽莎白一世女王生病时，医生建议她洗海水浴，她就选择了贝壳湾疗养，果然很快痊愈。从那以后贝壳湾名声大噪，成为了欧洲人的度假胜地。

4. 加泰罗尼亚音乐宫

加泰罗尼亚音乐宫建筑是大师蒙达内尔 1908 年作品，巴塞罗那最令人震撼的现代派风格建筑之一，色彩艳丽的雕塑和陶瓷马赛克装饰是其最突出的特色。音乐宫外墙根据民歌创作的组雕、舞台拱门象征民族与古典音乐的群雕、背景墙上的缪斯女神等雕塑，以及彩色玻璃画窗、无处不在的马赛克拼图和绘画作品，把整座建筑组合为一件整体艺术作品。加泰罗尼亚音乐宫 ° 年被选为世界文化遗产。

5. 巴利阿里群岛—   曼的爱情故事

相当于欧洲全部面积的1/20。在3 000多千米蜿蜒曲折的海岸线上，遍布着许多天然的海滨浴场，其中有闻名遐迩的三大海滨旅游区。位于西班牙南部的绵延百余千米的"金色海岸"是各国日光浴爱好者无限仰慕的旅游胜地；而以"幸福岛"闻名的加那利群岛，不仅以其壮丽的火山景观吸引了无数慕名而来的游人，更由于其热带风光，终年阳光明媚，令游人向往；以"地中海浴池"而誉满全球的巴利阿里群岛的水光山色、海天辉映更是令人流连忘返。

6. 马略卡岛

西班牙最迷人的度假胜地——马略卡岛（Mallorca，英语也拼为 Majorca）是西班牙的巴利阿里群岛的岛屿之一，是著名的旅游景点和观鸟去处，有"蜜月岛"的美称。其首府帕尔马同时是整个自治区的首府。中世纪以瓷器著名，岛上多古罗马、腓尼基和迦太基遗址。马略卡岛面积3 640平方千米，岛上到处是砂质的海滩、陡峭的悬崖，田野间种植着橄榄或杏树。这里每年有300天以上的晴朗天气，被称为"地中海的乐园"。马略卡岛的帕尔马位于岛的南部，坐落在一个以日落闻名的海岸边。马略卡岛西北多岩石的崎岖海岸是一个完全没被游客潮侵袭的世界。这里分布着橄榄树林、松树森林以及石质建筑的小村庄。

西班牙旅游业久经不衰，在相当长的一个时期内，西班牙作为世界旅游大国的地位不会发生动摇。据世界旅游组织预测，到2020年，西班牙仍将列入世界第四大旅游目的地。当然，西班牙的旅游业也面临着严峻挑战。这一方面来自其他地区的激烈竞争，周边同样具有地中海式气候的北非和巴尔干地区的国家的工资和物价水平远低于西班牙，旅游费用低廉，挖走了不少西班牙的传统客源。另一方面，西班牙的五大海滩，尤其是太阳海岸污染日趋严重，旅游设施老化，服务人员的素质不适应高质量旅游的需求，再加上西班牙政府因财政上的困难对旅游部门的资助减少，这些都不利于旅游业发展。

第 七 节　德意志——欧洲心脏

公元前1000年前，德国境内就居住着日耳曼人。公元5世纪末，在西罗马帝国废墟上，日耳曼人建立了法兰克王国。10世纪在东法兰克王国的基础上形成了德意志早期封建国家。公元962年，神圣罗马帝国诞生。13世纪中期，中央政权日趋衰落，德意志开始走向封建割据。18世纪初，德国境内的普鲁士和奥地利崛起；1806年，神圣罗马帝国被拿破仑一世击败。根据1815年维也纳会议，成立了以奥地利为首的德意志联邦。1870—1871年，在普法战争后，建立起统一的德意志帝国。德意志帝国的建立，结束了其长达952年的分裂状态。1914年，德国挑起第一次世界大战，1918年战败，帝国崩溃，发生了11月革命。1939年9月1日发动第二次世界大战。1945年5月8日战败投降，从此德国一分为二。1990年10月1日，英、法、美、苏和两德外长签署宣言，宣布停止英、法、美、苏四国在柏林行使权力，10月3日德国实现统一。

一、国情概述

（一）位置、面积、人口

1. 位　置

德国位于欧洲中部，东邻波兰、捷克，南接奥地利、瑞士，西接荷兰、比利时、卢森堡、法国，北接丹麦，濒临北海和波罗的海，是欧洲邻国最多的国家。地处欧洲中部的德国，其欧洲中心地位尤为突出，被称为"欧洲的走廊"。

2. 面　积

全国面积 357 124 万平方千米。

3. 人　口

德国现有人口 8 175.2 万（2010 年 12 月 31 日，德国联邦统计局网站），仅次于俄罗斯，居欧洲第二位。是世界上人口比较稠密的国家之一，人口密度为 229 人/平方千米，仅次于比利时、荷兰。城市人口占总人口的 85％以上。主要是德意志族，还有丹麦族和索布族等。有 719.9 万外籍人，占人口总数的 8.8％。居民中 29.6％信奉新教，30.4％信奉罗马天主教。德语为通用语言，也是该国的官方语言。

（二）民族、语言、宗教

1. 民　族

德国是以德意志民族为主的国家，德意志人（日耳曼人）占 90％以上。此外，在德国西部有少量法国血统居民，主要是在萨尔州。德国东部也有少量斯拉夫族裔，称为索布族，他们的语言文化和德国主体民族有很大区别。德国还有一些"二战"后残存的犹太民族，他们在德国的历史很长，如著名的罗斯柴尔德家族。战后，德国的劳动力匮乏，所以陆续从意大利、西班牙、前南斯拉夫以及土耳其引进外劳，这些人也都成为现在德国人中的少数民族。亚裔人主要是德国西部的日本、越南、中国居民。但这些大量的少数民族都不对德国的主要人口构成有影响。

2. 语　言

德语为官方语言。它属于印欧语系中的日耳曼语族。标准德语称为高地德语，北德人讲标准德语，而南德人讲施瓦本德语，与标准德语有较大的差别。世界上有 1 亿多人以德语为母语，除德国外，还有奥地利、列支敦士登、瑞士的绝大部分，意大利的南蒂罗尔等地也讲德语。

3. 宗　教

德国是 16 世纪早期马丁·路德领导宗教改革的故乡。基督教是德国最大的宗教，信徒占全国人口的 67.07％，第二大宗教是伊斯兰教，有 330 万信徒（4％），再次是佛教和犹太教。其余的 26.3％的人口则没有宗教信仰，或信仰其他较小规模的宗教。

（三）国家标志及释义

德国全称德意志联邦共和国。"德意志"一词来源于古德语"DIOT"一词，意为

"人民"，最早见于公元 8 世纪，是生活在法兰克王国东部的日耳曼部落所讲的方言。

1. 国 旗

呈横正方形，长与宽之比为 5：3。自上而下由黑、红、金（黄）三个平行相等的横长方形相连而成。三色旗最早可追溯到公元 1 世纪的古罗马帝国，在后来 16 世纪的德国农民战争和 17 世纪的德国资产阶级民主革命中，代表共和制的三色旗也飘扬在德意志大地上。1949 年 9 月德意志联邦共和国成立，依然采用魏玛共和国时期的三色旗；1990 年 10 月 3 日，统一后的德国仍沿用德意志联邦共和国国旗。

2. 国 花

矢车菊，又名蓝芙蓉、荔枝菊、翠蓝，属于菊科。经过德国人多年的培育，这种"原野上的小花"已经有浅蓝、蓝紫、深蓝、深紫、雪青、淡红、玫瑰红、白等多种颜色。头状花序生在纤细茎秆的顶端，仿佛一位隽秀的少女，向着"生命之光"——太阳，祈祷幸福和欢乐。矢车菊是德国的名花，德国人用它象征日耳曼民族爱国、乐观、顽强、俭朴的特征，并认为它有吉祥之兆，因而被誉为"国花"。

3. 国 鸟

白鹳，一种著名的观赏珍禽。在欧洲，自古以来白鹳就被视为"带来幸福的鸟"，是吉祥的象征，是上帝派来的"天使"，是专门来拜访交好运的人的。白鹳被选为国鸟后，不少德国家庭特地在烟囱上筑造了平台，供它们造巢用。

4. 国 石

琥珀，英文名称为 Amber，来自拉丁文 Ambrum，意思是"精髓"。也有说法认为是来自阿拉伯文 Anbar，意思是"胶"，因为西班牙人将埋在地下的阿拉伯胶和琥珀称为 amber。中国古代认为琥珀为"虎魄"。

二、文化习俗

（一）礼仪礼节

德意志人比较注重礼节形式。在一般社交场合，他们总乐于在打招呼时对方称呼他们的头衔。他们与朋友相见或告别时，总习惯互相把手握了又握，似乎这样他们会更高兴。他们待人诚恳。如果你在街上向陌生的德意志人问路，他们会很热情地为你解答和指引迷津，有的甚至还会不辞辛苦地陪送你找到要去的地点。

宴会用餐席位原则是"以右为上"，一般男人要坐在妇女和职位较高男人的左侧，当女士离开饭桌或回来时，男人一定要站起来，以表示礼貌。他们很讲究会客或宴请的地点，注重设备的豪华和现代化程度。他们还乐于在幽雅、卫生的厅堂里用餐。他们不注重时装的花哨时髦和衣冠楚楚，但都很注重衣冠的整洁，即使是观看文艺演出，男的也要穿礼服，女的也要穿长裙。

德意志人心目中有一种信念，认为谁在路上遇到烟囱清扫工，便预示着一天都会交好运。据说这一习俗是源于过去清扫工为民清扫烟囱，避免了一些灾祸，至今人民仍记忆犹新。这样，清扫工也就成为了给人们带来幸福的人。他们最爱蓝色的矢车菊，并视之为国花，用以启示人们小心谨慎、虚心学习。他们还认为矢车菊象征日耳曼民族爱国、乐观、俭朴等特征。他们对白鹳倍加喜爱，并视其为国鸟，还把白鹳在屋顶筑巢视为吉祥之兆。

他们喜用黑、灰色，南方人偏爱鲜明的色彩。

（二）饮食服饰

1. 饮 食

在各种佳肴中，德国人对香肠情有独钟，德国的香肠估计有 1 500 多种，其中仅水煮小香肠就有 780 种，最受欢迎的是润口的肉肠。吃香肠必有面包与之相配，在面包的生产方面德国可称得上质量和数量的世界冠军。德国人最爱吃土豆，土豆作为烹饪主料的地位仅次于猪肉，餐桌上少不了它。德国人喜食奶酪，其品种多达 600 多种，是早餐的必备品。德国人不太喜欢羊肉、鱼虾和海鲜，除了一日三餐外，习惯在下午四五点钟喝杯咖啡或茶，吃蛋糕或几块饼干。德国的啤酒、葡萄酒在全世界享有盛名。它是世界饮酒大国，酒类年消耗量居世界第二位，其中啤酒的销量居世界首位。啤酒的三大产地是慕尼黑、汉堡及多特蒙德。啤酒在德国人的饮食生活中占有重要地位，被称为"液体面包"。

2. 服 饰

（1）现代服饰

现代德国人的服饰最显著的特征是穿戴整齐。在不同的场合，如工作时、做客、看戏、参加婚礼、葬礼、宴会、舞会等要穿上不同的干净整洁的服装，且要搭配不同的鞋帽、手套和手提包等。德国的慕尼黑国际时装博览会是久负盛名的世界五大时装博览会之一，也是德国面向世界的时装橱窗，在每年的春、秋两季举行。

（2）传统服饰

德国人在穿着服饰上民族特征并不明显，只有少数几个地区，那里的居民还保留了一些本地独特的服饰风格。比如巴伐利亚地区，那里的男人多戴一种插有羽毛的小皮帽，身穿皮裤，挂着背带，脚穿长袜和翻毛皮鞋，上衣外套没有翻领，而且颜色多半是黑绿色。巴伐利亚的妇女着装多以裙装为主，上衣敞领、束腰，头戴用鲜花装饰的帽子。袖子有长有短，领边、袖口还镶有花边，并以白色为主。裙子的样式类似围裙，以显示劳动妇女的气质，颜色有的鲜艳，有的素雅，还有的深沉庄重。在裙边多用刺绣、挑花来点缀，腿部再配以白色为主的长袜。传统的女装常常要配有帽子，帽子的样式多种多样，有的妇女干脆用鲜花装饰，这在偏僻的山村常见，其他地区的人们平时很少穿用，它们被作为宝贵的民族遗产而小心地珍藏着，只有在节日、喜庆活动或表演传统节目时，才被拿出穿在身上。人们用这五彩缤纷的传统服装为欢乐的气氛涂上艳丽的色彩。

在德国北方的港口城市汉堡，人们爱戴一种小便帽，这种小便帽已成为汉堡人服饰上的一个显著特征。德国前总理赫尔穆特·施密特就是汉堡人，他的头上常戴着汉堡小便帽，以致这种小便帽成为了这位德国总理的一个显著特征。在德国，男人们一般喜欢蓄连腮胡子，而且样式多种多样。人们根据自己的脸形、发式及胡须的疏密长短经常不断地修整梳理胡须，通过不同样式的胡须来体现自己特有的风度和气质。

（三）节日风情

德国有着丰富多彩的传统节日，据不完全统计，有大小民间节日千余个，平均每天就有 3 个节日，但影响较广且深具民族特色的有：

圣诞节——每年 12 月 25 日，是德国一年一度的，也是最热闹的节日，同时，它也是欧美信奉基督教的国家最盛大的节日。

狂欢节——是德国一个古老的传统节日。在德国，从每年 11 月 11 日 11 时起狂欢节就算开始了，它一直到第二年复活节前 40 天为止，前后持续两三个月。但它的高潮是在最后一个星期，特别是这周的星期日、星期一和星期二。在这"发狂的"三天里，德国的狂欢节达到顶峰。

迎新年——德国人对除夕之夜和元旦新年也是比较重视的，他们认为新年过得好坏直接关系一年的命运。除夕之夜，人们用烟火、灯光、喧哗之声来镇妖除魔，辞旧迎新。全家人要围坐在一起吃一顿丰盛的年夜饭。德国人迎新年还有穿新衣的习俗。新年的吉祥物有"吉祥猪"、"鱼鳞、鱼子"、"马蹄铁"等。

复活节——每年春分月圆后的第一个星期日（3 月 21 日—4 月 25 日之间）。法定休息两天。象征生命的蛋、火、水、兔等成为了复活节的吉祥物。

慕尼黑啤酒节——源于 1810 年，是为庆祝巴伐利亚储君路德维希与萨克森王国的特蕾泽·夏洛特·露易丝公主结百年之好而举行的一系列庆祝活动。德国的二月正值大麦和啤酒花丰收的时节，人们在辛苦之余，也乐得欢聚在一起，喝酒，唱歌，跳舞，以表达内心的喜悦之情。这一传统节日一直延续至今。现在这个节日的影响已远远超出慕尼黑，而成为一个世界闻名的节日。

（四）行为禁忌

1. 数字忌讳

忌讳数字"13"。视"13"日、"星期五"为不祥。

2. 交谈忌讳

德意志人在社交场合与人见面时，一般惯行握手礼。他们在握手时惯于坦然注视对方，以示友好。他们与熟人、亲朋好友相见时，一般惯施拥抱礼；情侣和夫妻间见面惯施拥抱礼和亲吻礼。

见面和午别时习惯上要与周围的人——握手。要尊重博士（Doctor）等头衔；若非对方主动提出，绝不要贸然以名字相称。

约会必须事先安排，准时是十分必要的。如果不能赴约，应该用电话通知取消或改期。不要谈及棒球、篮球或美式足球。

可以谈谈德国的乡村生活、业余爱好以及英式足球之类的体育运动。被邀请到德国人家里做客是一种殊荣。

男客应带鲜花，在门厅里解开包装纸，见到女主人就献上。不要送带有浪漫色彩的红玫瑰，切忌送十三之数与偶数的花。

在接受任何款待之后几天内应送去表示感谢的短柬。

3. 民间忌讳

不喜欢红色、红黑相间色以及褐色，尤其是墨绿色。法律禁用纳粹或其军团的符号图案，讨厌菊花、蔷薇图案和蝙蝠图案。忌讳核桃。

送花时禁止送菊花、玫瑰、蔷薇，只数和花朵数不能是"13"或者双数，鲜花不用纸包扎。禁止送太个人化的物品。

礼品包装纸不用黑色、白色和棕色，也不能用彩带包扎。

德国人非常注重规则和纪律，干什么都十分认真。凡是有明文规定的，德国人都会自觉遵守；凡是明确禁止的，德国人绝不会去碰。

4. 饮食忌讳

口味清淡，喜酸甜味道。喜爱中国的鲁菜、京菜、淮扬菜。不喜欢吃鱼虾以及海味。不爱吃油腻和过辣的菜肴。

三、旅游资源

德国旅游业发达，每年有大量国内外游客在德国旅游。著名景点有科隆大教堂、柏林国会大厦、波恩文化艺术展览馆、罗滕堡、慕尼黑德意志博物馆、海德堡古城堡、巴伐利亚新天鹅石宫、德累斯顿画廊等。

（一）旅游名城

1. 柏林——首都之城

德国首都，也是德国最大的城市，现有居民约 346.1 万。位于德国东北部，四面被勃兰登堡州环绕。

波茨坦广场：是柏林的新中心，它周围的城市景象生动活泼而又多姿多彩。在高大宏伟的现代化建筑里，餐厅、购物长廊、剧场和电影院形成了一种独特的大融合。夜晚，索尼中心及其露天帐篷屋顶在迷人的灯光照射下，颇为引人瞩目。

联邦总理府：是柏林新建政府区最醒目的建筑之一。这座白色大厦是"联邦纽带"的一部分。"联邦纽带"将新建建筑连在一起，同历史建筑国会大厦遥相呼应。它的特色是铁质雕塑"柏林"。

菩提树下大街：菩提树下大街是德国首都柏林的著名街道，也是欧洲著名的林阴大道。它东起马克思—恩格斯广场，西至勃兰登堡门，全长 1 390 米，宽 60 米。街两边 4 行挺拔的椴树像翠绿的长廊，笔直地伸向勃兰登堡门。

2. 慕尼黑——百万人的村庄

慕尼黑位于德国南部阿尔卑斯山北麓的伊萨尔河畔，是德国主要的经济、文化、科技和交通中心之一，也是欧洲最繁荣的城市之一。慕尼黑同时又保留着原巴伐利亚王国都城的古朴风情。

天鹅堡：这座城堡是巴伐利亚国王路德维希二世的行宫之一，是德国境内受拍照最多的建筑物，也是最受欢迎的旅游景点之一。世界上没有一个国家像德国那样拥有如此众多的城堡，据说目前仍有 14 000 座。在众多城堡中，最著名的是新天鹅城堡，它是德国的象征。由于是迪斯尼城堡的原型，也有人称其为白雪公主城堡。建于 1869 年。从奥格斯堡到富森，光是坐火车一路的风景都会让人遐思神往。

国王湖：位于德国和奥地利边境的小城贝希特斯加登南方 5 千米，是一个狭长的优美湖泊。位于高 1 885 米的 Kehlstein 山顶。1937 年时，建了这座招待所作为希特勒生日贺礼，之后鹰堡便成为战时希特勒用来招待盟友玩乐及与盖世太保们开会的地方，现今鹰堡已成为山顶餐厅及展望台。国王湖在巴伐利亚州南部群山环绕之中，是一个因冰河侵蚀而成的湖泊，极像北欧的峡湾风貌，湖水清澈。这湖水平如镜，碧胜美玉，四面环山，山势险峻，感觉像是哪位巨人在这山间横劈一斧，乘船行于其间，犹如仙境一般。

英国公园：位于伊萨尔河畔，占地达 350 公顷，是慕尼黑最大的公园。是欧洲大陆最早的风景花园之一，也是欧洲最大的城市公园之一。由于园林营造上效法英国，草地开阔，小径蜿蜒，顺应自然，极少人工雕凿，因此起名"英国公园"。园中草坪浓绿，林阴密布，野鸭嬉水河中，天鹅漫步草坪，一派和谐的自然风光。园内还有座建于 200 年前的古朴的楼阁式五层木塔，被称为中国塔，是欧洲人向往东方艺术，半凭传说、半凭想象造出的。

3. 法兰克福——双面之城

正式全名为莱茵河畔法兰克福。它被誉为莱茵河畔的耶路撒冷，德国最大的书柜。法兰克福是一座双面之城，它既有全欧洲最高的大楼以及大型购物区"采尔步行街"和国际著名的展览会，也有古老的桁架结构建筑矗立在"罗马人"周围。法兰克福不仅是德国的经济中心，又是一座文化名城。这里是世界文豪歌德的故乡，歌德的故居就在市中心。

罗马广场：缅因河流经市区，将法兰克福一分为二，古城区的罗马广场就在河的北边；罗马广场旁有个罗马厅，实际上就是旧的市政厅，里面的皇帝殿（Kaisersaal）是许多罗马皇帝进行加冕的地方。罗马广场西侧的三个山形墙的建筑物，可以说是法兰克福的象征。虽然遭遇数百年战火的摧残，但整修后仍保存完好。罗马广场的东侧则有一排古色古香的半木造市民住宅。罗马广场是法兰克福现代化市容中仍然保留着中古街道面貌的唯一广场。罗马广场西侧的三个山形墙的建筑物，可以说是法兰克福的象征。1944 年，该广场受到英国空军的猛烈空袭，基本被毁，战后重建。

海德堡老城：在内卡河南岸傍河而建，为长条形。尽管老城也十分现代化，但街道、小巷和主要建筑都保留了原来的古朴风格。红褐色古城建在巨大的山崖上，最早建于 13世纪，历史上经过几次扩建，形成哥特式、巴洛克式及文艺复兴三种风格的混合体，整个城堡有高大的围墙、塔楼、宫殿和英国式的花园，曾经是欧洲最大的城堡之一。在 30 年战争期间遭到毁坏，如今大部分已经是废墟了。城堡里保存了一个巨大的葡萄酒桶，有 8米高 9 米长，可以装 22 万升酒。城堡里还设有德意志药店博物馆。

吕德斯海姆：酒乡吕德斯海姆坐落在河岸森林密布的缓缓的山坡上，满城都是重重叠叠的红色屋顶和绿树掩映的街道，浸漫着花香，闪烁着阳光。小城的一切都是小巧而精致的，小酒巷、小博物馆、小火车站、小日耳曼尼娅女神像——只有葡萄园是大片大片的。葡萄园随着季节的变幻而改变颜色，风光如画的村庄掩映在葡萄园中，每一处庄园都是一个古老的故事。在教堂和城堡的周围，鲜花点缀着房舍、泉眼和酒窖，很多私人酒窖都向游人开放，让其品尝各种葡萄酒。夕阳给小城镀上了玫瑰的色彩，小城更觉温柔。晚风中**浸揉葡萄美酒香**，小城沉醉在葡萄酒的甜梦里，游人沉醉在它的怀里……

（二）名胜古迹

勃兰登堡门：位于柏林市中心菩提树大街和 6 月 17 日大街的交汇处，是柏林市区著名的游览胜地和德国统一的象征。公元 1753 年，普鲁士国王腓特烈·威廉一世定都柏林，下令修筑共有 14 座城门的柏林城，因此门坐西朝东，腓特烈·威廉一世便以国王家族的发祥地勃兰登命名。初时此门仅为一座用两根巨大的石柱支撑的简陋石门。1788年，普鲁士国王腓特烈·威廉二世统一德意志帝国，为表庆祝，遂重建此门。当时德国著名建筑学家卡尔·歌德哈尔·阆汉斯受命承担设计与建筑工作，他以雅典古希腊柱廊式城门为蓝本，设计了这座凯旋门式的城门，并于1791年竣工。重建后的城门高20米，宽65.6米，进深11米，门内有5条通道，中间的通道最宽。据史书记载，中间的通道在1918年德皇退位前仅允许皇族成员行走。门内各通道之间用巨大的砂岩条石隔开，条石的两端各饰6根高达14米、底部直径为1.70米的多立克式立柱。为使此门更辉煌壮丽，当时德国著名的雕塑家戈特弗里德·沙多又为此门顶端设计了一套青铜装饰雕像：四匹飞驰的骏马拉一辆双轮战车，战车上站着一位背插双翅的女神，她一手执杖一手提辔，一只展翅欲飞的普鲁士飞鹰鸷立在女神手执的饰有月桂花环的权杖上。在各通道内侧的石壁上镶嵌着沙多创作的20幅描绘古希腊神话中大力神海格拉英雄事迹的大理石浮雕画。30幅反映古希腊和平神话"和平征战"的大理石浮雕装饰在城门正面的石门楣上。此门建成之后曾被命名为"和平之门"，战车上的女神被称为"和平女神"。

无忧宫：位于德意志联邦共和国东部勃兰登堡州首府波茨坦市北郊。宫名取自法文原意"无忧"（或"莫愁"）。无忧宫及无忧宫周围的园林是普鲁士国王腓特烈二世时期仿照法国凡尔赛宫的建筑式样建造的。整个园林占地290公顷，坐落在一座沙丘上，故也有"沙丘上的宫殿"之称。无忧宫全部建筑工程前后延续了约50年之久，为德国建筑艺术的精华。无忧宫前是平行的弓形6级台阶，两侧由翠绿丛林烘托。宫殿前的大喷泉用圆形花瓣石雕组成，四周用"火"、"水"、"土"、"空气"4个圆形花坛陪衬，花坛内塑有神像，尤以维纳斯像和水星神像造型最为精美，生动。据说，整个宫内有1000多座以希腊神话人物为题材的石刻雕像。正殿中部为半圆球形顶，两翼为长条锥脊建筑。殿正中为圆厅，门廊面对一座大喷泉。瑰丽的首相厅的天花板装潢极富想象力，四壁镶金，光彩夺目。室内多用壁画和明镜装饰，辉煌璀璨。宫的东侧有珍藏124幅名画的画廊，多为文艺复兴时期意大利、荷兰画家的名作。在无忧宫的花园内有一座六角凉亭，被称为中国茶亭。茶亭采用了中国传统的伞状圆形屋顶、上盖碧瓦、黄金圆柱落地支撑的建筑结构。亭内桌椅完全仿造东方式样制造。亭前矗立着一只中国式香鼎。据说当年普鲁士国王常在此品茶消遣。

科隆大教堂：是世界上最完美的哥特式教堂，位于德国科隆市中心的莱茵河畔。东西长144.55米，南北宽86.25米，顶柱高109米，中央是两座与门墙连砌在一起的双尖塔，这两座157.38米的尖塔像两把锋利的宝剑，直插苍穹。整座建筑物全部由磨光石块砌成，占地8000平方米，建筑面积约6000多平方米。在大教堂的四周林立着无数座小尖塔，整个大教堂呈黑色，在全市所有的建筑中格外引人注目。

（三）旅游名区

1. 汉萨城市吕贝克——沉醉于往昔岁月

弯弯曲曲的胡同和小路、古老的商人住宅、举世闻名的霍斯特城门和历史悠久的老城区——1987年这里被评为联合国教科文组织世界文化遗产：这座曾经被称为"汉萨女王"的古老的汉萨城市，对热衷于文化、历史和海洋生活方式的人们来说充满了无限魅力。独特的博物馆景观、气势恢宏的砖砌哥特式教堂的七个尖顶、尼德格尔杏仁巧克力沙龙、博物馆港和布登勃洛克之家，不过是所有值得参观的景点中的几个代表。圣·安尼博物馆及著名的梅姆林耶稣受难圣坛、圣·安尼现代艺术馆、城堡修道院及"汉萨商人纪念币"、建于 1280 年的圣灵医院以及收藏了全世界 1 000 多个戏剧木偶的木偶戏博物馆，也都精彩不容错过。

2. 罗斯托克——宏伟的砖砌建筑和著名的天文表

每天中午 12 点整，圣玛利亚教堂上建于 1472 年的天文钟都会以生动有趣的表演吸引游客的目光。这座天文钟是世界上唯一一源自中世纪至今仍然可以正常运作且每日上发条的钟表。作为德国东北部最大的教堂建筑，玛利亚教堂今天被称为北德砖砌建筑最重要的见证之一。北德沿海地区这种由一块一块砖石垒砌的建筑出现于汉萨同盟的鼎盛时期，它们记录了中世纪的权势与影响力。今天，它们成为了这种独一无二的文化景观的标志。在罗斯托克，砖砌建筑——中世纪的教堂、修道院、城墙、塔楼和城门、哥特式山墙房屋和拥有七座尖塔的市政厅，历经几个世纪依然得以完好保存。作为文化历史博物馆的圣十字修道院，内部结构也令人叹为观止。此外，游客还可以乘坐舒适的电梯登上圣·佩特里教堂的观景平台，俯瞰瓦诺夫河畔的城市中心，景色美不胜收。

3. 不来梅的世界文化遗产

不来梅市政厅于 1405 和 1410 年作为市场大厅和市政大厅而建，是该市最重要的建筑之一。初建时为哥特式风格，直到 17 世纪才拥有了典型的文艺复兴式外立面。作为德国最美的市政厅之一，这组由老市政厅、新市政厅以及对面的罗兰雕像构成的建筑群自 2004 年起便被评为联合国教科文组织世界文化遗产。"市政厅酒窖"位于市政厅地下，不来梅特色美食、650 种葡萄酒以及特殊的地理位置为它带来了"美味的市政厅基石"的美誉。它至今已有 600 多年的历史，贮藏着德国最古老的桶装葡萄酒。

4. 下萨克森州名胜古迹

博物馆探奇，追寻古老建筑的历史，近距离体验文化——以首府汉诺威为中心的下萨克森州蕴藏着举世闻名的名胜古迹。最珍贵的文化遗迹位于州南部：希尔德斯海姆的世界文化遗产圣·米歇尔教堂堪称罗马建筑艺术的杰出典范，同样值得推荐的还有该市的罗默尔和佩利扎乌斯博物馆。德国中等高度山脉最北端的哈茨地区坐落着令人难忘的哥斯拉尔城，它的拉莫斯贝格矿山和整个老城被评为世界文化遗产。

5. 梅克伦堡—前波莫瑞州名胜古迹

梅克伦堡—前波莫瑞丰富的旅游资源令人着迷。1 943 千米的波罗的海、潟湖和浅海湾海岸以及 2 000 多座湖泊将这里变成一片蓝色的乐土。沿着现代与传统交织的温泉建筑和中世纪的砖砌结构建筑伸展开去的地带充满田园般的宁静，几乎还处于未开发状态。汉萨城市施特拉尔松和维斯玛于 2002 年被评为联合国教科文组织世界文化遗产。梅前州总面积 23 000 平方千米，州内大部分地区分布着约 2 000 座宫殿、城堡和庄园等，这在欧洲大陆是十分罕见的。其中最著名的统治阶层建筑当属位于州首府什未林的童话城堡，它不仅仅是一座博物馆，也是德国最美的州议会所在地。

本章小结

欧洲是仅次于亚洲客源国的我国重要客源市场，其中英、德、法、俄是我国四大较稳定的客源国，特别是俄罗斯边境旅游占有较大比重，赴中国旅游客源数量平稳增长。通过对欧洲主要客源国自然环境、社会经济、历史政治、民俗文化及旅游资源等方面的详细介绍，熟悉欧洲旅游发展的经验，了解旅游业发展的最新动态。

西班牙能够成为世界的"旅游王国"的原因；英国代表性大学的特色；意大利的两个"国中国"；法国大餐的特点；分析西欧各国旅游市场形成的原因并指出其未来发展趋势。

《中国主要旅游客源国与目的地国概况》（陈福义）、《中国旅游客源国概况》（陈家刚）、《国际旅游客源国与目的地概况》（郭盛晖）、《中国旅游客源国/地区概况》（王兴斌）。

第四章
美、澳、非洲客源国概况

学习目标

美洲是西半球唯一的大陆，全称亚美利加洲，陆地面积 4 129.8 万平方千米，约占世界陆地总面积的 28%，人口约 9.2 亿（2011 年）。按地理划分，以巴拿马运河为界，分为南北美洲；而就政治经济地理而言，美国以南的美洲地区称为拉丁美洲，北美洲是指美国南部国界以北的美洲，即包括美国和加拿大以及周围的岛屿。美洲不仅是国际发达的旅游市场，也是国际旅游客源输出的重要市场，它是仅次于欧洲的第二位的旅游市场。美洲按区域特点可划分为三个旅游区，即北美旅游区、加勒比海旅游区和南美旅游区。美洲客源国，尤其是北美客源国是我国第三位重要的客源市场。美国和加拿大是我国在美洲的两个主要客源国，20 世纪 90 年代中期以来，它们占据了美洲市场份额的 90% 左右，来华旅游呈现平稳增长。

大洋洲是指太平洋西南部的大陆和赤道南北广大海域中的大小岛屿，包括澳大利亚、新西兰、伊里安岛以及美拉尼西亚、密克罗尼西亚和波利尼西亚三大群岛。陆地总面积约 897 万平方千米，约占世界陆地总面积的 6%，是世界上最小的一个洲。人口约 2 900 万，除南极洲外，是常住人口最少的一个洲。进入 21 世纪以来，世界旅游业得到了前所未有的蓬勃发展。在这大好形势下，大洋洲各国也开始不同程度地重视发展本国的旅游业。特别是澳大利亚和新西兰，两国旅游业出现了蓬勃发展的好势头。据世界旅游组织预测，从 1995 年到 2020 年，亚太地区的旅游业将以年均 7.0% 的速度增长，成为世界第二大目的地市场，占世界市场份额也将从目前的 18% 上升为 2020 年的 27%。而大洋洲地区的旅游业在这一大的发展趋势下，也必将出现美好的发展前景。研究大洋洲客源市场状况，对于研究世界旅游业的发展，开拓我国的海外客源市场，具有极为重要的意义。

非洲是"阿非利加洲"的简称，位于东半球的西南部，地跨赤道南北，西北部的部分地区伸入西半球。东濒印度洋，西临大西洋，北隔地中海和直布罗陀海峡与欧洲相望，东北隅以狭长的红海与苏伊士运河紧邻亚洲。面积约 3 020 万平方千米（包括附近岛屿）。约占世界陆地总面积的 20.2%，次于亚洲，为世界第二大洲。非洲目前有 56 个国家和地区。在地理上，习惯将非洲分为北非、东非、西非、中非和南非五个地区。对于中国海外客源市场而言，非洲属于发展中的客源市场，其中南非是大洋洲最重要的中国海外客源国，发展潜力巨大。

本章应重点掌握美、澳、非洲主要国家的旅游业发展状况、旅游城市、旅游资源等基本概况；熟悉、了解各州主要旅游国家的民俗风情；把握各国自然、人文环境特征。

第 一 节 美利坚——山姆大叔

早在欧洲殖民者踏上美洲大陆之前，印第安人世代生息在这块土地上。1492 年哥伦布到达美洲后，欧洲殖民主义国家开始不断向北美移民。到 1773 年，英国在北美东部相继建立了 13 个殖民地。1775 年，这些殖民地的人民发动了反对英国殖民统治的独立战争。1776 年 7 月通过独立宣言，成立联邦共和国。自 1870 年以来美国国民经济就高居全球第一，是联合国安理会五个常任理事国之一，当今的国内生产总值超过全球 20%。其在经济、政治、科技、军事、娱乐等诸多领域的巨大影响力均领衔全球，是目前世界上唯一的超级大国。

一、国情概述

（一）位置、面积、人口

1. 位　置

美国位于西半球北美洲中部，领土还包括北美洲西北部的阿拉斯加和太平洋中部的夏威夷群岛等。另有加勒比海岛屿波多黎各以及太平洋群岛北马里亚纳等海外领地。其本土北与加拿大接壤，南靠墨西哥湾，西临太平洋，东濒大西洋。海岸线 22 680 千米。

2. 人　口

美国是一个移民国家，人口约 3.087 亿（2010 年）。同时是一个城市化水平极高的国家，约有 81% 的人口居住在都会区。

3. 面　积

总面积 962.909 1 万平方千米（其中陆地面积 915.896 0 万平方千米），海岸线长约 22 680 千米。次于俄罗斯、加拿大和中国，居世界第四位。

（二）民族、语言和宗教

1. 民　族

美国是移民国家，有"民族熔炉"之美称，聚集了世界 155 个民族的后裔。其中最主要的有白人、黑人、墨西哥人、波多黎各人和亚洲人的后裔。来自不同民族、不同国家的人民创造和发展了美国文化。有白人、黑人、有色人和亚洲人四大种族，分别占总人口的72%、12%、11% 和 5%。亚洲人约 6 000 万，主要是印度人（超过 50%）和华人。

2. 语　言

美国的官方语言是美式英语。它是在历史长河的风雨中发展起来的。从第一批移民登陆起，他们就开始创造美国英语。美国英语幽默，词义丰富，具有独创性。因世界各地移民还保持使用本民族祖先的语言，在美国，几乎可看到任何一个国家的人，听到世界上各种主要的语言。此外，还有 330 多种语言在美国被使用，其中 176 种为本地语言。

3. 宗　教

宗教对美国人不仅是一种信仰，还是生活中的一个重要组成部分。美国绝大多数人信奉基督教，但其他各种宗教也存在，目前，共有 250 多个不同的宗教派别，33 万个地方性教会团体，美国人主要信奉基督教、天主教、犹太教和东正教。51.3% 的居民信奉基督教新教，信奉其他宗教人口比例为天主教（23.9%）、摩门教（1.7%）、其他基督教（1.6%）、犹太教（1.7%）、佛教（0.7%）、伊斯兰教（0.6%）、其他宗教（2.5%），不属于任何教派的占 4%。除上述主要宗教外，世界上所有的重要宗教几乎在美国都有信徒。

（三）国家标志及释义

1. 国　旗

国旗是星条旗，旗面左上角为蓝色星区，区内共有 9 排 50 颗白色五角星，以一排 6 颗、一排 5 颗交错排列。星区外是 13 道红白相间的条纹。50 颗星代表美国 50 个州，13 道条纹代表最初北美 13 块殖民地。

每年 6 月 14 日为"美国国旗制定纪念日"。在这一天，美国各地举行纪念活动，以示对国旗的敬重和对合众国的热爱。

2. 国花、国歌、国鸟、国石和"山姆大叔"

美国的国花是玫瑰，1985 年经参议院通过，象征美丽芬芳、热忱和爱情。

美国国歌是《星条旗之歌》。

国石为蓝宝石。

国鸟为白头海雕（秃鹰）。美国是世界上最先确定国鸟的国家。美国的绰号叫"山姆大叔"。1961 年美国国会通过决议，正式承认"山姆大叔"为美国的象征。

二、文化习俗

（一）礼仪礼节

美国人注重社交礼仪。在正式社交场合十分讲究礼节，初次见面，要把客人介绍给主人，把年轻人介绍给长者，把男士介绍给女士，把下级介绍给上级。介绍宾客时，美国人喜欢别人直接叫自己的名字，并将这视为亲切友好的表示，不要在称呼中冠以"先生"、"小姐"、"太太"，也不要用正式的头衔来称呼别人。正式头衔一般只用于法官、军官、医生、教授、宗教界领袖等人物。

（二）饮食服饰

1. 饮　食

美国人用餐一般不求精细，但求快速和方便，因而汉堡包、热狗、馅饼、炸面包圈和肯德基炸鸡等快餐风靡全国，深受美国人喜爱。主食是肉、鱼、菜类，副食是面包、面条、米饭。口味喜清淡、不腻、咸中带甜；不爱吃蒜和过辣食品；不爱吃肥肉、清蒸食品和红烧食品；忌食动物内脏；不喜欢吃蛇一类异常食物。

2. 服　饰

美国人平时穿着打扮随便，追求舒适，但也讲究礼仪，一般不能穿着背心进入公共场所，更不能穿睡衣出门。美国人在正式社交场合十分注重穿着。如在政府部门和公司工作的上班族每天均衣冠楚楚，男士西装革履，女士则为各式裙装配以淡妆。参加宴会、舞会等社交活动，一定要根据请柬上的服装要求选择好服装，以免失礼。这种情况下人们穿着庄重典雅，男士穿黑色晚礼服，女士则穿深色袒胸露背的曳地长裙。

（三）节日风情

1 月 1 日　　　　　　　　新年（New Year's Day）

1 月第 3 个周一	马丁·路德·金诞辰
2 月 12 日	林肯纪念日（Lincoln's Birthday）
2 月 14 日	圣瓦伦丁节（情人节）（St. Valentine's Day）
2 月 18 日	华盛顿诞辰日（Washington's Birthday）
3 月 17 日	圣帕特里克节（St. Patrick's Day）
4 月 1 日	愚人节（All Fools' Day）
4 月	复活节（Easter）（一般指春分月圆后第一个星期日）
5 月	植树节（Arbor Day）（五月的第二个星期五）
5 月	母亲节（Mothers' Day）（五月的第二个星期日）
5 月	阵亡将士纪念日（Memorial Day）（五月的最后一个星期一）
6 月 14 日	美国国旗日（Flag Day）
6 月	父亲节（Fathers' Day）（六月的第三个星期日）
7 月 4 日	美国独立日（Independence Day）
9 月	劳动节（Labor Day）（九月的第一个星期一）
10 月 12 日	哥伦布日（Columbus Day）
10 月	退伍军人节（Veteran's Day）（十月的第四个星期一）
11 月 1 日	万圣节（Halloween）
11 月	感恩节（Thanksgiving Day）（11 月的第四个星期四）
12 月 25 日	圣诞节（Christmas）

（四）行为禁忌

美国人忌讳数字"3"和"13"，"13 日星期五"也被视为不吉利的日子；忌讳黑色、黑猫图案、蝙蝠图案；送礼忌讳双数；忌讳打破镜子，认为打破镜子预兆大病、死亡；忌讳走路时踏得啪啪作响，此举被认为是在诅咒自己的母亲；忌讳用一根火柴为 3 个人点烟。

三、旅游资源

美国经济实力雄厚，科学技术先进，交通便利，服务设施完善，管理水平较高，客源市场稳定，旅游业发达。旅游资源丰富多样。自然旅游资源千姿百态，黄石、大峡谷、猛犸洞穴、夏威夷火山国家公园和尼亚加拉瀑布、威基基海滩等迷人的山色、湖光、悬崖、峡谷、瀑布、海滩，可为人们提供观光、度假、疗养等各种旅游活动。美国自然、人文旅游资源丰富，有 40 多处国家公园、80 多处国家名胜和 10 多个著名的旅游城市。险峻奇绝的壮丽峡谷、绚丽多姿的文化艺术、明媚秀丽的银色海滩、美妙绝伦的现代建筑和古朴典雅的名胜古迹，无一不具有难以抗拒的诱惑力，吸引着世界各地的旅游者慕名而来。

（一）旅游名城

1. 华盛顿

美国首都华盛顿全称"华盛顿哥伦比亚特区"，位于马里兰与弗吉尼亚州之间。华盛顿是美国的政治、文化、教育中心，是世界上少有的专门为政府驻地和国际会议所建的首都城市之一。有各种纪念堂、纪念碑、圣像等 300 多处。以华盛顿纪念塔、林肯和杰弗逊纪念堂、华盛顿国家教堂等最著名。还有国会图书馆、国立博物馆、国立美术馆、国会大厦、白宫、五角大楼、华盛顿大学和乔治敦大学等，华盛顿的博物馆之多堪称世界之最。不过华盛顿最多的建筑还是教堂。华盛顿是一座精美绝伦的建筑和艺术宝库，被称为"建筑艺术博物馆"。

华盛顿纪念碑：1884 年 12 月 6 日竣工，四年后开放观光。石碑是以白色大理石建成方尖型，高度为 169.3 米。

林肯纪念堂：1922 年 5 月 30 日竣工。整座建筑呈长方形，长约 58 米，宽约 36 米，高 23 米多。是一座仿古希腊巴特农神庙式的大理石构建的古典建筑。36 根白色的大理石圆形廊柱环绕着纪念堂，象征林肯任总统时所拥有的 36 个州。

2. 洛杉矶

洛杉矶位于加利福尼亚州西南部，太平洋东侧的圣佩德罗湾和圣莫尼卡湾沿岸，为美国第二大城市。市区以其地形及区域特性，分为城中区、好莱坞区、戏曲区、海岸区以及谷地区等五大地区，这五个地区不同的自然、人文景观组成了洛杉矶多元化的文化风貌特色。洛杉矶有加利福尼亚大学洛杉矶分校、南加利福尼亚大学和加利福尼亚理工学院。

好莱坞：好莱坞是全球最著名的影视娱乐和旅游热门地点，位于美国加利福尼亚州洛杉矶市市区西北郊。这里依山傍水，景色宜人。最先是由摄影师寻找外景地所发现的，大约在 20 世纪初，这里便吸引了许多拍摄者，而后一些是为了逃避专利公司控制的小公司和独立制片商们纷纷涌来，逐渐形成了一个电影中心。

圣塔莫尼卡：圣塔莫尼卡是洛杉矶最有名的海滩之一，这里有一个突堤码头，这个码头最早建于 1908 年。在突堤码头上有一个游乐场和一些餐厅，在这里有脚踏车的小径，在海滩上可以打排球、溜直排轮鞋，爬上山坡后还有一片草地，值得一提的是距离海滩不远处有一个适合逛街的行人徒步区——三街（Third Street）。

3. 纽约市

纽约地处东北大西洋沿岸，是美国最大、最繁华的城市，美国第一大商港。是最大的经济、金融、商业、文化中心和联合国总部所在地，位于美国东北部哈得孙河注入大西洋的河口。全市由曼哈顿、布朗克斯、布鲁克林、昆斯和里士满 5 个区组成，还包括自由岛、埃利斯岛、加弗纳斯岛、罗斯福岛等小岛。

自由女神像：自由女神像全名为"自由女神铜像国家纪念碑"，正式名称是"照耀世界的自由女神"，于 1886 年 10 月 28 日矗立在美国纽约市海港内自由岛的哈德孙河口附近，被誉为美国的象征。1984 年，它被列入《世界遗产名录》。举世闻名的自由女神像高高地耸立在纽约港口的自由岛上，象征着美国人民争取自由的崇高理想。自由女神像重 200 多吨，高 46 米，加基座为 93 米。她身着罗马古代长袍，头戴光芒冠冕，右手高擎长达 12.8 米的火炬，左手紧抱美国《独立宣言》，身体微微前倾，神态端庄安详，亲切自然，是不可多得的艺术珍品。在塑像内部有 168 阶螺旋状楼梯，游人可自此登上像顶。在女神冠冕下有 25 个窗口，凭窗远眺可以俯瞰纽约全港景色。

华尔街：是纽约市曼哈顿区南部从百老汇路延伸到东河的一条大街道的名字，全长不过 1/3 英里（1 英里＝1.609 344 千米），宽仅 11 米，是英文"墙街"的音译。街道狭窄而短，从百老汇到东河仅有 7 个街段，以"美国的金融中心"闻名于世。美国摩根财阀、洛克菲勒石油大王和杜邦财团等开设的银行、保险、航运、铁路等公司的经理处集中在这里。著名的纽约证券交易所也在这里。

洛克菲勒中心：洛克菲勒中心是位于美国纽约州纽约市第五大道的一个由数座摩天大楼组成的复合设施。由四栋大楼组成，各大楼底层是相通的。其中最大的是奇异电器大楼，高259米，共70层。它号称20世纪最伟大的都市计划之一，这块区域占地22英亩，是由19栋建筑围塑出来的活动区域，对于公共空间的运用也开启了城市规划的新风貌，完整的商场与办公大楼让其继华尔街之后，成为纽约第二个市中心。

帝国大厦：帝国大厦是位于美国纽约市的一栋著名的摩天大楼，共有102层，由Shreeve，Lamb，and Harmon建筑公司设计，它的名字来源于纽约州的别称帝国州，所以英文原意实际上是"纽约州大厦"，而"帝国州大厦"是以英文字面意思直接翻译的，但因帝国大厦的译法已广泛流传，故沿用至今。

4. 夏威夷

夏威夷是夏威夷群岛中最大的岛屿，地处热带，气候却温和宜人，是世界上旅游工业最发达的地区之一，拥有得天独厚的美丽环境，风光明媚，海滩迷人。1959年8月21日，夏威夷成为美国第五十个州。夏威夷群岛地处热带，瓦胡岛有环岛沙滩，是世界驰名的海滨度假胜地和海山运动场。

威基基海滩（Waikiki Beach）：威基基海滩位于夏威夷群岛中的瓦胡岛檀香山市。大概是世界上最出名的海滩，也是多数游人心目中最典型的夏威夷海滩。海滩区东起钻石山下的卡皮欧尼拉公园，西至阿拉威游艇码头，长达1英里，每日到这里的游客多达25 000人。

珍珠港（Pear Harbor）：珍珠港地处瓦胡岛南岸的科劳山脉和怀阿奈山脉之间平原的最低处，与唯一的深水港火奴鲁鲁港相邻，是美国海军的基地和造船基地，也是北太平洋岛屿中最大最好的安全停泊港口之一。1941年12月7日清晨，日本海军突袭珍珠港，美国太平洋舰队"亚利桑那"号战舰长眠于水下。如今珍珠港纪念馆修缮一新，景区除了干净的街道、美丽的植物以外，还能看到"二战"老兵在这儿签名售书。

5. 迈阿密（Miami）

迈阿密曾经被称为"上帝的等候室"，因为许多年近古稀的老人在这里度过他们最后的人生，等候上帝的召唤。但今天，除了老人们，这里也充满了潮流设计师、比基尼模特，这座曾经是美国谋杀犯罪率最高的城市现在已成为游人争相到访的地方。半数的迈阿密人来自西班牙，给予城市以国际化的造型，风味独特的拉丁美洲美食、语言、音乐、政治和精神是迈阿密区别于其他美国城市的独特城市气质。

多数游客来到迈阿密都会直奔迈阿密海滩，这是一个完全独立的自治区，迈阿密海滩城市位于迈阿密以东6千米的岛屿上，横跨Biscayne海湾。岛上满是酒吧、俱乐部、壮观的现代建筑与古典建筑。

（二）旅游名胜

1. 人文景观（不包括上述景观）

迪士尼乐园位于佛罗里达州中部，是世界上最大的综合游乐场。1964年开始筹建，经过5年营造，于1971年10月向公众开放。它耗资7.66亿美元，占地面积达12 228公顷，是一座老少皆宜的游乐中心。

费城美国独立纪念馆：一栋乔治风格的红砖建筑物，建于 1732—1753 年之间，当时为宾夕法尼亚殖民当局的州议会所在地。1776 年 7 月 4 日，来自英国殖民统治下的北美 13 州的代表在这里签署了由托马斯·杰弗逊撰稿的《美国独立宣言》。1787 年，美国宪法也在此地制定。1790 年到 1800 年费城作为美国首都期间，该建筑是美国国会所在地。1979 年入选世界文化遗产。

旧金山金门大桥：1933 年 1 月 5 日开工，1937 年 4 月完工。桥墩跨距长 1 280.2 米，是世界上第一座跨距超过 1 000 米的悬索桥。有世界第四高的桥塔，高达 227.4 米，全桥总长度为 2 737.4 米。

中央公园：曼哈顿区大型的都市公园，面积 340 公顷，长 4 千米，宽 800 米，是常居于狭小单元的当地居民的一方绿洲。由于经常出现在电影和电视剧中，令它成为世界上最有名的城市公园。

时代广场：名称源自《纽约时报》（*New York Times*）早期在此设立的总部大楼。

柯达剧院：位于好莱坞大道上，2001 年 11 月 9 日启用。由柯达公司赞助 7 500 万美元建成，并获得命名权。现由洛杉矶市拥有，在 2002 年开始成为奥斯卡奖典礼的永久举行地。

2. 自然景观（不包括上述景观）

黄石国家公园：成立于 1872 年，是世界上第一座国家公园。位于中西部怀俄明州的西北角，并向西北方向延伸到爱达荷州和蒙大拿州，面积达 8 956 平方千米。全球一半以上的间歇泉都在这里，这些地热奇观是世界上最大的活火山存在的证据。园内约有 200 多只黑熊，100 多只灰熊。1978 年被列为世界自然遗产。

科罗拉多大峡谷：位于亚利桑那州西北部，是科罗拉多河经过数百万年以上的冲蚀而形成的，色彩斑斓，峭壁险峻。大峡谷总长 446 千米，平均深度有 1 600 米，宽度从 0.5 千米至 29 千米不等。大峡谷国家公园 1979 年被列入世界自然遗产，是全美最受欢迎的国家公园之一，据统计，每年的参观人次约有 400 万。

奥林匹克国家公园：位于华盛顿州西北角的奥林匹克半岛上，濒临太平洋，离西雅图约有 3—4 小时车程。公园由雪山、温带雨林和海滨三部分组成，从海边的温暖潮湿到高山上的严寒，游客可于同一次参观经历中体会一年四季的气候，以及相应的不同自然生态。1981 年成为世界自然遗产。

尼亚加拉瀑布：尼亚加拉大瀑布被称为世界著名七大奇景之一，以它那丰沛而浩瀚的水势和磅礴的气势，位列世界三大瀑布之一。尼亚加拉大瀑布位于加拿大和美国交界的尼亚加拉河上，地处纽约州西北部，由两个主流汇合而成：一是美国境内 300 米宽的"美国瀑布"，一是横介于美国、加拿大两国边境的"马蹄瀑布"。与伊瓜苏瀑布和维多利亚瀑布并称为世界三大瀑布。它以美丽的景色，巨大的水利发电能力和极具挑战性的环境保护工程而闻名于世，是非常受游客欢迎的旅游景点。

拉什莫尔山：全美闻名的拉什莫尔山耸立在南达科他州巴登兰以西不远的地方，雕刻着美国四位前总统的巨大头像。这四位总统为：开国元勋华盛顿、《独立宣言》的起草者杰弗逊、奠定 20 世纪美国之基础的西奥多·罗斯福和解放黑奴的领导者林肯。四座巨大头像与山峰浑然一体，雄伟壮观，石像的面部长达 18 米。头像艺术造型生动地反映了这四位伟大人物的性格和特征，令人肃然起敬。

第二节　加拿大——枫叶之国

加拿大原为印第安人和因纽特人的居住地。16世纪后，法、英殖民主义者先后侵入。1756—1763年爆发英法战争，法国战败，加拿大成为英国的殖民地。18世纪末，加拿大发生争取独立的运动，1867年英国被迫允许建立加拿大自治领。1926年，加拿大获得外交上的独立。1931年的有关法案进一步确定了自治领与英的关系为"平等地位，不再互相隶属"。加拿大现仍为"英联邦"成员国。

一、国情概述

（一）位置、面积、人口

1. 位　置

加拿大位于北美旅游区北部，东濒大西洋，西临太平洋，南接美国，北靠北冰洋，西北与美国的阿拉斯加州接壤，东北隔巴芬湾与格陵兰岛相望。大陆和沿海岛屿海岸线长24.4万千米，是世界上海岸线最长的国家。

2. 面　积

面积为998万平方千米，居世界第二位，其中陆地面积909万平方千米，淡水覆盖面积89万平方千米。

3. 人　口

目前人口3 411万（截至2010年），城市人口占总人口的69.1%。而在多伦多、蒙特利尔和温哥华这三个加拿大最大城市居住的人口占总人口的35%。

（二）民族、语言和宗教

1. 民　族

加拿大是移民国家，民族成分极其复杂。加拿大居民中英裔约占42%，法裔约占27%，其次是意大利、德国、乌克兰等欧洲人后裔。土著印第安人和因纽特人（爱斯基摩人）、米提人约占3%，现有华人100万。全国2/5的人口集中在魁北克和安大略两省，全国大部分地区无人定居。城市人口约占总人口的77%。

2. 语　言

官方语言为英语、法语。获得认可的地区语言包括全部第一民族语言。其他主要语言有粤语、意大利语、德语及旁遮普语等。

3. 宗　教

宗教居民中信奉天主教的占45%，信奉基督教新教的占36%。

（三）国家标志及释义

1. 国　旗

呈横长方形，长与宽之比为2∶1。旗面中间为白色正方形，内有一片11个角的红色枫叶；两侧为两个相等的红色竖长方形。白色正方形代表加拿大辽阔的国土，加拿大很大面积的国土全年积雪期在 100 天以上，故用白色表示；两个红色竖长方形分别代表太平洋和大西洋，因为加拿大西濒太平洋，东临大西洋；红枫叶代表全体加拿大人民，加拿大素有"枫叶之国"的美誉，枫树是该国的国树，枫叶是加拿大民族的象征。

2. 国　徽

1921 年制定，图案中间为盾形，盾面下部为一枝三片枫叶；上部的四组图案分别为三头金色的狮子，一头直立的红狮，一把竖琴和三朵百合花，分别象征加拿大在历史上与英格兰、苏格兰、爱尔兰和法国之间的联系。盾徽之上有一头狮子举着一片红枫叶，既是加拿大民族的象征，也表示对第一次世界大战期间加拿大的牺牲者的悼念。狮子之上为一顶金色的王冠，象征英女王是加拿大的国家元首。盾形左侧的狮子举着一面联合王国的国旗，右侧的独角兽举着一面原法国的百合花旗。底端的绶带上用拉丁文写着"从海洋到海洋"，表示加拿大的地理位置——西濒太平洋，东临大西洋。

3. 国　歌

加拿大的国歌由卡力沙·拉瓦雷作曲，阿多尔夫·贝西·卢提尔作词，1880 年首次被演唱。国歌的歌词原先只有法文，1908 年，罗伯特·斯坦利·维尔写了英文词。1980 年 7 月 1 日加拿大政府宣布《哦，加拿大》为正式国歌，并在首都渥太华举行了国歌命名仪式。因此，加拿大的国歌有英、法两种歌词。

4. 国树、国兽

分别是枫树、水狸。

二、文化习俗

（一）礼仪礼节

加拿大人朴实，随和，友善，很易于接近，熟人见面喜欢直呼其名，握手拥抱。在正式的社交场合则十分注重礼节。首先按照西方的介绍礼节，把男士介绍给女士，把年轻者介绍给年长者，把地位低的人介绍给职位高的人。在行握手礼时，应由女士、年长者、职位高的人先伸手。加拿大人在社交场合一般姿态比较庄重，举止优雅。交谈时，加拿大人会和颜悦色地看着对方，显示出很自信，有礼貌。

加拿大人在介绍朋友时，手的姿势是胳膊往外微伸，手掌向上，手指并拢，不用手指来指人。加拿大人喜欢用手指比划"V"字形或"OK"字样，因为"V"象征胜利、成功，而"OK"表示"对"、"行"、"可以"等意思。加拿大人常用耸肩、两手手指交叉置于桌上等姿态来缓和紧张气氛或掩饰窘态。有人遇到不幸或心情不好的时候，一般会采用这种姿势，这说明他们对这人的处境表示理解和同情。有时，加拿大人耸肩也表示无可奈何、无能为力的意思。

（二）饮食服饰

1. 饮　食

加拿大人的饮食习惯也是一日三餐。早餐最简单，食品通常是烤面包、鸡蛋、咸肉和饮料。午餐食品也很简单，通常是三明治面包、饮料和水果。晚餐是一天中最丰盛的正餐，全家人团聚，共同享用。正规的晚餐主食有鸡、牛肉、鱼或猪排，加上土豆、胡萝卜、豆角等蔬菜和面包、牛奶、饮料等。习惯在饭后吃水果和喝咖啡。

2. 服　饰

加拿大人的穿衣习惯与其他西方人相同。在正式场合，如上班、去教堂、赴宴、观看表演等，都要穿着整齐，男子一般穿西装，女子一般为裙服。女子的服装一般比较考究，款式要新颖，颜色要协调，舒适方便，但不太注重面料。在非正式场合，加拿大人穿着比较随便，夹克衫、圆领衫、便装裤随处可见。

（三）节日风情

加拿大的节日很多，但最隆重的是 12 月 25 日的圣诞节。在加拿大还有复活节、感恩节和情人节。1867 年 7 月 1 日，加拿大成为英联邦的自治领，加拿大政府把 7 月 1 日定为加拿大日，即国庆节。其他特色节日有：

（1）班夫艺术节（Banff Summer Arts Festival）

每年在班夫艺术中心展开歌剧、交响乐、芭蕾舞以及戏剧表演，是北美最盛大的艺术活动之一。

（2）国际爵士节（International Jazz Festival）

在蒙特利尔，这个为期仅十日的庆典向人们展示了爵士乐的魅力，每年的七月初便有超过 40 万的乐迷前往此区共度佳节。

（3）奥佛饰（Festival Orford）

位于魁北克的奥佛山（Mount Orford），是加拿大最负盛名的夏日音乐节之一。整个七月及八月，山丘上处处回响着来自室内舞台或户外舞台所演奏的古典乐、爵士乐以及流行乐。

（4）米罗米奇民俗音乐节（Milamichi Folk Song Festival）

位于新不伦瑞克的新堡，是北美最古老、典型的节日。每年八月举行，为期五天。特点是结合了上古世纪的热情歌舞。

（四）行为禁忌

加拿大人大多数信奉新教和罗马天主教，少数人信奉犹太教和东正教。忌讳"13"、"星期五"。忌讳白色的百合花。在家中吃饭时，不能说使人悲伤的事，也不能谈与死亡有关的事。在家中不能吹口哨，不能呼唤死神，不能讲事故之类的事。加拿大人不喜欢外来人把他们的国家和美国进行比较，尤其是拿美国的优越方面与他们相比，更是令人无法接受。加拿大人忌吃虾酱、鱼露、腐乳和臭豆腐等有怪味、腥味的食物；忌食动物内脏和脚爪；也不爱吃辣味菜肴。

在公共场合，加拿大人厌恶那种抢着插嘴、边说话边用手顶人的人，他们不喜欢别人老盯着自己。加拿大人从不在人前抠头发，清理手指甲缝里的污垢；如有人在公共场合这样做，就会被人看不起，认为缺乏教养。

三、旅游资源

加拿大地域广袤，有着无数奇观美景。境内巍峨的高山，雄浑的高原，富饶的谷地，众多美丽的湖泊和纵横交错的河流一起构成了其独具魅力的自然风光。高楼林立的温哥华，海上花园城市——维多利亚，多元城市多伦多，举世闻名的尼亚加拉大瀑布，乔治亚海峡迷人的海景风光，充满欧洲格调的蒙特利尔都是知名的旅游观光去处。有如诗如画的山水风光，古朴淳厚的风土民情，清幽淡远的乡村景色，神秘远古的古代城堡和多姿多彩的文物古迹。主要名胜有锡格纳尔山、多伦多电视塔、芬迪国家公园、尼亚加拉瀑布、白求恩故居、卡博特之路、哈利法克斯城堡等等。

（一）旅游名城

1. 渥太华

渥太华是加拿大的首都，全国政治、经济、文化和交通中心。渥太华又称"郁金香城"，环境优美，是世界最美的首都之一。现代化建筑拔地而起，议会大厦、联邦政府、最高法院三座大厦鼎足而立。国家美术馆、全国科学技术博物馆、人类博物馆、自然博物馆、国家军事博物馆、国家航空博物馆、邮政博物馆、国家图书馆等遍布全市。宏伟华丽的教堂随处可见，这里还有世界最早的步行街——斯帕克大街。

2. 多伦多

多伦多市地处安大略湖的西北岸，是加拿大最大的城市和重要港口，全国金融、商业、工业、文化中心之一。多伦多教堂众多，有"教堂城"之称。同时，这里的犯罪率极低，有怡人的环境和高质量的生活，因此，被称为全球最宜居的城市之一。多伦多旅游资源丰富，有世界最高的多伦多国家电视塔、古老的卡萨·罗玛古堡等。

3. 蒙特利尔

蒙特利尔是加拿大第二大城市，位于魁北克省南部，圣劳伦斯河下游河岸，是全国最大的海港和金融、商业与工业中心，是全国铁路、航空总站所在地。有著名的蒙特利尔大学、麦吉尔大学等。蒙特利尔市是北美旅游区唯一以讲法语为主的大城市，蒙特利尔市承袭了较多的欧洲文化，具有很浓的欧洲色彩，有"北美小巴黎"之称，又被称为"设计之城"、"时尚之都"。

4. 温哥华

温哥华位于不列颠哥伦比亚省西南部，加、美边界北侧，是太平洋沿岸最大的港口城市，国际贸易的重要中转站，世界主要小麦出口港之一。教育十分发达，有著名的不列颠哥伦比亚大学和西蒙弗雷塞大学。该市的华人社区是北美最大的华人社区之一。春暖夏凉，连续六年被评为世界第一适合人居城市。

5. 魁北克市

魁北克城是魁北克省省会，加拿大东部重要城市和港口，位于圣劳伦斯河与圣查尔斯河汇合处。魁北克城历史悠久，战略地位重要，素有"美洲直布罗陀"之称。这里保存着完整的城防体系和法国风韵的历史建筑，既有历史的古朴，又有现代的繁荣。全市有众多富有法兰西文化特色的名胜古迹，是北美堡垒式殖民城市的完美典范，是北美洲所有城市中唯一被联合国教科文组织列入世界遗迹保存名单的城市。

（二）风景名胜

1. 尼亚加拉瀑布——位于加拿大安大略省和美国纽约州的交界处，是北美东北部尼亚加拉河上的大瀑布，也是美洲大陆最著名的奇景之一。

2. 哈利法克斯城堡——位于新斯科舍省哈利法克斯的城堡山上。这里历来是兵家必争之地，历史上曾三次建为要塞。现存的城堡建于 1825 年，是北美最大的石头要塞之一。城堡内有新斯科舍博物馆和兵器军械博物馆。城堡山东麓的古钟楼建筑奇特，雄伟。

3. 多伦多电视塔——建于 1973 年。塔高 553 米，站在塔顶"空间瞭望台"，可饱瞰安大略湖和多伦多城的湖光美景。

4. 班夫国家公园——是加拿大第一个国家公园，建立于 1885 年，以山湖之旅著称。到加拿大西岸旅游，班夫国家公园几乎是不可缺少的景点安排。令人惊异的冰河风貌、优美的森林景观、壮丽的山岳风光及热闹的班夫市区夜生活，每年总是吸引着一批又一批热爱户外活动的游客。这里是喜爱享受湖光山色者的乐园，在冬季更是酷爱滑雪及冰钓者的天堂。

5. 芬迪国家公园——观赏世界大潮汐的最理想处。位于新不伦瑞克省东南的阿尔马镇附近。公园风景秀丽。明纳斯湾潮是加拿大一著名景观，起潮后有排山倒海之势，潮差高达 15 米。退潮后海滩留下大量海螺、海贝，颇吸引游人。园内除观赏大潮汐外，还可游泳、海浴、垂钓、泛舟，游览森林和野生动物保护区。

6. 白求恩故居——在加拿大安大略省的格赫文雷斯特镇。白求恩故居房屋矮小典雅，具有北美洲农村的古老风韵。小楼旁种有苍翠的松柏。1976 年，建成白求恩纪念馆。纪念馆陈列着白求恩生活战斗的实物和照片，记载着这位国际共产主义战士不平凡的一生。

第三节 巴西——咖啡王国

1500 年 4 月 22 日，葡萄牙航海家佩德罗·卡布拉尔抵达巴西。他将这片土地命名为"圣十字架"，并宣布归葡萄牙所有。由于殖民者的掠夺是从砍伐巴西红木开始的，因而"红木"（Brasil）一词逐渐代替了"圣十字架"，成为巴西国名，并沿用至今。1822 年 9 月 7 日宣布完全脱离葡萄牙独立，建立巴西帝国。1889 年 11 月 15 日推翻帝制，成立巴西合众国。1967 年改名为巴西联邦共和国。巴西是南美旅游区第一大国家。

一、国情概述

（一）位置、面积与人口

1. 位　置

位于南美洲东南部。北邻法属圭亚那、苏里南、委内瑞拉和哥伦比亚，西邻秘鲁、玻利维亚，南接巴拉圭、阿根廷和乌拉圭，东濒大西洋。海岸线长 7 400 千米，领海宽 12 海里，领海外专属经济区 188 海里。

2. 面 积

巴西国土面积 851.49 万平方千米，是拉丁美洲面积最大的国家，世界第五大国，也是世界上最大的热带国家。

3. 人 口

人口为 1.91 亿，居南美旅游区首位，世界第五位。全国人口最多的城市依次是圣保罗 1 130 万，里约热内卢 640 万，萨尔瓦多 270 万，巴西利亚 260 万，福尔塔雷扎 250 万。

（二）民族、语言和宗教

1. 民 族

巴西历史上曾有过几次大的移民浪潮，主要来自葡萄牙、西班牙、意大利、德国、法国、波兰和阿拉伯国家。黄种人多来自日本、朝鲜和中国。白人占 69.4%，混血人口占 22.3%，非洲裔黑人占 7.4%，亚裔占 0.5%。

2. 语 言

历史上曾为葡萄牙殖民地，巴西的官方语言为葡萄牙语。

3. 宗 教

巴西 78% 的居民信奉天主教，还有福音派信徒、不可知论派信徒、唯灵论派信徒，黑人和印第安人信奉原始宗教，亚洲移民信奉佛教。

（三）国家标志及释义

1. 国 旗

为绿色长方形，中央为黄色菱形，菱形中央是深蓝色圆形天球仪。圆形白色绶带上，书以葡萄牙文"秩序与进步"。圆形上有白色五角星，象征国家的 26 个行政区，而且那些星星的位置是 1889 年 11 月 15 日 8 点 50 分，新政府成立当天，里约热内卢星星排列的位置（巴西的首都原是里约热内卢，后来迁到巴西利亚）。绿色和黄色是巴西的国色，绿色象征森林，黄色象征矿藏和资源。

2. 国 花

巴西国花——毛蟹爪兰，毛蟹爪兰是原产巴西、墨西哥热带雨林中的一种附生植物。体色鲜绿，茎多分枝，常成簇而悬垂，一根枝条由若干节组成，每节呈倒卵形或长椭圆形，数节连贯，似蟹爪，因而得名。其根紧紧攀附在巨树高枝或悬崖峭壁上，不为风雨所动摇。它自 1818 年被人们发现以来，至今已在世界各国广泛栽培，经园艺家的选育，已培养出 200 多个优良品种。花期从头年 10 月到次年 3 月，花色有白、红、紫等，一株开花数朵，且无枝无叶，十分奇妙。毛蟹爪兰以其株形优美，花色艳丽而深受花卉爱好者的欢迎。巴西曾经将此花馈赠中国，丰富了中国兰花珍品。

3. 国 徽

图案中间突出一颗大五角星，象征国家的独立和团结。大五角星内的蓝色圆面上有五个小五角星，代表南十字星座；圆环中有 27 个小五角星，代表巴西各州和联邦区。大五角星周围环绕着用咖啡叶和烟草叶编织的花环，背后竖立一把剑，剑柄在五角星下端。绶带上用葡萄牙文写着"巴西联邦共和国"，"1889 年 11 月 15 日"（共和国成立日）。

4. 国　歌

巴西独立后的第一首国歌，是由颇具音乐才华的佩德罗一世亲自创作的。在 1822 年 9 月 7 日宣告巴西独立的当天，他创作了《啊祖国，啊皇帝，啊人民》的歌曲，并亲自在当晚圣保罗的爱国集会上演唱，由合唱队伴唱，这首歌成为巴西的第一首国歌。佩德罗一世退位后，里约热内卢国立音乐学院的创办者，著名音乐家弗朗西斯科·达席尔瓦谱写出一首后来成为巴西国歌的歌曲。1909 年著名诗人奥里索·杜克·埃斯特拉达重新填词，经专家委员会审查，1922 年被定为巴西国歌。国歌《听伊皮兰加的呼声》回顾了 1822 年 9 月 7 日佩德罗一世在圣保罗郊外伊皮兰加河畔发出"不独立，毋宁死"呼声的情景，歌颂祖国获得了独立，充满着巴西人民对祖国的爱恋之情。

5. 国　舞

巴西的国舞是桑巴舞。桑巴源于巴西，是一种民间舞蹈，在当地的狂欢节从 Bajao 到 Marcha 有很多种。为了将桑巴舞的特点表现出来，舞者必须欢快、煽情、激昂地表演。桑巴有着特有的节奏，其中以富有巴西特点的乐器著称。现在很多健身房中也兴起一种叫拉丁健身操的项目，这种运动方式已经不是某种单纯的拉丁舞蹈，而是利用了很多拉丁元素组合而成，经过简化和操化而形成了一种综合性很强的运动概念。比如说桑巴、恰恰、曼波（Mambo）都广泛地运用到这种课程当中，让大家可以在那热情奔放的音乐中同时享受到身心的愉悦。

二、文化习俗

（一）礼仪礼节

巴西人不羞于表露感情，人们在大街上相见也热烈拥抱，无论男女，见面和分别时都握手，但一般是年长者、地位高者、主人及女士先伸手。熟人相见，男士之间互相拥抱并拍打后背，以示关系非同一般；女士相见时脸贴脸，嘴要发出亲吻之声。但嘴不接触脸。社交习俗总的特点可以用这样几句话来概括：

巴西友人很质朴，性格爽快善谈吐；

心地善良又耿直，幽默风趣不粗鲁；

坦率、豪放喜热闹，生来能歌又善舞；

足球运动嗜成癖，人人酷爱又关注；

待人友好又诚挚，热情礼貌世人瞩。

（二）饮食服饰

1. 饮　食

巴西人平常主要吃欧式西餐，因为畜牧业发达，巴西人所吃食物之中肉类所占的比重较大。在巴西人的主食中，巴西特产黑豆占有一席之地。巴西人喜欢饮咖啡、红茶和葡萄酒。饮食上习惯以吃欧式西菜为主，但有的人也喜欢吃中国菜。在饮食上巴西人的特点是以大米为主食，喜欢在油炒饭上撒上类似马铃薯粉的蕃芋粉，再加上类似花菜豆的豆一起食用。巴西素称"咖啡王国"，是世界上最大的咖啡消费国之一，也是世界三大咖啡产地之一。咖啡是大多数人喜欢的饮品，喝咖啡也就成为了当地人们的习惯。

2. 服 饰

在正式场合，巴西人的穿着十分考究。他们不仅讲究穿戴整齐，而且主张在不同的场合里，人们的着装应当有所区别。在重要的政务、商务活动中，巴西人主张一定要穿西装或套裙。在一般的共公场合，男人至少要穿短衬衫、长西裤，女士则最好穿高领带袖的长裙。

（三）节日风情

巴西的节日有很多。

1. 法定节假日

主要包括元旦、狂欢节、国际劳动节、圣体节、独立日（即巴西国庆）、共和国成立日（1889 年）、圣诞节、复活节、民族独立运动日、圣母显灵节、万圣节。

元旦：1 月 1 日（国定假日）。自除夕夜至天明，全国各地通宵达旦举行庆祝活动。随处可见看得人眼花缭乱的圣诞树。而在 12 月 4 日举行的水上圣诞树亮灯仪式庆典，至今也已经举办十五届了，是里约市迎接圣诞节的重要活动之一，也成为了里约的传统。这就是巴西的圣诞节，里约的圣诞节，虽没有皑皑白雪、熊熊的火炉，但暖暖的温情依旧。

复活节：2—3 月（机动性的国定假日），也称耶稣受难日，在殖民城市黑金市有丰富多彩的游行活动。新耶路撒冷演出耶稣受难复活剧。

狂欢节：是巴西人民的传统节日，相当于我国的春节，属里约、萨尔瓦多和累西腓、奥林达最为盛大。被称为世界上最大的狂欢节，有"地球上最伟大的表演"之称。每年 2 月的中旬或下旬举行三天。在巴西的狂欢节上，每个人都不愿表现自我，而是想成全别人。有的男人希望自己拥有女性的特征；有的平时内向的女人则大跳狂热的舞蹈，尽量地模仿他人的敏捷和有力动作。狂欢节中常常出现"易装癖"，这是历史的产物。巴西狂欢节对女性化的狂热程度在世界上可以说是独一无二的。在巴西的狂欢节中，里约热内卢狂欢节是世界上最著名、最令人神往的盛会。

（四）行为禁忌

1. 信仰忌讳

巴西人大多数信奉天主教，另外也还有少部分人信奉基督教新教、犹太教以及其他宗教。他们忌讳数字"13"，普遍认为"13"为不祥之数，是会给人带来厄运或灾难的数字。因此，人们都忌讳见到、听到"13"。在同客人闲聊中，不愿议论与阿根廷有关的政治问题。他们对行文或通信中别人代签或以印章替代签字的做法是不理解的，甚至认为这是不尊重对方的表现。

2. 颜色禁忌

巴西人忌讳紫色，认为紫色是悲伤的色调；忌讳绛紫红花，因为这种花主要用在葬礼上；他们还把人死喻为黄叶落下，因此，棕黄色就成为了凶丧之色，人们极为忌讳。

3. 交友禁忌

对未经许可进入私人宅门的人是极为讨厌的。认为不怀好意的歹徒才爱这样做。送礼忌讳送手帕。他们认为送手帕会引起吵嘴和不愉快。忌用拇指和食指连成圆圈，并将其余三指向上伸开，形成"OK"的手势，认为这是一种极不文明的表示。

三、旅游资源

巴西国土面积 851.49 万平方千米，是拉丁美洲面积最大的国家，世界第五大国，也是世界上最大的热带国家。巴西海岸线长 7 400 千米，海岸线上分布着众多风景绚丽的海滩。该国充分发挥多姿多彩的热带风光、独具风韵的人文景观优势，发展海滨度假旅游，旅游业成为近年来巴西发展最快的行业之一。

巴西位于南半球，其冬夏与北半球相反，每年 12 月底到 3 月底为夏季，6 月底到 9 月底为冬季。巴西总体降雨丰富且时常会有阵雨，但少有连绵雨季，对旅程影响不大。巴西最适宜旅行的季节为冬季，但如果想避开人潮和 37 ℃以上高温的话，4—10 月是比较好的时间。

巴西举世闻名的旅游景点有名城里约热内卢和巴西利亚；自然风光当属亚马孙河、伊瓜苏瀑布和潘塔纳尔大沼泽。近些年，巴西在大力发展足球文化、桑巴舞文化旅游的同时，又通过了生态旅游法案用以保护发展生态旅游业。

（一）旅游名城

1. 巴西利亚——都城三迁于此地

巴西的首都巴西利亚是世界上最年轻的城市，它的建筑堪称世界建筑史上的奇迹。巴西历史上有两个首都：萨尔瓦多和里约热内卢。巴西利亚是 1960 年 4 月建成的新兴的现代化城市。城市建筑风格新颖独特，多姿多彩，融会了世界古今建筑艺术的精华，有"世界建筑博览会"之称，是世界各国城市规划的样本。

巴西利亚电视塔：巴西利亚最高的建筑，高 224 米，比巴黎埃菲尔铁塔低 100 米，为世界第四高铁塔，重 378 吨。铁塔瞭望台位于 75 米处，可容纳 150 人，游客可免费乘电梯登台。每逢周末，铁塔周围有手工艺品市场。

帕拉诺阿湖：为人工湖，由四条河流拦截而成，状如"人"字，面积近 40 平方千米，蓄水量 4.91 亿立方米，有调节气候的作用。湖区人口约 50 万。湖岸长 80 千米，沿岸分布着 45 个娱乐和运动俱乐部。

三权广场：三权广场左侧是总统府，右侧是联邦最高法院。广场对面是国会参、众两院，两院会议大厅建筑外观如同两只大碗，众议院的碗口朝上，象征"民主"、"广开言路"；参议院的碗口朝下，象征"集中民意"。国会的两座 28 层大楼之间由通道相连，呈"H"型，为葡语"人"的首字母。三权广场上的议会大厦、联邦最高法院、总统府和外交部水晶宫等是巴西利亚的标志性建筑。1987 年 12 月 7 日，联合国教科文组织宣布巴西利亚为"人类文化遗产"。

巴西利亚大教堂：与传统的欧洲教堂迥然不同。教堂主体坐落在地下，人们通过甬道进出。它没有通常的高尖屋顶，16 根抛物线状的支柱支撑起教堂的穹顶，支柱间用大块的彩色玻璃相接。

2. 里约热内卢——足球之城

里约热内卢位于南大西洋西岸，是巴西第二大城市。建于 1565 年，1834—1960 年为巴西首都。里约热内卢在葡萄牙语中意为"一月的河"。1501 年 1 月葡萄牙航海家抵达这里时，误以为瓜纳巴拉湾是大河的入海口，因而得名。

里约热内卢以其优美的山水风光和多姿多彩的文化生活而扬名世界，城市中有许多民族风情，是发展旅游业必不可少的人文条件，例如狂欢节、嘉年华会、桑巴舞，足球魅力等。说到足球，不能不说巴西，巴西有足球之城的美誉，被评为"世界上50个最值得一游"的旅游胜地之一。城市依山傍海，风景优美，是巴西和世界著名的旅游观光胜地。主要名胜有科尔科瓦多山、面包山、尼特罗伊大桥等。科尔科瓦多山峰顶上矗立着近40米高的耶稣雕像，已成为巴西国家的象征。

3. 圣保罗——南美洲最大的城市

圣保罗位于巴西东南部，是巴西圣保罗州首府，南美旅游区最大城市。于1554年建市，曾是传教耶稣会的一个小镇。海拔760米，面积1493平方千米，市区人口1740万。居民许多是意大利和日本人的后裔，华侨华人约有17万。是巴西工商、金融、外贸、文化、消费娱乐中心，被誉为"国中之国"。主要景点有天主教大教堂、圣保罗美术馆等。

圣保罗独立公园：1822年9月7日，当时身在巴西的葡萄牙王储、巴西摄政王佩德罗由于不满葡萄牙议会取消巴西独立特权、恢复巴西为殖民地的政策而宣布巴西独立。为永远铭记这一重要的历史事件，人们希望在这见证巴西诞生的地方——如今圣保罗市区东南的伊比郎加河畔竖立一个标志。在此后的100年中，经过反复的讨论、修建、改建和扩建，终于形成了今天的圣保罗独立公园。公园占地面积184830平方米，由主体建筑博物馆、花园和独立纪念碑三部分组成。

拉美纪念馆部分建筑：西蒙·波利瓦尔雕像（Simón Bolivar）。西蒙·波利瓦尔出生于委内瑞拉西班牙贵族世家，是拉美西班牙殖民地进行独立斗争的核心人物。美国前总统克林顿在1997年10月13日于加拉加斯发表的演说中将其与阿根廷人圣·马丁（san martín）一同称为"自由英雄"。人们还以这两位英雄的名字为里约热内卢市的两条街道命名。

伊比拉布埃拉公园：位于圣保罗市花园区附近的伊比拉布埃拉公园（简称伊比公园）原是印第安人村落，后慢慢演变为公园，于1954年纪念圣保罗建市400周年时对公众开放。该公园以其风景优美，各类设施齐全而成为圣保罗人娱乐休闲的好去处。公园周围的主要景点包括：（1）开拓者纪念碑，为纪念葡萄牙殖民者从沿海向内地拓殖的历史而兴建。（2）"七九"纪念碑，纪念1931年7月9日在圣保罗发生的民主护宪运动，纪念碑下面是纪念堂，展示当时的历史文物。（3）双年展展览馆。这里每两年便举办大规模的国际艺术展，吸引了大批的游客前来参观。（4）日本馆，位于公园内湖边，系日本政府为庆祝圣保罗建市400周年特地从日本运材料到巴西搭建。

（二）民俗旅游资源

1. 足球魅力：巴西人对足球的热爱举世皆知，在街头、海滩上，随处可见一群群足球少年。里约人会自豪地告诉你，济科、罗纳尔多、小罗纳尔多、里瓦尔多、罗马里奥、贝贝托、扎加洛、托斯唐……这一个个世界级球星均出自里约。里约有世界上最大的足球场——马拉卡纳体育场。此前能容纳15万人的球场看台，在经过改装之后仍能容纳10.5万人。球场入门处有济科、罗纳尔多、小罗纳尔多、里瓦尔多等球星留下的大脚印。马拉卡纳体育场曾举办多次重大比赛，并诞生了足坛上的许多辉煌时刻。其中，球王贝利1969年11月19日在该足球场踢进他本人的第1 000个进球。站在看台上，遥想球星大放异彩的情形，即使不是球迷的你，内心也会一阵激动。

2. 狂欢节：巴西狂欢节被称为世界上最大也是最奔放的狂欢节，是巴西最大的节日，它对女性化的狂热程度举世无双，每年吸引国内外游客数百万。在巴西各地的狂欢节中，最负盛名的是里约热内卢狂欢节，它是世界上最著名、最令人神往的盛会。

3. 桑巴舞：非洲人带来了桑巴舞，在热情奔放的音乐节奏中剧烈抖动身体，双脚飞快地移动，旋转，身着炫彩服饰的桑巴舞者曼妙的舞姿让人眼花缭乱。葡萄牙人又带来了狂欢节，狂欢节里跳桑巴，看桑巴，是巴西人生活必不可少的一部分。

（三）景区旅游资源

1. 面包山：里约之美首在其山。环抱里约的群山奇峰突兀，蔚为壮观。山上树木四季常青，铺锦叠翠，景色秀美。其中面包山和科尔科瓦多山更是各国游客的必到之地。面包山雄踞海湾与大西洋之间，山体陡峭，四壁光滑，高近四百米，远远望去，孤立于苍茫的天地间，巴西人戏称为"甜面包"。

2. 耶稣山：耶稣山是里约的象征，去萨尔多瓦，还有一个地方不能错过，那就是美丽而神秘的"AbaeteLake"，称黑湖。黑湖的湖水是神秘的黑色，黑得发亮；岸边的沙却白得似雪，耀目。

3. 基督像：里约热内卢基督像，即救世基督像（葡萄牙语：Cristo Redentor）是一座装饰艺术风格的大型耶稣基督像，位于巴西的里约热内卢，是该市的标志，也是世界最闻名的纪念雕塑之一。位于巴西里约热内卢市的科尔科瓦多山顶已超过75年，重1 145吨，高38米，张开的双手宽28米，由波兰裔法国艺术家朗多夫斯基（PaulLandovsky）设计，他1926—1931年间先在法国造好雕像片段，然后运到巴西组装，整体采用水泥材质，历时四年建成，也堪称巴西最有名的地标之一，在里约市区里几乎各个角度都可以看见它。基座同时也是一座能够容纳150人的天主教堂。

4. 海滩：海滩已不仅是里约人生活的一部分，对他们来说海滩是生活的全部。海滩同时是里约人的医疗室、校园、图书室、足球场、排球场、单身酒吧、舞厅、摇滚音乐厅、运动中心，甚至是办公室。虽然偶尔有些人会下海泡泡水，但这只是里约人海滩生活中的一点休闲片段而已，其他时候他们会在海滩上阅读、闲聊、慢跑、运动、小睡、思考甚至接洽生意。

5. 萨尔多瓦古城：萨尔多瓦建于1549年，是一座未受现代文明过分"侵袭"的古城，即使作为巴伊亚州的首府，也仍然保留了许多历史的遗迹，散发着昔日绰约的古老魅力。欧洲、非洲和美洲文化在这里交汇融合，既有许多名胜古迹，又有绮丽的热带风光，是一处绝佳的旅游胜地。城内有160多座教堂，是南美旅游区教堂最多的城市。最古老的马特里斯圣母康塞桑教堂建于1549年。最华丽的是圣弗朗西斯科教堂，穹顶、墙柱、圣像和雕塑共用了300千克黄金和80千克白银。

6. 伊瓜苏大瀑布：伊瓜苏大瀑布是巴西最著名的游览区，在瀑布区内，洪水滚滚由瀑布上流冲下，如万马奔腾，气势磅礴，蔚为壮观。伊瓜苏大瀑布高 80 米，宽 5 千米，与加拿大尼加拉瓜和津巴布韦维多利亚瀑布，并称世界三大瀑布，更是世界上最宽的瀑布。

7. 亚马孙河：游览了众多的人文景观，何不去亲密地接触大自然，享受一下原始热带雨林带来的视觉冲击？亚马孙河浩浩荡荡，千回百转，孕育了世界上最大的热带雨林，在这个被称为"大地之肺"的地方，造就了一个神秘的"生命王国"。亚马孙森林树木种类繁多，估计达上万种以上，其中 4 000 余种是高大的乔木。此外，还有动物上万种，鱼类 3 000 多种，而这其中的一部分，更是巴西独有的。

8. 圣保罗主教堂：该教堂始建于 1913 年，直到 1954 年，为庆祝建市四百周年仓促完工。它的前身是殖民时代的大教堂，整个工程由马克西米利亚诺建筑师设计建造。在艺术特点上，它融合了哥特式和文艺复兴时期的风格。教堂的地下墓室安放着包括原印第安酋长在内的名人的灵柩。每扇玻璃窗上都反映着圣经里不同的宗教主题。里面还有多达一万个声管的意大利管风琴以及包含 65 个小钟的大套钟。教堂前面的广场从 16 世纪开始，就一直是每次盛大宗教游行的出发点，正中央的"零起点"是测量圣保罗和其他城市距离的起点。

第四节　澳大利亚——袋鼠之乡

澳大利亚，拉丁文意为"南方大陆"。澳大利亚原为土著人居住。1770 年，英国航海家詹姆斯·库克在澳大利亚东海岸登陆，并宣布澳为英国殖民地。1788 年 1 月 26 日，英国首批移民抵澳，这一天后来被定为澳大利亚的国庆日。此后，英国陆续在澳洲各地建立了一些分散的殖民区。19 世纪下半叶，澳洲各殖民区先后成立自治政府。1900 年 7 月，英议会通过《澳大利亚联邦宪法》，1901 年 1 月 1 日，澳各殖民区组成澳大利亚联邦，成为英国自治领。1931 年，澳大利亚成为英联邦内的独立国，是地球上最大的岛屿，故也称为"澳洲"。澳大利亚不仅国土辽阔，而且物产丰富，是南半球经济最发达的国家，是全球第四大农业出口国，也是多种矿产出口量全球第一的国家。

一、国情概述

（一）位置、面积与人口

1. 位　置

澳大利亚联邦位于南太平洋和印度洋之间，由澳大利亚大陆和塔斯马尼亚等岛屿和海外领土组成。澳四面临海，东南隔塔斯曼海与新西兰为邻，北部隔帝汶海和托雷斯海峡与东帝汶、印度尼西亚和巴布亚新几内亚相望，南部则与南极洲相望。整个澳大利亚位于南纬 10°和 39°之间，是世界上唯一一个国土跨越整个洲的国家。

2. 面　积

澳大利亚是全球土地面积第六大的国家，为 769.2 万平方千米，占大洋洲的绝大部分，虽四面环水，沙漠和半沙漠却占全国面积的 35%。国土面积比整个西欧大一半，是世界上唯一一个独占一块大陆的国家。

3. 人　口

澳大利亚现有人口 2 279 万（2012 年 1 月）。85％都聚集在城市。澳大利亚也是一个移民国家，奉行多元文化，20％的居民出生在澳大利亚以外的国家和地区。

（二）民族、语言和宗教

1. 民　族

澳大利亚是一个多民族国家，全国境内有 140 多个民族，其中 95％是英国和其他欧洲国家的移民后裔，具有英国和爱尔兰血统的人占人口总数的 76％；土著居民占 1.5％，约为 26 万；华侨和华人约 30 万。各民族居民大都保留着各自民族的传统、习俗与文化，在他们聚居的地方形成了大大小小的社团，使澳大利亚形成了多姿多彩的民族文化。由于人口分布中以欧洲民族占绝大多数，所以澳大利亚的生活方式与民族特色也与西欧和北美极为相似。

2. 语　言

澳大利亚的官方语言是英语。移民来自 200 多个国家和地区，讲 140 多种语言，澳大利亚政府鼓励不同种族或民族的澳大利亚人，包括土著人，在家里或公共场合像使用英语一样使用他们的母语。

3. 宗　教

澳大利亚存在的宗教信仰约 100 种之多。它是一个宗教自由的国家，各种宗教信仰，包括基督教、天主教、印度教、犹太教、伊斯兰教和佛教等等在这个国家并存。主要宗教是新教和罗马天主教。圣公会教徒占总人口的 21％，罗马天主教教徒占 27％，其他基督教教派占 21％，其他宗教信仰者占 6％。25％左右的人没有任何宗教信仰。

（三）国家标志及释义

1. 国　旗

澳大利亚国旗：长方形，长宽之比为 2∶1。深蓝色旗面。左上角为英国国旗，表明澳大利亚与英国的传统关系。"米"字旗下的大七角星象征组成澳联邦的六个州和联邦区，蓝色象征大海环抱着澳大利亚领土。其余部分有四颗较大的白色七角星与一颗较小的白色五角星，代表的是太平洋上空的南十字星座。

2. 国　花

金合欢，属豆科的有刺灌木或小乔木，二回羽状复叶，头状花序簇生于叶腋，盛开时，好像金色的绒球一般。金合欢还是一种经济树种，芳香的花可提炼芳香油做高级香水等化妆品的原料。果荚、树皮和根内含有单宁，可做黑色染料，茎中流出的树脂含有树胶，可供药用。木材坚硬，可制贵重器具用品。

3. 国鸟、国树、国兽

澳大利亚至今（2012 年）并无任何官方认可的国树、国鸟或国兽。澳大利亚政府最晚至 1988 年 8 月才宣布金合欢为国花。袋鼠、树袋熊是澳大利亚的标志，是澳大利亚人生活中的一道重要风景。

二、文化习俗

(一) 礼仪礼节

澳大利亚流行西方礼仪。澳大利亚人待人接物都很随和，"保持距离"是社交场合、日常交谈以及茶余饭后闲聊时所必须注意的行为准则。在银行、飞机售票处和海关出入口等处排队时一定要站在"一米线"以外，否则会被认为缺少文明修养。一般来说，两个人站着谈话，相互之间最少要保持一米的距离，否则双方都会感到不舒服。澳大利亚人平等意识浓厚，交往时应注意一视同仁，不要厚此薄彼。

(二) 饮食服饰

1. 饮 食

澳大利亚的"食"与它的文化一样多元化。以吃英式西菜为主，口味清淡，不喜油腻。食品素以丰盛和量大而著称，尤其对动物蛋白质的需要量更大。他们爱喝牛奶，喜食牛肉、猪肉等。喜喝啤酒，对咖啡很感兴趣。家庭中一般是三餐加茶点。不吃辣味，有的人也不喜欢吃酸味，菜要清淡，讲究花样。他们注重菜品的质量，讲究菜肴的色彩。

2. 服 饰

澳大利亚人的衣着习惯可归结为两条：一是按需要穿衣打扮，二是尽可能让自己舒适。在一些重要场所，如出席正式晚宴、商务活动和交响音乐会等，人人衣衫整洁，个个仪态大方；在平常日子里，人人穿着朴实，个个随意休闲。绝大部分场合，人们的衣着以T恤衫、牛仔裤、运动鞋等休闲服装为主。澳大利亚的羊毛织品一直在全球享有盛名。当地美利奴细毛羊产出的优质羊毛是羊毛制品的理想原料来源。

(三) 节日风情

澳大利亚的节日大体可分为大众化节日和特殊性节日两大类。重要节日除1月26日纪念第一批欧洲移民到达的国庆节和西方传统的圣诞节外，作为全国性的具有纪念意义的节日不多，但作为地方性、群众性的以多种文化、艺术和体育为主要内容的节日则相当繁多，有400多个，较有影响的有南澳大利亚州的阿德莱德艺术节，西澳大利亚州的珀斯艺术节、堪培拉节、悉尼节，昆士兰州的瓦热那艺术节等，节日期间均举行大型群众娱乐活动及各种展览。

1. 大众化节日

主要包括新年、国庆节、幸运星期五、复活节、女王生日、圣诞节和节礼日。

新年：每年的1月1日。

澳大利亚国庆节：1月26日，即首批欧洲人于1788年来到澳大利亚定居之日。

幸运星期五 (Good Friday)：4月17日。

复活节：4月20日。

女王生日：6月9日。

圣诞节：12月25日。

节礼日：12月26日。

2. 特殊性节日

在澳大利亚全国性的其他节日中，有两个受到广泛重视：一个是4月25日"恩沙克日"——澳大利亚军人节；另一个则是11月第一个星期二，闻名世界的澳大利亚赛马——墨尔本杯大奖赛的举行日。全国性赛马发源地墨尔本市将这一天列为公休日，届时，全国其他地区也停止工作，观看赛马。

（四）行为禁忌

1. 数字禁忌

澳大利亚人与西方国家有一些共同的忌讳，如忌"13"、"星期五"。

2. 交谈禁忌

对自己独特的民族风格而自豪，因此谈话中忌拿他们与英、美比较异同。忌谈工会、宗教、个人问题、袋鼠数量的控制等敏感话题。

3. 民间禁忌

忌讳兔子及兔子图案，认为碰到兔子是厄运来临的预兆；忌送菊花、杜鹃花、石竹花和黄颜色的花。

三、旅游资源

澳大利亚以其湛蓝的海水、金色的沙滩、色彩斑斓的海底花园（大堡礁）、茫茫天际的沙漠、郁郁葱葱的热带雨林景观、风景秀丽的山涧洞府、奇特古老的民俗风情、绚丽多姿的文化艺术、举世无双的动物奇观，成为全世界最令游客心仪神往的目的地之一。

（一）旅游名城

1. 堪培拉

澳大利亚首都，位于澳洲东南部、悉尼和墨尔本之间。面积2 395平方千米，现有人口约40万，是全国政治和外交中心。它始建于1913年，1927年正式建成使用。堪培拉是一座典型的政府城市，这里除了旅游业、赌博业以及满足联邦政府机构、科研单位、大专院校及文化娱乐等部门需要的服务行业以外，没有其他经济部门。法律规定，除总理府外其他建筑均不得建围墙。堪培拉的魅力在于它独具一格的城市设计和母亲般的宽容与宁静。主要旅游景点有：

葛里芬湖：最醒目的标志物是库克船长喷泉，这是纪念库克船长登陆200周年的纪念产物，水柱可以喷达130米，颇为壮观。葛里芬湖其他游览点还有赛舟岬上的堪培拉都市计划展示馆、建于1858年的布兰岱尔农庄、阿斯本岛上的钟塔等。

国立水族馆：位于Scrivener水坝附近，离堪培拉约4千米。这里有各式各样种类丰富的澳洲海洋生物，并设有现场潜水区，不论是新手或老手皆可体验潜水的乐趣。临近的澳洲野生动物保护区，则提供了游客与动物亲近的机会，并有精彩的剪羊毛表演。

新国会大厦：以大理石为建筑材料的新国会大厦，在白、黑、红三种颜色的大理石空间中，成功地营造出权力机构的非凡气势。该建筑是澳洲建筑师 R. 苏普和美国建筑师米契尔、基哥拉三人的作品，游客可以参观大厅和上、下议院，如乘电梯登上顶台，就可以俯瞰堪培拉全景。

2. 悉 尼

悉尼是澳大利亚最大城市和重要港口，也是新南威尔士州的首府，整个城市建筑在环绕海湾的低矮丘陵上，市区面积 12 144.6 平方千米，人口约 428.4 万（其中都市区 320 万，城市区 55 万）。悉尼是澳洲重要的政治、经济、金融中心，也是闻名于世的旅游城市。悉尼的风景名胜众多，主要有：

悉尼歌剧院：这座最能代表澳洲的建筑，有世界第八奇景之称。悉尼歌剧院由丹麦人 Joem Utzon 设计，在外观上像数个巨大的贝壳向后张开，又像张满的白色风帆。悉尼歌剧院于 1959 年开始建造，历经 14 年的时间才完成，内有近 1 000 个房间，其中包括音乐厅、歌剧厅、戏剧厅以及剧场等 4 个大厅。每年可接待 200 万人次以上的观众，还可吸引 20 万以上的游客前来参观。

悉尼水族馆：主体建筑在达令港水面下的悉尼水族馆，以长达 146 米的水底通道、全部圆弧形的玻璃观景窗，让游客尽情欣赏海底生态环境的媚姿。这里汇集了澳洲 5 000 多种水底生物，其中鲨鱼种类之多，世界排名第一、第二。此外，还有世界最大的鸭嘴兽。悉尼水族馆展示着海豹、鳄鱼、红树林、远北方鱼类、远洋鱼类，以及大堡礁、岩石海岸、悉尼港、达令河等区域的海底生态，并且有触摸区让游客触摸部分海洋生物。

悉尼塔：与悉尼歌剧院、港湾大桥并列为悉尼三大标志建筑的悉尼塔，是旅游者游览悉尼必到的景点，尤其是想要鸟瞰悉尼市景，就非要登上这座 305 米高的塔不可。

澳洲野生动物园：位于悉尼以西 40 千米处，丛林占地 4 公顷，园内饲养了种类繁多的野生动物——红袋鼠、灰袋鼠、树熊、南方毛鼻袋熊、巨型蜥蜴、咸水鳄、淡水鳄、神仙企鹅、刺猬、塔斯马尼亚魔鬼、野狗等。

3. 墨尔本

墨尔本市位于亚拉河畔，距离菲利浦湾约 5 千米，是澳洲的文化、运动、购物、餐饮中心，面积约 6 100 平方千米，目前人口 350 万，是澳洲第二大城市。墨尔本市建立于 1835 年，1927 年以前是联邦政府的首都，它是在 19 世纪中期淘金热潮中迅速发展起来的城市。目前市内仍保留许多 19 世纪华丽的维多利亚式建筑，林阴茂盛，公园众多，是澳洲最具有欧洲风味的大城市，1993 年被评为世界第三大最适合居住的城市。

主要旅游景点：

菲利普岛：以黄眼企鹅闻名于世，也成为游客最希望游览的自然生态岛。在黄眼企鹅生物保护区，当阳光消失在海滩上时，外出觅食的企鹅带着满口的鱼，陆续回巢喂哺幼儿。坐在观景台上，游客们可亲眼目睹企鹅们奋力游上岸，迈着左右晃动的步子认真地走回家的情景。除了黄眼企鹅保护区外，岛上还有其他生态保护区。

疏芬山：疏芬山记录着1851—1861 年的梦幻时代：红金沟淘金场是厂区，淘洗金厂设施简陋，但相当实用；中国城则是当局为保护中国人免受欧洲人欺负而设立的。巴拉列淘金镇是因为淘金者的需求而形成的小镇，从出售日常用品的店铺、医院、学校、邮局、饭店、教堂、戏院中，旅游者可以看到当时的生活情景。

4. 布里斯班

布里斯班是昆士兰州的首府，也是澳洲第三大城市，有"树熊之都"的美誉。它地处澳大利亚东南部，是澳大利亚一个重要的度假休闲胜地。布里斯班是一座城市规划方面很有特色的城市，分割区域的街道，南北方向以女性名字命名，东西方向则是男性名字。登上市政厅的眺望台，可以眺望布里斯班的街景；位于城市西面的库沙山则有另一处观景眺望台。孤松无尾熊保护区有着全澳最多的无尾熊，是布里斯班最受欢迎的旅游点之一。

（二）旅游名胜

1. 黄金海岸

黄金海岸位于澳大利亚东部海岸中段、布里斯班以南，它由一段长约 42 千米、10 多个连续排列的优质沙滩组成，以沙滩为金色而得名。这里气候宜人，日照充足，特别是海浪险急，适合于进行冲浪和滑水活动，是冲浪者的乐园，也是昆士兰州重点旅游度假区。这里旅游设施齐全，有各种各样的游乐场、赌场、酒吧、夜总会、海洋世界和主题公园。

2. 世界海洋遗产 大堡礁（Great Barrier Reef）

大堡礁位于太平洋珊瑚海西部，北起托雷斯海峡，南到弗雷泽岛附近，沿澳大利亚东北海岸线绵延 2 000 余千米。大堡礁距海岸约 20—350 千米，总面积达 8 万平方千米。大堡礁有 400 种活的珊瑚，颜色从一般的蓝色、鹿角棕色到错综复杂、难以置信的粉红及紫，简直是个五彩斑斓的神奇世界。珊瑚是珊瑚虫分泌的石灰性物质和骨骼残骸堆积而成的。这里因珊瑚礁沿海岸分布，像堡垒保卫着海岸，所以称为堡礁。大堡礁不利于航行，但是可以开展多项水上活动，还可以在水下观赏美丽的珊瑚和其他水下生物，因而成为澳大利亚一个主要的旅游区。大堡礁由 600 多个珊瑚礁组成，水下珊瑚颜色鲜艳，绚丽多姿，形状各异，还有游鱼、绿海龟、蟹、牡蛎等，宛如一座海上公园。

3. 红色巨岩——艾尔斯岩石（Ayers Rock）

艾尔斯岩是位于澳洲北领地——爱丽斯泉市西南 470 多千米处的巨大岩石。只要沿着一号公路往南，车程约 5 个小时，就可以看到这一世界上最大的单一岩石艾尔斯岩。这块长 3.5 千米、宽 2 千米、高 347 米的巨石突兀孤立在平坦的荒漠之中。它是澳洲大陆最好的历史见证，被土著人奉为神明的化身，尊为神岩。

4. 昆士兰热带雨林

1974 年，澳洲被认可并被列入世界遗产自然保护区之一，其中之一为热带雨林区。热带雨林位于昆士兰省的东北部，被描述为"最古老的世界"。

5. 蓝山国家公园（Blue Mountain）

蓝山国家公园坐落在新南威尔士州境内，2000 年被列入自然类世界遗产。蓝山全地区生长着庞大的原始丛林和亚热带雨林。

第 五 节　新西兰—海中陆地

　　1769—1777 年，英国库克船长先后 5 次到达这块土地。此后英国向这里大批移民并宣布占领新西兰，把海岛的荷兰文名字"新泽兰"改成英文"新西兰"。1840 年英国迫使毛利人酋长签订《威坦哲条约》，把这片土地划入了英帝国的版图。1907 年新西兰独立，成为英联邦的自治领，政治、经济、外交仍受英控制。1947 年成为主权国家，是英联邦成员。

一、国情概述

（一）位置、面积与人口

1.　位　置

新西兰位于太平洋南部，介于南极洲和赤道之间。西隔塔斯曼海与澳大利亚相望，相隔 1 600 千米，北邻汤加、斐济。由北岛、南岛、斯图尔特岛及其附近一些小岛组成。

2.　面　积

约 27 万平方千米，专属经济区 120 平方千米。海岸线长 6 900 千米。

3.　人　口

新西兰人口 443.5 万（2012 年 1 月）。奥克兰地区的人口占全国总人口的 30.7%，首都惠灵顿地区的人口约占全国总人口的 11%。奥克兰市是全国人口最多的城市，约有居民 37 万；南岛克赖斯特彻奇市约有居民 32 万人，是全国第二大城市。

（二）民族、语言和宗教

1.　民　族

新西兰人正如世界上的许多民族，素有友善好客的美誉。但他们也是非常独立自主的，同样期盼其他的人也和他们一样。欧洲移民后裔占 67.6%，毛利人占 14.6%，亚裔占 9.2%。

2.　语　言

官方语言为英语、毛利语。

3.　宗　教

新西兰是一个有着多种宗教的国家，每一个新西兰人都可以自由选择宗教信仰。随着不同文化的增加，也带来了多种宗教信仰。70% 的居民信奉基督教新教和天主教。

（三）国家标志及释义

1.　国　名

中国台湾、香港、澳门地区以及海外华人多称新西兰为纽西兰。毛利语为 Aotearoa，即"长白云之乡"。

2.　国　旗

新西兰国旗为长方形，长宽之比为 2∶1。旗底为深蓝色，左上方为英国国旗，右边有四颗镶白边的红色五角星，四颗星排列均不对称。新西兰是英联邦成员国，"米"字图案表明同英国的传统关系；四颗星表示南十字星座，表明该国位于南半球，同时象征独立和希望。

3. 国　徽

新西兰国徽的中心图案为盾徽。盾面上有五组图案：四颗五角星代表南十字星座，象征新西兰；麦捆代表农业；羊代表该国发达的畜牧业；交叉的斧头象征该国的工业和矿业；三只扬帆的船表示该国海上贸易的重要性。盾徽右侧为手持武器的毛利人，左侧是持有国旗的欧洲移民妇女；上方有一顶英国伊丽莎白女王二世加冕典礼时用的王冠，象征英国女王也是新西兰的国家元首；下方为新西兰蕨类植物，绶带上用英文写着"新西兰"。

4. 国　歌

新西兰有两首地位等同的国歌：《天佑新西兰》（God Defend New Zealand）与《天佑女王》（God Save The Queen）。如在位的是男性君主，国歌改为《天佑国王》（God Save The King）。《天佑女王》是英国的国歌及英联邦的皇室颂歌。《天佑女王》一般不作为国歌演奏，而作为皇室颂歌使用。新西兰国歌前半部分为毛利语，后半部分为英语，有关新西兰国歌的应用，由新西兰文化及传统部负责管理。

5. 国　花

银蕨（fern，koru）。在毛利传说之中，银蕨原本是在海洋里居住的，其后被邀请来到新西兰的森林里生活，就是为着指引毛利族的人民，作用和意义都非常重大。从前的毛利猎人和战士都是靠银蕨银闪闪的树叶背面来认路回家的。因为只要将其叶子翻过来，银色的一面便会反射星月的光辉，照亮穿越森林的路径。新西兰人认为银蕨能够体现新西兰的民族精神，故这种植物便成为了新西兰的独特标志和荣誉代表。现在，举国上下都可找到银蕨的图样。

6. 国　树

四翅槐（Fourwings Sophola）。

7. 国　鸟

几维鸟（kiwi bird）。几维鸟又名奇异鸟，学名为鹬鸵。新西兰最早的居民毛利人将这种叫声为"kiwi！kiwi！kiwi"的鸟命名为奇异鸟。这种不会飞的鸟大小有如母鸡，有一个细长的喙和细如毛发的羽毛。其力量惊人，可以将同类踢出 1.5 米远。新西兰人将这种喜欢夜间活动、不会飞的可爱鸟儿作为国家的象征，新西兰人亦称呼自己为 Kiwi.

二、文化习俗

（一）礼仪礼节

新西兰是个多民族的国家，欧洲后裔占主导地位，受欧美和澳大利亚的影响很深，生活方式和习惯基本西化。"女士优先"的原则在这里是通用的。新西兰人守时惜时，待人诚恳热情。如被应邀参加派对后，礼貌上要再回请一次。在派对中男女平等，可以随便交谈，也是个人涵养的表现，切不可缩头缩尾。新西兰人喜欢狗，珍爱几维鸟，钟爱银蕨，爱护环境。

(二) 饮食服饰

1. 饮 食

新西兰人在饮食上习惯吃英式西菜，口味喜清淡。一般都爱喝咖啡、红茶，爱吃水果，尤其喜食一种叫"几维果"的名贵水果。新西兰人喜欢吃外卖快餐，也喜欢吃一些传统食品。传统的新西兰餐以一道肉（羊、牛、猪或鸡）、马铃薯及2—3样蔬菜——例如由绿色（绿花椰菜 broccoli）、橙色（红萝卜 carrots）、黄色（芜菁 swede）所构成。烧烤的晚餐，由肉及蔬菜加油放进烤炉中一起烤，通常一个星期吃一次，且大都在周末。烧烤在夏季非常受欢迎，特别是可以在户外进行，平常烧烤的食物包括牛扒、香肠、马铃薯与沙律（salad）。然而创新的厨师往往尝试烤鱼、贝类（虾尤其受欢迎）、串烧烤肉与鸡。

2. 服 饰

新西兰人是欧洲移民的后裔，在日常生活里通常以穿着欧式服装为主。他们注重服饰质量，讲究庄重，偏爱舒适，强调因场合而异。正式盛大的集会大都穿深色西服或礼服，但在一般场合人们的穿着趋于简便。外出参加交际应酬时，新西兰妇女不但要身着盛装，而且一定要化妆。在她们看来，参加社交活动时化妆，是一种基本的礼貌修养。

新西兰毛利人的传统服饰鲜艳而简洁，富有民族特色。有披肩、围胸、围腰和短裙。最常见的是"比乌比武"（Piupiu）短裙，它是用亚麻类植物织成，人们习惯称其为毛利草裙。此裙不分男女，现在多做演出时的道具。毛利人最讲究的是羽毛大氅，过去是酋长才能披戴的，现在遇有盛大庆祝活动时才穿上迎接贵宾，以示庄重威严。现今毛利人平时的穿戴也是西装革履，并无异样。

(三) 节日风情

元旦（New Year's Day）：1月1日

元旦次日（Day after New Year's Day）：1月2日

怀唐伊日（Waitangi Day）：2月6日

受难节（Good Friday）：复活节前的星期五

复活节（Easter day）：4月14日—17日

澳新军团日（ANZAC Day）：4月25日

女王诞辰日（Queen's Birthday）：6月的第一个星期一

劳动节（Labour Day）：10月的第四个星期一

圣诞节（Christmas Day）：12月25日

节礼日（Boxing Day）：12月26日

每个地区还有不同的周年庆，比如惠灵顿周年纪念日（Wellington Anniversary Day）为距1月22日最近的一个星期一。另外，随着华人的增加，中国的传统节日春节也越来越成为新西兰重要的节日。

（四）行为禁忌

1. 数字忌讳

受基督教、天主教的影响，新西兰人讨厌"13"与"星期五"。如果这一天既是13日，又是星期五，那么新西兰人不论干什么都会提心吊胆。

2. 交谈忌讳

新西兰人奉行所谓"不干涉主义"，对于交往对象的政治立场、宗教信仰、职务级别等，他们一律主张不闻不问。

3. 民间忌讳

新西兰人多忌讳建造或居住密集型的住宅。他们在男女交往方面较为拘谨保守，并且有种种清规戒律。新西兰人忌讳男女混合活动，即使看戏看电影，也要男女分场。毛利人信奉原始宗教，相信灵魂不灭，因此对拍照、摄像十分忌讳。他们还忌讳让老年人或病重垂危的人住进医院。因为他们认为，只有罪人或奴隶才死于家外。毛利人的首领拥有绝对的大权，其本身及财产均属禁忌范围。平民绝不准触犯和侵犯，否则即被处死。

4. 饮食忌讳

对酒类限制很严，经特许售酒的餐馆，也只能售葡萄酒，可售烈性酒的餐馆，客人必须买一份正餐，才准许喝一杯。

三、旅游资源

新西兰有优美的沙滩、幽静的峡湾、葱茏的山峰、秀丽的湖泊、多样的人文风情、传统的乡村农庄、珍稀的动物，无不散发着诱人的魅力，吸引着世界各地的旅游者慕名而来，每年入境旅游人数有200万人次左右，纯新西兰旅游观光约占60%，随着《魔戒》、《钢琴课》和《垂直极限》等一系列国际知名影片在新西兰的成功拍摄，新西兰已成为广大游客心目中神圣的"中土"世界。新西兰风景优美，旅游胜地遍布全国，素有"田园风光之国"的美称。新西兰北岛与南岛，不仅有迷人的风光与现代城市，也是运动休闲难得的好去处。虽然新西兰历史较短，缺少具有历史意义的观光胜地与古迹，但自然风光随处可见，是喜爱田园风光、热爱大自然人士的观光首选之地。

（一）旅游名城

1. 惠灵顿——风都

惠灵顿是新西兰的首都，它地处北岛的南部，是往来南北二岛的交通枢纽，是新西兰地理、文化和政治中心。惠灵顿背山面海，在海洋性气候的影响下，天气和暖，阳光充沛。因其地势较高，依山傍水，紧靠库克海峡，常有海风侵袭，故被称为"风都"。城市周边群山连绵，木质结构的建筑是惠灵顿的一大特色。沿着平缓的山坡，一幢幢雪白的木屋带着漆得五彩缤纷的屋顶层层叠叠，向上伸展至山顶，向下滑延到繁华的市中心。

新西兰国会大厦建筑群是这里最吸引游客的名胜之一，国会大厦建筑群位于惠灵顿的市中心，从这里短程步行即可到达国家档案馆、圣保罗大教堂及从前的政府大厦（该大厦为世界第二大木制建筑)。

主要景点有议会大厦、汤布尔图书馆、植物园、旧圣保罗教堂、多明尼恩博物馆、国立美术馆、维多利亚山、惠灵顿动物园等。

议会大厦：于 1876 年修建，别具特色的蜂窝式建筑物，意大利风格的设计，是南太平洋最宏伟的木结构建筑之一。四层全木结构建筑，外型酷似蜂巢，内部采取了有效的防强地震设计，以适应新西兰这样的多地震国家。大厦由三大建筑组成，包括哥特式的图书馆，英国文艺复兴式议政厅和圆形的办公大楼。迥然不同的建筑风格使国会大厦成为一个奇妙的组合，既各具神采，又相辅相依，融为一体。

维多利亚山：位于惠灵顿市区西南部的维多利亚山，保存着 1893—1906 年的总理塞顿使用过的办公室。塞顿曾对新西兰政治立法有过重要影响，他使新西兰成为世界上第一个妇女有选举权的国家。

维多利亚山附近是英国航海家库克的纪念碑岛，1769—1777 年库克曾先后 5 次到达新西兰。维多利亚山北面的卡因加罗国家人造森林，占地 15 万公顷，绵延 100 多千米，是世界上最大的人造林之一。

惠灵顿动物园：惠灵顿动物园是惠灵顿唯一的一座动物园，同时这座动物园也是新西兰历史最久的动物园。该动物园修建于 1906 年。动物园有个很长的昵称——"世界最棒的稀有动物动物园"。

2. 奥克兰（Auckland）——帆船之都

第一大城市奥克兰地理位置得天独厚，是南半球天然的良港，市民拥有的船艇数量居世界前列，大约每 11 个人便拥有 1 艘游船，是闻名世界的"帆船之都"，也是新西兰最大的华人聚居区。距市中心不远处的海滩，是夏天享受日光浴的最佳场所。许多著名的水上赛事都在这里举行，最壮观的当数每年一月最后一个星期一举行的奥克兰周年帆船赛，千帆并举，人山人海，是奥克兰人及各国帆船爱好者的狂欢节，被称为"兼具自然风光及都市生活的最佳地方"。

伊丽莎白女王广场：伊丽莎白女王广场位于皇后大街的尽头，广场上设有中心邮局、市区综合大楼和新西兰航空公司。该广场是上班族最喜爱的就餐场地，在这里，也常常可以见到街头演说者和抗议游行者。他们可以在此尽情倾诉大至因核舰艇来访小到因幼儿园经费严重不足所引起的悲伤和怨恨。多彩的水果推车出售几维果、费约果、番茄、拍平缕瓜、枯麻拉果和其他新鲜的新西兰农产品。丹麦冰淇淋冷饮室更使喜爱甜食的人们垂涎欲滴。

奥克兰中央公园：奥克兰中央公园坐落在市中心，位于皇后街左侧，占地 800 公顷，身为奥克兰心脏地带上的一大片青葱绿地，是奥克兰市民假日休闲的最佳场所。游客可以在这里享受难得的宁静与日光，伴随着清脆的鸟鸣声，可说是忙碌的都市人最渴求的生活。

奥克兰博物馆：奥克兰博物馆位于新西兰的奥克兰市奥克兰公园内，是一所收藏历史和民族文物的博物馆。该馆是一座哥特式建筑，馆内陈设品丰富，共有三层：第一层以展示毛利文化为主，有毛利人独特的民族手工艺品、经复原的毛利人集会场所以及毛利人日用品展览；第二层是各种动植物资料及标本展，其中最引人注意的是恐鸟（Moa）的遗骨；第三层展示的是两次大战使用过的武器等。

3. 基督城——花园城市

基督城是新西兰第三大城市，也是南岛最大的城市。它位于南岛中部辽阔平坦的肯特百利平原，得天独厚的地理和气候条件使基督城草木葱郁，鲜花盛开，素有"花园之城"的美誉。基督城的布局方正严整，以典型英式建筑的天主教堂为中心，从四方向外扩展。纵横交错的街道也设计得井井有条，四平八稳，显示出严格有序的条理感。基督城大部分地区是公园和自然保护区。基督城原来是探索南极的研究中心。南极中心内展示考察南极各组织的资料，更有模拟南极地貌气候、生态环境的展览主题。

（二）旅游名胜

1. 罗托鲁阿

罗托鲁阿位于北岛中部，以其地热奇观驰名世界，常年游客如云。在罗托鲁阿您可以饱览地热喷泉、沸腾泥浆池以及彩色温泉梯田，感受大自然的伟大与神奇造化。游览之余，还可以乘兴去温泉吧泡泡，既消解疲劳又松弛身心，舒适惬意。温泉浴有许多种，每种水中含有不同的矿物质，可以缓解不同的疾病与疼痛。

奥塔哥区（Otago）

指南岛中部及东南沿岸地区。中部内陆地区淘金历史悠久。由丹尼丁出发，循沿海公路往北行，到达奥马鲁，其维多利亚建筑处处可见，人们仿佛还可瞥见19世纪淘金人的狂热。

2. 拉纳克城堡（Larnach Castle）

是新西兰唯一的古城堡，其内设的木质家具是新西兰最好的古董收藏。它独特的建筑风格，是新哥特式复兴主义建筑与英国殖民时代建筑的结合。它曾由200名工匠建造外部，三名英国雕刻师花了12年的时间装饰内部。其华丽的内部不仅有意大利的石膏天花板、威尼斯的玻璃墙、一吨重的大理石浴盆，还有南半球唯一的乔治王时代的悬梯。

关于城堡，还有一段集"浪漫、悲剧与丑闻"于一身的故事。该城堡原是为威廉·拉纳克的第一任妻子，美丽的法国女继承人伊丽莎修建。伊丽莎悲剧性地死去时年纪尚轻，留下6个失去母亲的孩子。她死后，拉纳克又先后娶了两任妻子。后来，第三任妻子爱上拉纳克与第一任妻子所生的儿子，导致拉纳克发狂，在议会大厦自杀身亡。这幕惨剧听来令人感叹不已。

3. 海湾大桥

大桥连接奥克兰最繁忙的港口——怀提玛塔海港南北两岸，全长1 020米，与停泊在奥克兰艇俱乐部的万柱桅杆，组成了一幅壮观美丽的图画。

4. 女王城

坐落在瓦卡蒂普湖畔，人口虽稀，却是新西兰的观光重镇。这里不仅湖光山色美不胜收，更因其背靠卓越山脉，面对着新西兰的第三大湖而得天独厚。游人可乘登山吊车饱览小城的明媚景致，可追寻奇异鸟的行踪。倘若兴致颇高，再加上一份勇气，便可一试惊险蹦极，挑战自我。

5. 伊甸山

伊甸山（Mount Eden）位于市中心以南约 5 千米处，是一死火山的火山口。山顶设有瞭望台，视野开阔，是眺望市景的好地方。此外，还可参观到 12 世纪时毛利人要塞的遗迹。

6. 毛利文化村

罗托鲁阿市中心附近，有名叫奥希内穆图的毛利村，内有毛利人的会议厅，柱子上雕有记述阿拉瓦部族历史的精美图案。1963 年，市西南角的娃卡丽娃毛利寨辟为公园，内有会议厅、住房和贮藏室等早期建筑。早期毛利人的住房，用蒲草和棕榈树枝搭成，简陋低矮，不能直腰。各种贮藏室均有高脚支撑，工具室则类似中国云南傣族的竹楼，但较矮小；族长的食品室，则离地很高，外形似杂技演员用竹子顶着的椅子。园中心的间歇泉，水柱笔直喷射，高 30 余米，似银链闪耀，白莲盛开。罗托鲁阿是毛利族历史文化荟萃之地，毛利族历史源远流长，其别具一格的文化工艺，值得游人在此慢慢品味。毛利族人擅长用地热烧煮食物，游客在罗托鲁阿可品尝到地道的石头火锅，石头火锅即是把经地热烘烫的薄薄石块放进地洞内，再把食物烩熟，风味独特。

7. 天空塔

天空塔坐落在奥克兰的市中心，Hobson St. 和 Victolia St. 的街角。高 328 米，是奥克兰的标志性建筑，也是南半球的最高建筑。它与其他的建筑连成一体，组成巨大的天空城（Sky City），城中汇集了新西兰最大的赌场，10 个餐厅和酒吧，四星级宾馆，剧场以及许多独一无二的旅游冒险活动。它还有巨大的地下停车场和城际 Bus 总站。

8. 库克山

在南阿尔卑斯山脉的中心，由基督城经过绿林茂密的坎特布利平原，向南前进，放眼望去所见的就是新西兰最高峰的库克山（Mt. Cook）。海拔 3 764 米，被称为"南半球的阿尔卑斯山"。附近环绕着塔斯曼山（Mt. Tasmen）等 18 个 3 000 米以上的高山，山麓地带是绝佳的自然游乐场所，有美丽的高山植物花园，还可做滑雪等活动。这一带的范围被命名为库克山国家公园，与西州国家公园相背立。库克山被冰河侵蚀成 V 字形的山谷前，有两条宁静而美丽的湖泊位于其间，即普卡基湖（Lake Pukaki）和 太卡湖（Lake Tekapo）。南阿尔卑斯山雪融之后的水流经好几条湖泊后，来到南坎特布利平原的威塔奇（Waitaki）河，然后东流注入南太平洋。

第 六 节　埃及——辽阔国家

埃及是世界四大文明古国之一，具有悠久的历史和文化。公元前 3200 年，美尼斯统一埃及，建立了第一个奴隶制国家，经历了早王国、古王国、中王国、新王国和后王朝时期，共 30 个王朝。1798 年被拿破仑法军占领。1882 年英国殖民军占领埃及。1914 年埃及沦为英国的"保护国"。1922 年 2 月 28 日英国被迫承认埃及为独立国家，但仍保留许多特权，如国防、外交、少数民族等问题的处置权。1953 年 6 月 18 日废除君主制，建立共和国。1958 年 2 月，埃及同叙利亚合并，成立阿拉伯联合共和国（简称"阿联"）。

1961年9月，叙利亚政变后脱离阿联。1971年，改国名为阿拉伯埃及共和国。1956年5月30日，同我国建交。

一、国情概述

（一）位置、面积与人口

1. 位　置

埃及地跨亚、非两洲，大部分位于非洲东北部。苏伊士运河东的西奈半岛位于亚洲西南角。西北濒地中海，西连利比亚，南接苏丹，东临红海并与巴勒斯坦、以色列接壤。地处亚、非、欧三洲交通要塞。

2. 面　积

埃及国土面积约100.145万平方千米。

3. 人　口

埃及人口8 450万（2012年），其中绝大多数生活在河谷和三角洲。

（二）民族、语言和宗教

1. 民　族

阿拉伯人是主体民族，东方哈姆族（埃及人、贝都因人、柏柏尔人）约占全国人口的99%，希腊人、努比亚人、亚美尼亚人、意大利人和法国人后裔占1%。

2. 语　言

官方语言为阿拉伯语，通用英语和法语。

3. 宗　教

国教为伊斯兰教，信徒主要是逊尼派，占总人口的84%。科普特基督徒和其他信徒约占16%。每逢周五是埃及人传统的"主麻日聚礼"，当清真寺内传出悠扬的唤礼声，伊斯兰教徒便纷纷涌向附近的清真寺，做集体礼拜。

（三）国家标志及释义

1. 国　旗

呈长方形，长与宽之比为3∶2。自上而下由红、白、黑三个平行相等的横长方形组成，白色部分中间有国徽图案。

整个国旗的整体含义：红色象征革命，白色象征纯洁和光明前途，黑色象征埃及过去的黑暗岁月。

2. 国　花

莲花是埃及的国花，相传托特（鹭头人身，埃及智慧与魔术之神）的妻子埃赫·阿慕纳，奉献给丈夫一束莲花以表示她对丈夫的忠贞和爱情。后来忠贞与爱情形成莲花花语，故人民对莲花特别喜爱。

3．国 徽

国徽为一只金色的鹰，称萨拉丁雄鹰。金鹰昂首挺立，舒展双翼，象征胜利、勇敢和忠诚，它是埃及人民不畏烈日风暴，在高空自由飞翔的化身。鹰胸前为盾形的红、白、黑三色国旗图案，底部座基饰带上写着"阿拉伯埃及共和国"。

4．国鸟、国石、国兽

分别是雄鹰、橄榄石、猫。在埃及人的心目中，猫是女神在人间的象征，是幸运的吉祥物，是受人崇敬的国兽。

5．国 歌

《阿拉伯埃及共和国国歌》。

二、文化习俗

（一）礼仪礼节

埃及人的交往礼仪既有民族传统的习俗，又通行西方人的做法，两者皆有，上层人士更倾向于欧美礼仪。埃及人见面时异常热情。在人际交往中，埃及人所采用的见面礼节，主要是握手礼。埃及人正直，爽朗，宽容，好客，讲义气，重承诺。性格一般内向，敏感，常以幽默的心情来应付严酷的现实生活。埃及人对绿色和白色都有很深的感情，一般人都厚爱这两种颜色，有把绿色喻为吉祥之色，把白色视为"快乐"之色的说法。在社交活动中，跟交往对象行过见面礼后，双方往往要互致问候。为了表示亲密，埃及人只要当时有时间，问候起交往对象来，往往会不厌其烦。除了个人隐私问题之外，当时所能想到的人与事，他们几乎都会问候一遍。他们的这种客套，有时会长达几分钟，甚至十几分钟。同埃及人打交道，除了可以采用国际上通行的称呼，倘若能够酌情使用一些阿拉伯语的尊称，通常会令其更加开心。

（二）饮食服饰

1．饮 食

埃及人讲究菜肴的香、脆，注重菜品的质量和花色。偏爱煎、烤、炸等烹调方法制作的菜肴。口味一般偏浓重，喜麻辣味道。主食以面为主，有时也吃米饭。副食爱吃牛肉、羊肉、鸡、鸭、鸽及蛋品，喜欢生菜、豌豆、洋葱、黄瓜、茄子、西红柿、卷心菜等蔬菜，常用调料有盐、胡椒、辣椒、豆蔻、咖喱和番茄酱等。

埃及人习惯用自制的甜点招待客人，客人若是谢绝一点也不吃，会让主人失望，也失敬于人。正式宴会或富有家庭正餐的最后一道菜都是上甜食。著名甜食有"库纳法"和"盖塔伊夫"。"锦葵汤"、"基食颗"是埃及人日常生活中的最佳食品。"盖麦尔丁"是埃及人在斋月里的必备食品。"蚕豆"是必不可少的一种食品，其制作方法多种多样，制成的食品也花样百出，例如切烂蚕豆、油炸蚕豆饼、炖蚕豆、干炒蚕豆和生吃青蚕豆等。

2．服 饰

在大中城市，埃及人的打扮已与国际接轨，但是，老年人着装较为保守，奇装异服埃及人通常不问津。

（三）节日风情

埃及的节日大体可分为法定节假日、伊斯兰教节假日、基督教节假日。

1. 法定节假日

新年：1月1日；独立日：2月28日；闻风节：东正教复活节后的第一个星期一。

闻风节阿拉伯语称为"夏姆·纳西姆"，意思就是"闻一闻春风的气息"。由于欢度这个节日的主要形式是到野外草地上游乐，所以汉语曾把它译为"踏青节"。由于这个节日通常是在三四月间春意正浓之时，故西方人称其为"埃及的春节"。据考证，埃及人民欢度"闻风节"，已有7 000多年历史。在公元元年以前，古埃及按科普特历，这个节日是每年的8月27日。据法老时期的神话传说，这一天是慈善神战胜凶恶神的日子。当时，这个节日的日期比现在的日期约早一个月，正是春天伊始之时。人们为纪念这一天，同时为了祈祷慈善和春光常在，便将这一天定为一年一度的节日。公元元年以后，基督教传入埃及，古埃及人的后裔——科普特人基本上都皈依了基督教。由于基督教的重要节日复活节（每年春分月圆后第一个星期日，一般在3月21日—4月25日之间）常常很靠近闻风节，同时由于古科普特历已被逐步推广的公历所取代，于是埃及人重新规定复活节的第二天（星期一）为闻风节。这样，两个节日一起庆祝也很方便。后来，阿拉伯人占领并统治埃及后，接受了闻风节。因此，今天，埃及全国，不管是信奉基督教的科普特人，还是信奉伊斯兰教的阿拉伯人，都过闻风节。

西奈解放节：4月25日。

共和国独立日：6月18日。

国庆日：7月23日。

武装部队日：10月6日。

人民抵抗纪念日：10月24日。

胜利日：12月23日。

2. 伊斯兰教节假日

宰牲节：4月29日，又称"古尔邦节"。相传，先知易卜拉欣一天晚上梦见真主安拉命令他宰杀自己的爱子伊斯玛仪，以祭献给安拉，考验他对安拉的忠诚。易卜拉欣遵从安拉的旨意，第二天宰杀伊斯玛仪时，安拉派天仙吉卜拉依勒背来一只黑头羝羊代替伊斯玛仪做祭物。从那以后，就把伊斯兰教历12月10日开始的3天定为"宰牲节"。那一天，人们早早地进入清真寺礼拜，然后为了纪念先知易卜拉欣父子为安拉牺牲的精神，便在此日宰牲。按规定，一人宰一只羊，七人宰一头牛或一峰骆驼。宰牲肉分成三份：一份自己食用；一份送亲友邻居，招待客人；一份送给穷人。古尔邦节和开斋节的庆祝活动都差不多。

开斋节：5月21日。是伊斯兰的主要节日之一。按伊斯兰教法规定，伊历（伊斯兰历法）的每年9月为斋月，斋月期间，除了患病等各种特殊情况以外，成年男女穆斯林每日从黎明到日落不饮不食，称为"封斋"。斋月共有29天，有时30天。经过一个月的封斋，完成了"真主"的"定制"，于伊斯兰教教历十月一日"开斋"，故称为开斋节。开斋节要过三天。第一天从拂晓开始就热闹起来。家家户户都要早早起来，打扫院内院外。然后穆斯林到清真寺礼拜。有的家庭喜欢自己做点心，有的家庭喜欢从甜食店买。家境富裕的人给穷人钱以便过愉快的节。亲戚和朋友间相互走访。父母给孩子零花钱，给孩子买漂亮的衣服，然后父母带孩子上公园，整个公园成为了一片欢乐的海洋。这一天，电影院、咖啡厅也成为人们光顾的理想场所。

献祭节：7月14日。

穆罕默德诞辰日：7月28日。

穆罕默德升天日：12月8日。

（四）行为禁忌

1. 数字忌讳

"5"与"7"深受埃及人的青睐。在他们看来，"5"会带来吉祥，"7"则意味着完美。对信奉基督教的科普特人而言，"13"则是最令人晦气的数字。

2. 交谈忌讳

与埃及人交谈时，应注意下述问题：一是男士不要主动找妇女攀谈；二是切勿夸奖埃及妇女身材窈窕，因为埃及人以体态丰腴为美；三是不要称道埃及人家中的物品，在埃及这种做法会被人理解为索要此物；四是不要与埃及人讨论宗教纠纷、中东政局以及男女关系。

3. 民间忌讳

在埃及，进伊斯兰教清真寺时，务必脱鞋。埃及人爱绿色、红色、橙色，忌蓝色和黄色，认为蓝色是恶魔，黄色是不幸的象征，遇丧事都穿黄衣服。也忌熊猫，因它的形体近似肥猪。喜欢金字塔形莲花图案。禁穿有星星图案的衣服，除了衣服，有星星图案的包装纸也不受欢迎，更忌讳出现猪、狗、猫、熊等动物图案。

在埃及人面前，不能把两手的食指碰在一起，他们认为这个手势是不雅的。按伊斯兰教义，妇女的"迷人之处"是不能让丈夫以外的人窥见的。"针"为其特有的忌讳物与忌讳语，农村妇女通常用该语进行对骂。每天到了下午3—5点之后，人们大都忌讳针。商人绝不卖针，人们也不买针，即使有人愿出10倍的价钱买针，店主也会婉言谢绝，绝不出售。埃及人在工作中对小费极为重视，并且将其作为日常收入的重要组成之一。在埃及不给人小费，往往会举步维艰。

三、旅游资源

埃及历史悠久，文化灿烂，名胜古迹很多，具有发展旅游业的良好条件。埃及旅游资源十分丰富，拥有大量的历史遗迹，包括法老时期的遗迹、古希腊罗马的历史遗迹、埃及科普特人以及伊斯兰时代的历史遗迹等。其中有不少被列入《世界文化遗产名录》，令世人神往。主要旅游点有金字塔、狮身人面像、爱资哈尔清真寺、古城堡、希腊罗马博物馆、卡特巴城堡、蒙塔扎宫、卢克索神庙、卡纳克神庙、国王谷、阿斯旺水坝等。

（一）旅游名城

1. 开罗——第一大城

埃及的首都开罗，是阿拉伯和非洲国家人口最多的城市，人口约 1 090 万。同时是非洲及阿拉伯国家的文化中心，世界著名的历史文化古城。它位于尼罗河三角洲定点以南 14 千米的地方，是全国最大的经济中心和金融中心，全国主要公路和铁路都在此交会，与国内各大城市往来方便。开罗既是一座世界文化古都，也是西亚及北非地区的文化中心。有市区外围旧城中历史悠久的清真寺古迹，又有尼罗河畔新城的高楼大厦；有吉萨高地的大金字塔，又有为其带来"千塔之城"美誉的 400 多座古老的伊斯兰教清真寺。今日的开罗已是一座充满了古埃及遗风的阿拉伯大都会，是一座古老与现代并存的都市。

（1）埃及博物馆

埃及博物馆坐落于开罗市中心的解放广场，1902 年建成开馆，是世界上最著名、规模最大的古埃及文物博物馆。该馆收藏了 5 000 年前古埃及法老时代至公元 6 世纪的历史文物 25 万件，其中大多数展品年代超过 3 000 年。博物馆分为两层，展品按年代顺序分别陈列在几十间展室中。该馆中的许多文物，如巨大的法老王石像、纯金制作的宫廷御用珍品，大量的木乃伊及重 242 磅的图坦卡蒙纯金面具和棺椁，其做工之精细令人赞叹。

（2）金字塔

埃及共发现金字塔 96 座，最大的是开罗郊区吉萨的三座金字塔。金字塔是古埃及国王为自己修建的陵墓。大金字塔是第四王朝第二个国王胡夫的陵墓，建于公元前 2690 年左右，原高 146.9 米，因年久风化，顶端剥落，现高 138 米；底座每边长 230 多米，三角面斜度 51 度，塔底面积 5.29 万平方米；塔身由 230 万块石头砌成，每块石头平均重 2.5 吨。据说，10 万人用了 20 年的时间才得以建成。该金字塔内部的通道对外开放，该通道设计精巧，计算精密，令人赞叹。第二座金字塔是胡夫的儿子哈夫拉国王的陵墓，建于公元前 2650 年，比前者低 3 米，但建筑形式更加完美壮观。塔前建有庙宇等附属建筑和著名的狮身人面像，狮身人面像的面部参照哈夫拉，身体为狮子，高 22 米，长 57 米，雕像的一个耳朵就有 2 米高。整个雕像除狮爪外，全部由一块天然岩石雕成。由于石质疏松，且经历了 4 000 多年的岁月，整个雕像风化严重。另外面部严重破损，有人说是马穆鲁克把它当做靶子练习射击所致，也有人说是 18 世纪拿破仑入侵埃及时炮击留下的痕迹。

（3）尼罗河

尼罗河发源于埃塞俄比亚高原，流经布隆迪、卢旺达、坦桑尼亚、乌干达、肯尼亚、扎伊尔、苏丹和埃及 9 国，全长 6 670 千米，是非洲第一大河，也是世界上最长的河流，可航行水道长约 3 000 千米。尼罗河谷和三角洲是埃及文化的摇篮，也是世界文化的发祥地之一。尼罗河在埃及境内长度为 1 530 千米，两岸形成 3—16 千米宽的河谷，到开罗后分成两条支流，注入地中海。这两条支流冲积形成尼罗河三角洲，面积 2.4 万平方千米，是埃及人口最稠密、最富饶的地区，人口占全国总数的 96%，可耕地占全国耕地面积的三分之二。埃及水源几乎全部来自尼罗河。根据尼罗河流域九国签订协议，埃及享有河水的份额为每年 555 亿立方米。

（4）法老村

位于开罗市内尼罗河的一个小岛上，占地约 200 亩（1 亩＝0.066 7 公顷），是埃及首任驻华大使哈桑拉贾布博士在发现失传一千年的纸草造纸工艺后于 1984 年集资修建的。村内种植了大量的纸莎草，有以传统方法制造纸草纸和绘制草纸画的作坊。法老村内建有模拟法老时代的神庙、庄园、农户等建筑，有专人着古装演示当时生产、家居及举行宗教仪式的场景，展现几千年前古埃及人的经济和社会生活画面。村中有著名的法老图坦卡蒙墓的模型和金字塔建筑方法的模型展示，还有照相馆、餐厅和商店。

2. 亚历山大——第二大城

亚历山大位于尼罗河三角洲西部，临地中海，面积 100 平方千米，人口 305 万，是埃及和非洲第二大城市，也是埃及和东地中海最大港口。该城建于公元前 332 年，因希腊马其顿国王亚历山大大帝占领埃及而得名，是古代和中世纪名城，曾是地中海沿海政治、经济、文化和东西方贸易中心，有诸多名胜古迹。亚历山大风景优美，气候宜人，是埃及的"夏都"和避暑胜地，被誉为"地中海新娘"。

其主要景点有：

夏宫：即蒙塔扎宫，坐落在市东部，占地 155.4 公顷，密林环绕，是一座独具特色的花园。1952 年前一直是皇室家族的消夏避暑地，现海滨向游人和垂钓者开放。园内有法鲁克国王行宫（现为埃及国宾馆）。

卡特巴城堡：前身为世界七大奇迹之一的亚历山大灯塔。灯塔建于公元前 280 年，塔高约 135 米，经数次地震，于 1435 年完全毁坏。1480 年用其石块在原址修筑城堡，以国王卡特巴的名字命名。1966 年改为埃及航海博物馆，展出模型、壁画、油画等，介绍自一万年前从草船开始的埃及造船和航海史。与开罗古城堡并称为埃及两大中世纪古城堡。

"自由"号游艇：是目前世界上仍能使用的最古老皇家游艇，由英国造船公司 1865 年修建，艇长 411 英尺（1 英尺＝0.304 8 米），宽 42 英尺，排水量 3 417 吨，以燃煤蒸汽机为动力，航速 16 海里。该艇原为埃及王室私用，1868 年曾到欧洲接载欧洲国家元首来参加苏伊士运河国际通航典礼，是第一艘从北面进入苏伊士运河的船只。1952 年更名"自由号"，现为埃及海军拥有，埃海军以此展示其舰船维修保养水平。

（二）旅游名胜

1. 庞贝石柱

有史以来亚历山大最出名的标志，是亚历山大老百姓为了纪念罗马皇帝对城市的贡献而建造的。由一块高 26 米的花岗岩雕成，它的地理位置就是两千年前希腊时代的爱必诗神庙所在地。在此也可以参观当时的亚历山大第二大图书馆。

2. 苏伊士运河

位于埃及东北部，扼守欧、亚、非三大洲的交通要冲，连通着红海和地中海，大西洋和印度洋，具有重要战略意义和经济意义。运河于 1859－1869 年由法国人投资开挖，先后有 10 万埃及民工因此而丧生，是人工开凿的第一条通海运河。后来英国购买了运河公司 40％的股票，英法共同掌握运河的经营权，掠走巨额收益。

3. 阿斯旺水坝

尼罗河为两岸的埃及人提供了生命之源，但河水流量的年变化量很大。为了治理好这条河流，埃及人修建了著名的阿斯旺水坝。水坝位于开罗以南约 700 千米的地方，最大泄洪量 6 000 立方米/秒，不仅能吸收下尼罗河水全年的流量，而且形成了非洲第一大人工湖纳赛尔湖，是尼罗河上具有灌溉、发电、防洪等综合效益的大型水利工程。但另一方面，大坝的修建又造成了尼罗河水位下降、地中海水渗入、大坝附近生态失衡等问题，而且为了修建水坝耗资过于庞大，许多人认为得不偿失。

4. 古老的象形文字

古埃及的象形文字是世界上最古老的文字体系之一，是古埃及人直接描摹物体形象的文字符号。自公元前 3500 年起逐渐形成，一直使用到 2 世纪。古埃及的象形文字是由原始的图画符号演变而来的，按符号在文字体系中的作用可分为表意文字和表音文字两类。据统计，当时经常使用的文字符号共计 700 个左右。这些象形文字是古埃及人步入文明时代的象征，也是研究古埃及文化的重要依据。

5. 撒哈拉沙漠

撒哈拉在阿拉伯语中本身就是沙漠的意思。撒哈拉沙漠的总面积超过 900 万平方千米，大约相当于美国本土的面积。大约从公元前 2500 年开始，撒哈拉演变为了无边无际的沙海。很早就有人类在撒哈拉地区活动，目前散布在沙漠各地的岩画描绘有鳄鱼、水牛、大象、河马和犀牛等动物，表明这一地区原来有河流和树林。随着大面积的沙漠化，依靠马和骆驼为生的游牧部落逐渐成为了撒哈拉的主人。

6. 红海沿岸

红海的海滩是大自然精美的馈赠。清澈碧蓝的海水下面，生长着五颜六色的珊瑚和稀有的海洋生物。远处层林叠染，连绵的山峦与海岸遥相呼应，之间是适宜露营的宽阔平原，这些鬼斧神工的自然景观和冬夏都非常宜人的气候共同组成了优美的风景画，让游人陶醉于人间天堂之中。红海沿岸主要的旅游区有沙姆沙伊赫、赫嘎达、阿里什、穆罕默德等，这些地区以闪光的沙滩、美丽的珊瑚海、丰富的海洋生物及一流的饭店等闻名于世，这里是世界上最适宜潜水的海域之一，也是水上运动者的天堂。另外，红海上的特色港口是萨法加，拥有盐量很高的海水和黑泥沙滩，可以治疗风湿症和皮肤病，是世界上最适合疗养度假的胜地之一。

7. 西奈半岛

西奈半岛是连接非洲及亚洲的三角形半岛，西濒苏伊士湾和苏伊士运河，东接亚喀巴湾和内盖夫（Negev）沙漠，北临地中海，南濒红海。半岛上广大的干燥地区称为西奈沙漠，与埃及的东部沙漠间隔着苏伊士湾及运河，但东边则连绵进入内盖夫沙漠，地形上没有显著的改变。北部沿海平原沙丘广布；中部为深受切割的砂岩、石灰岩剥蚀高原，向北缓倾，平均海拔 1 000 米，称提赫高原；南部是古结晶岩山块，由花岗岩、变质岩等组成，地势高峻，有海拔 2 637 米的埃及最高峰凯瑟琳山。气候干热，植被稀少。经济以游牧为主，贝都因人世代逐水草而居，放养骆驼、山羊和绵羊。

8. 古城上的卢克索

卢克索是位于埃及中东部的历史古城和著名旅游中心。它位于尼罗河右岸，古埃及王国首都底比斯南半部的遗址上。底比斯是埃及中王朝和新王朝的首都，当时世界上最大的城市之一，因此为今天的卢克索留下了大批庙宇、宫殿、雕像、陵墓等古迹，使其作为著名的文明古城而蜚声全球。古迹中最著名的有位于市中心河岸上的卢克索神庙，距市中心不到 10 千米的卡纳克神庙等等。其中卡纳克神庙是底比斯古代建筑群中杰出的代表，埃及最庞大宏伟的神殿，也是当今世界仅存的规模最大的古代庙宇，被誉为古代世界建筑中的一个奇迹。在卢克索附近的山谷中，大约隐藏着 500 多座古代陵墓，著名的帝王谷就坐落于此，为这座历史文化名城增添了一层神秘色彩。

卢克索由拉姆西斯二世和图腾摩斯三世两位法老在 3 500 前建造的神殿，也是太阳神的主庙，这里就是太阳神度假的地方。神殿门口立起来的方尖碑，是埃及最出名的。现在在巴黎协和广场竖立起来的方尖碑，就是从卢克索神殿的门前搬走的。

第七节 南非——黑人土地

南非最早的土著居民是桑人、科伊科伊人和后来南迁的班图人。17 世纪后，荷兰、英国相继入侵南非。20 世纪初，南非曾一度成为英国的自治领地。1961 年 5 月 31 日，南非退出英联邦，成立南非共和国。1994 年 4 月，南非举行首次不分种族大选，曼德拉出任南非首任黑人总统，非国大、国民党、因卡塔自由党组成民族团结政府，从而结束了南非种族歧视的历史。南非是多种族的国家，有着变化无穷及多彩多姿的文化，这一特色使其有"彩虹之国"的美誉。

一、国情概述

（一）位置、面积与人口

1. 位 置

位于非洲大陆最南部，北邻纳米比亚、博茨瓦纳、津巴布韦、莫桑比克和斯威士兰。东、南、西三面为印度洋和大西洋所环抱，地处两大洋间的航运要冲，地理位置十分重要。其西南端的好望角航线，历来是世界上最繁忙的海上通道之一，有"西方海上生命线"之称。

2. 面 积

国土面积约 1 219 090 平方千米。海岸线长 2 500 千米。全境大部分为海拔 600 米以上的高原。

3. 人 口

现有人口 5 059 万（2011 年）。

（二）民族、语言和宗教

1. 民 族

南非有黑人、白人、有色人和亚洲人四大种族，分别占总人口的 79.3%、9.1%、

9.0％和2.6％。黑人主要有祖鲁、科萨、斯威士、茨瓦纳、北索托、南索托、聪加、文达、恩德贝莱等9个部族，白人主要是荷兰血统的阿非利卡人（约占57％）和英国血统的白人（约占39％）。

2. 语　言

南非的官方语言有11种，分别为英语、阿非利卡语（南非荷语）、祖鲁语、科萨语、斯佩迪语、茨瓦纳语、索托语、聪加语、斯威士语、文达语和恩德贝莱语。根据人口统计调查，南非的五大语言排名如下：祖鲁语（30％）、科萨语（18％）、阿非利卡语（14％）、斯佩迪语（9％）、英语（9％）。

3. 宗　教

白人、大多数有色人和60％的黑人信奉基督教新教或天主教；亚洲人约60％信奉印度教，20％信奉伊斯兰教；部分黑人信奉原始宗教。

（三）国家标志及释义

1. 国　旗

1994年3月15日南非多党过渡行政委员会批准了新国旗。新国旗呈长方形，长与宽之比约为3：2，由黑、黄、绿、红、白、蓝六色的几何图案构成，象征种族和解、民族团结。

2. 国　徽

太阳象征光明的前程；展翅的鹭鹰是上帝的代表，象征防卫的力量；万花筒般的图案象征美丽的国土、非洲的复兴以及力量的集合；取代鹭鹰双脚平放的长矛与圆头棒象征和平以及国防和主权；鼓状的盾徽象征富足和防卫精神；盾上取自闻名的石刻艺术的人物图案象征团结；麦穗象征富饶、成长、发展的潜力、人民的温饱以及农业特征；象牙象征智慧、力量、温和与永恒；两侧象牙之间的文字是"多元民族团结"。

3. 国　歌

1995年5月，南非正式通过新的国歌，新国歌的歌词用祖鲁、科萨、索托、英语和南非荷兰语5种语言写成，包括原国歌《上帝保佑非洲》的祈祷词，全歌长1分35秒，并以原国歌《南非之声》雄壮的高音曲调做结尾。原国歌名为《上帝保佑非洲》，1994年3月15日批准。歌曲由黑人牧师诺克·桑汤加在1897年谱写，1912年首次在南非土著人国民大会上作为黑人民族主义赞歌唱出来，在非洲深受广大黑人欢迎。

4. 国　石

钻石：钻石是指经过琢磨的金刚石，金刚石是一种天然矿物，是钻石的原石。简单地讲，钻石是在地球深部高压、高温条件下形成的一种由碳元素组成的单质晶体。人类文明虽有几千年的历史，人们发现和初步认识钻石却只有几百年，而真正揭开钻石内部奥秘的时间更短。在此之前，伴随它的只是神话般具有宗教色彩的崇拜和畏惧的传说，同时把它视为勇敢、权力、地位和尊贵的象征。如今，钻石不再神秘莫测，更不是只有皇室贵族才能享用的珍品。它已成为百姓们都可拥有、佩戴的大众宝石。钻石的文化源远流长，今天人们更多地把它看成爱情和忠贞的象征。

二、文化习俗

南非人热情，友好，乐于助人。对待外国客人、不管与你是否相识，他们都会主动与你打招呼，而你要是不识路，他们也会主动带你去找。去朋友家做客更是热情，主人会带你参观家中的各个房间。

南非社交礼仪可以概括为"黑白分明"、"英式为主"。也就是受到种族、宗教、习俗的制约，南非的黑人和白人所遵从的社交礼仪不同，白人的社交礼仪特别是英国式社交礼仪广泛地流行于南非社会。在社交场合，南非人普遍采用的见面礼节是握手礼，他们对社交对象的称呼则主要是"先生"、"小姐"或"夫人"。

（一）饮食服饰

1. 饮 食

南非的餐饮丰富多彩，风格多样，有中餐、英式西餐、法式西餐、意大利餐、日本料理、烧烤、印度餐等。南非当地白人平日以吃西餐为主，经常吃牛肉、鸡肉、鸡蛋和面包，爱喝咖啡与红茶。而黑人喜欢吃牛肉、羊肉，主食是玉米、薯类、豆类。他们烹制出一种糊状物，叫"粑粑"，放在碗里用手抓来吃。喜欢吃熟食。南非著名的饮料是如宝茶。在南非黑人家做客，主人一般送上刚挤出的牛奶或羊奶，有时是自制的啤酒。

2. 服 饰

在城市里，南非人的穿着打扮基本西化了。大凡正式场合，他们都讲究着装端庄，严谨。南非黑人通常还有穿着本民族服装的习惯。不同部族的黑人，在着装上往往会有自己不同的特色。官方或商务交往时，需着样式保守，颜色偏深的套装或正装，以表尊重。

（二）节日风情

南非节假日一方面保留宗教色彩，一方面突出纪念反种族隔离斗争的历史事件和团结融和的政治气氛。如自由日系新南非首次不分种族的大选日，为南非国庆节；青年节纪念索韦托起义；和解日教育国人吸取黑白人"血河之战"的历史教训。如公共节日适逢星期天，则星期一补假一天。

公共节日有：

新年——1月1日。

人权日——3月21日。

耶稣受难日——复活节前的星期五。

家庭节——复活节后的星期一。

自由日——4月27日。

劳动节——5月1日。

青年节——6月16日。

全国妇女节——8月9日。

传统节——9月24日。

和解日——12月16日。

圣诞节——12月25日。

友好节——12月26日。

（三）行为禁忌

信仰基督教的南非人，和西方人一样忌讳数字"13"和"星期五"。跟南非人交谈，有四个忌讳的话题：

一是不要为白人评功摆好。

二是不要非议黑人的古老习惯。

三是不要为对方生了男孩表示祝贺。

四是不要评论不同黑人部族或派别之间的关系及矛盾。

三、旅游资源

南非自然风光绮丽多姿，人文景观丰富灿烂，素有"游览一国如同环游世界"的美誉。从南到北，从东到西，人们可以观赏到海岸裸岩、山丘、河川、湖泊、沼泽、沙漠、灌丛、草原和高原、台地。非凡的自然景观，蕴藏了极为丰富的各类动植物。据统计，南非在生物种类数量上排名世界第二，其中陆地哺乳类动物种类约290种，鸟类800多种，占世界所知鸟类的1/10。

（一）旅游名城

1. 开普敦——美丽象征

开普敦是南非立法首都所在地，南非第二大城市和南非文明发祥地，城市周围被山脉与海洋环抱，也被称为母亲城。人口约290万，有色人居多。开普敦的雏形是1652年欧洲殖民者建造的荷兰东印度公司的供给基地。这座三百多年的历史名城数度易主，历经荷、英、德、法等欧洲各国的殖民统治，因而成为南非的文化古都。

2. 约翰内斯堡——黄金城

约翰内斯堡是南非最大的城市和工商、金融、交通中心，其规模不仅在南非首屈一指，在整个非洲也位居首位。约翰内斯堡位处海拔约600米的内陆高原上，昼夜温差大，气候温和。1886年由于此地发现了黄金，淘金热潮使该市从一片荒原摇身变为非洲最大的都市。

3. 比勒陀利亚——花园城市

比勒陀利亚为南非的行政首都，位处约翰内斯堡北方56千米的内陆高原上，是全国四大城之一。南非共和国的总理府、外交部及司法部等政府单位，都集中在同一座联合大楼中。除聚集了南非重要行政单位之外，各国大使馆、著名的比勒陀利亚大学国家文化开放博物馆等都位于此，名副其实的全国文化政治中心。

4. 德班——南非夏威夷

德班是南非第三大城市，也是夸祖鲁—纳塔尔省最大的商业文化中心，人口300多万。德班位于面印度洋的港湾内，是一座美丽的港口城市，德班的纳塔尔港是南非乃至非洲最大的港口。德班属海洋性气候，夏天湿气虽重，冬天却提供了非常温和、怡人的天气。该市最出名的为海滩区及数十个公园，像Kabul Natal的黄金海岸及主题公园和植物园等，很多人慕名而来潜水及观赏。也因此旅游业占德班整个经济中相当重要的比例。

（二）旅游名胜

1. 太阳城

被称为非洲拉斯维加斯，是南非的著名旅游胜地，位于约翰内斯堡西北 250 千米处，有"世外桃源"的美誉。太阳城并非一座城市，而是一个青山绿水的超豪华度假村。人们在原有自然美景的基础上，建造出一个令人叹为观止的度假胜地。这里有创意独特的人造海滩浴场、惟妙惟肖的人造地震桥、优美的高尔夫球场和人工鳄鱼湖，有南非最大规模之一的赌城及由南非籍的世界级设计师所设计的两个高尔夫球场。匹林斯堡国家公园环抱太阳城，面积 550 平方千米，是南非第四大国家公园。乘坐敞篷吉普车进入公园，运气好的话可以看到著名的"非洲五霸"——大象、狮子、猎豹、非洲水牛和犀牛。但即使见不到这些大型动物，活泼的羚羊、沉默的角马、优雅的长颈鹿、成群结队的斑马也会让你觉得不虚此行。

2. 好望角

好望角是开普敦的地标，开普敦因好望角而建城，甚至开普敦的名字也是由好望角而来。16 世纪，东西方交通被阿拉伯人阻断。为了获取东方的香料、丝绸和瓷器等奢侈品，欧洲各国纷纷派出船队寻找新航线。绕过非洲南端的航线无疑是其中最重要的一条，直到苏伊士运河开通之前，都是欧洲通往亚洲的海上必经之路，为各国带来滚滚财源。好望角因此在航海史和贸易史上都具有特殊的意义。即使现在，无法通过苏伊士运河的巨型货轮仍然走这条航线。好望角周围的海域是大西洋和印度洋交汇的地带，海流相撞引起的滔天巨浪终年不息，因此第一个来到这里的欧洲人迪亚士称这里为"风暴角"。但绕过这里就有希望到达东方，获取财富，因此葡萄牙国王把它改名为"好望角"。现在，好望角国家公园是世界闻名的旅游景点，每天都有无数游人在 Cape Point 标志前拍照留念。

3. 桌山

桌山是开普敦的地标，海拔高度 1 086 米，其山顶如桌般平坦，当地人称其为"上帝的餐桌"。山顶植被繁茂，据说植物种类比英国全国还多。桌山右侧是狮头山和信号山，左侧是魔鬼峰。桌山山脉挡住了大西洋的寒流，为开普敦创造了温暖湿润的小气候。由于地形和气流的作用，桌山上经常云雾缭绕，每当这个时候，当地人便说是上帝铺好了"桌布"开始用餐了。另外一个有趣的故事则说：这是魔鬼和海盗在比赛谁抽烟更厉害。

4. 阿古拉斯角

与大多数人的地理概念不同，非洲真正的最南端不是好望角，而是距好望角约 200 千米的阿古拉斯角，印度洋与大西洋的地理分界线也在这里。"阿古拉斯"是罗盘针的意思。据说在这里，航海家发现罗盘针不偏不倚指向正北方，于是知道这就是非洲大陆的最南端了。阿古拉斯是一座安静的小镇，造型各异的两层住宅错落地掩映在树丛中，只有一条直通灯塔的主要街道。因为有了阿古拉斯角，小镇上才不时有游客来访，也才有了家庭旅馆、纪念品商店。

5. 罗宾岛

罗宾岛距离开普敦 9 千米，曾经是一座监狱。南非第一位黑人总统纳尔逊·曼德拉就曾经被囚禁在这里长达 18 年。1997 年 1 月 1 日，罗宾岛正式成为向公众开放的博物馆，1999 年被联合国教科文组织宣布为世界遗产。罗宾岛的导游中，有些是曾经关押在这里的政治犯，也有人以前是监狱看守。他们从各自的视角和记忆为游客讲解罗宾岛的历史，而地位是完全平等的了。B 区 30 间牢房用来关押"最危险的政治犯人"，其中第 5 号牢房就是曼德拉曾经住过的。

6. 花园大道

从莫塞尔港到斯托姆河连续 255 千米的一级海滨公路被称为花园大道，也是南非最著名的风景之一。花园大道与湖泊、山脉、黄金海滩、悬崖峭壁以及原始森林丛生的海岸线平行，沿途可见清澈的河流自欧坦尼科与齐齐卡马山脉流入蔚蓝的大海。从途中的关口要道眺望连绵群山，景色十分壮美。

7. 克鲁格国家公园

位于姆普马兰加省、北方省和莫桑比克交界的地带，是南非最大的野生动物保护区。克鲁格国家公园南北纵贯 400 千米，东西横跨 70 千米，面积大小相当于英国的威尔士，总面积达 2 万平方千米。克鲁格国家公园背靠雄伟的山峰，面临一望无际的大草原，区内还零散分布着这个地方特有的森林和灌木。

本章小结

澳、美、非洲是我国积极开发的洲际客源市场，尤其是北美的美国、澳洲的澳大利亚、非洲的南非等国家，对于我国而言客源地位还具有较大的上升空间，发展潜力巨大。

重点把握这些国家的地理环境、政治经济状况、民族习俗和主要旅游资源等有助于熟悉相应旅游区域的旅游热点，掌握旅游业发展的最新动态。

问题思考

澳、美、非洲享有"世界之最"地位的景点名称及地位；对比美洲与非洲主要旅游国家社交礼仪与禁忌；大洋洲主要旅游资源及特色；掌握澳、美、非洲基本区位概况。

知识拓展

《国际旅游客源国与目的地概况》（郭盛晖）、《中国旅游客源国/地区概况》（王兴斌）、《世界旅游地理》（孙克勤）、《中国旅游客源国与目的地国概况》（胡华）、《中国主要旅游客源国与目的地国概况》（陈福义）、《中国旅游客源国概况》（陈家刚）。

1. 刑涛. 世界文化与自然遗产：上、中、下. 北京：北京出版社，2004.

2. 刑涛，纪江红主编. 游遍世界：上、中、下. 北京：北京出版社，2004.

3. 《游遍世界》编委会. 游遍世界. 北京：朝华出版社，2006.

4. 墨人. 世界文化与自然遗产. 长春：吉林出版集团有限责任公司，2007.

5. 总参谋部测绘局. 世界地图集. 北京：星球地图出版社，2006.

6. 徐斌. 世界名山、名水、名岛、名街、名胜、著名自然保护区. 长春：长春出版社，2007.

7. 胡华. 中国旅游客源国与目的地国概况. 长春：东北师范大学出版社，2008.

8. 盛东克. 旅游服务礼仪. 长春：东北师范大学出版社，2008.

9. 李国茹，张立峰. 旅游接待礼仪. 长春：东北师范大学出版社，2006.

10. 姜若愚，张国杰. 中外民族民俗. 北京：旅游教育出版社，2004.

11. 王兴斌. 中国客源国概况. 北京：旅游教育出版社，2010.

12. 张广明. 历史文化奇观. 呼和浩特：内蒙古人民出版社，2009.

13. 张广明. 世界奇俗大观. 呼和浩特：内蒙古人民出版社，2009.

14. 墨人. 世界文明奇迹. 北京：中国戏剧出版社，2007.

15. 孙克勤. 世界旅游地理. 北京：旅游教育出版社，2008.

16. 吉林省公安厅出入境管理处编. 实用出入境边防知识大全. 长春：吉林文史出版社，1994.

17. 黄心川. 世界十大宗教. 北京：东方出版社，1988.

18. 王晓华，陈正心. 365 天畅游世界. 上海：学林出版社，1995.

19. 董志仁. 意大利. 北京：世界知识出版社，1997.

20. 王士雄. 西班牙. 北京：世界知识出版社，1998.

21. 高京. 澳大利亚. 北京：世界知识出版社，1997.

22. 杨叙. 美国. 北京：世界知识出版社，1998.

23. 潘小漪. 法国. 北京：世界知识出版社，1993.

24. 戚盛中. 泰国. 北京：世界知识出版社，1996.

25. 曹乃云编译. 圣诞节探源. 上海：上海译文出版社，1992.

26. 传兵，夏叶. 世界各国国旗国徽. 重庆：重庆出版社，1996.

27. 杨振华，兰洋主编. 国旗 200 看世界. 沈阳：白山出版社，2006.

28. 张金霞. 客源地概况. 武汉：武汉大学出版社，2003.

29. 李志勇. 客源国概况. 成都：四川大学出版社，2002.

30. 段宝林，武振江. 世界民俗大观. 北京：北京大学出版社，1989.

31. 钟雷. 世界上下五千年. 哈尔滨：哈尔滨出版社，2006.

32. 沈祖祥. 旅游宗教文化. 北京：旅游教育出版社，2003.